# 古典文獻研究輯刊

## 三九編

潘美月・杜潔祥 主編

## 第32冊

### 梅村詩清人注之二
#### ——吳詩集覽（第一冊）

陳 開 林 整理

國家圖書館出版品預行編目資料

梅村詩清人注之二──吳詩集覽（第一冊）／陳開林 整理 --
初版 -- 新北市：花木蘭文化事業有限公司，2024〔民113〕
目 54+186 面；19×26 公分
（古典文獻研究輯刊 三九編；第32冊）
ISBN 978-626-344-952-7（精裝）
1.CST：（清）吳偉業 2.CST：清代詩 3.CST：作品集
011.08                                           113009886

ISBN-978-626-344-952-7

9 786263 449527

古典文獻研究輯刊
三九編　第三二冊　　　　　　　　ISBN：978-626-344-952-7

## 梅村詩清人注之二
### ──吳詩集覽（第一冊）

作　　者　陳開林（整理）
主　　編　潘美月、杜潔祥
總 編 輯　杜潔祥
副總編輯　楊嘉樂
編輯主任　許郁翎
編　　輯　潘玟靜、蔡正宣　美術編輯　陳逸婷
出　　版　花木蘭文化事業有限公司
發 行 人　高小娟
聯絡地址　235 新北市中和區中安街七二號十三樓
　　　　　電話：02-2923-1455／傳真：02-2923-1400
網　　址　http://www.huamulan.tw 信箱 service@huamulans.com
印　　刷　普羅文化出版廣告事業
初　　版　2024 年 9 月
定　　價　三九編 65 冊（精裝）新台幣 175,000 元

# 梅村詩清人注之二
## ——吳詩集覽（第一冊）

陳開林　整理

## 作者簡介

陳開林（1985～），湖北麻城人。2009 年畢業於重慶工商大學商務策劃學院，獲管理學學士學位（市場營銷專業商務策劃管理方向）。2012 年畢業於湖北大學文學院，獲文學碩士學位（中國古代文學先秦方向）。2015 年畢業於華中師範大學文學院，獲文學博士學位（中國古代文學元明清方向）。現為鹽城師範學院文學院副教授、江蘇省「青藍工程」優秀青年骨幹教師培養對象。主要研究元明清文學、經學文獻學。完成江蘇高校哲學社會科學基金項目「錢穆佚文輯補與研究」（2017SJB1529），在研國家社科基金後期資助「《古周易訂詁》整理與史源學考辨」（21FZXB017）。出版《〈全元文〉補正》《劉毓崧文集校證》《〈周易玩辭困學記〉校證》《〈純常子枝語〉校證》《杜詩聞》《陳玉澍詩文集箋證》《詩經世本古義》《〈青學齋集〉校證》《〈讀易述〉校證》《陸繼輅集》《〈曝書亭集詩注〉校證》《莊子通》等，並在《圖書館雜誌》、《文獻》、《中國典籍與文化》、《古典文獻研究》、《圖書館理論與實踐》、《中國詩學》等刊物發表論文百餘篇，另有「史源學考易」系列、元明清《春秋》系列、明清《詩經》系列、清代別集系列等待刊。

## 提　　要

　　作為婁東詩派的開創者，吳梅村其詩以「梅村體」而著稱，趙翼稱「梅村詩有不可及者二：一則神韻悉本唐人，不落宋以後腔調，而指事類情，又宛轉如意，非如學唐者之徒襲其貌也；一則庀材多用正史，不取小說家故實，而選聲作色，又華豔動人，非如食古者之物而不化也。」（《甌北詩話》卷九）職是之故，梅村詩先後出現了錢陸燦注、靳榮藩《吳詩集覽》二十卷《補注》二十卷，程穆衡原箋、楊學沆補注《吳梅村詩集箋注》十二卷、吳翌鳳《吳梅村詩集箋注》十八卷。其中，錢注類同讀詩札記，並非通注吳詩。

　　靳榮藩仿傚仇兆鰲《杜詩詳注》之例，撰《吳詩集覽》二十卷、《補注》二十卷。趙翼稱「梅村詩從未有注。近時黎城靳榮藩字介人，以十年之功，為之箋釋，幾於字櫛句梳，無一字無來歷。其於梅村同時在朝、在野往還贈答之人，亦無不考之史傳；史傳所不載，考之府、縣志；府、縣志所不載，採之叢編胜說及故老傳聞，一一詳其履歷，其心力可謂勤矣」。尤其指出「梅村身閱興亡，時事多所忌諱，其作詩命題，不敢顯言，但撮數字為題，使閱者自得之。……題中初不指明某人某事，幾於無處捉摸。介人則因詩以考史，援史以證詩，一一疏通證明，使作者本指，顯然呈露。……此等體玩詩詞，推至隱，非好學深思，心知其意，而能若是乎？梅村詩一日不滅，則靳注亦一日並傳無疑也。」其學術價值可知。

　　《吳詩集覽》初刻本二十卷，有天津圖書館藏本。後有一本，與天圖本版式一致，但墨丁數量增多。（因讀秀有此書，故稱讀秀本）後又增加《補注》二十卷，有哈佛燕京學社藏本。另有一本，版式一致，但墨丁數量增多，《四部備要》本、《續修四庫全書》本即源於此。此本流傳最廣，但錯訛頗多。（簡稱乙本）另有上圖藏稿本。本書係《吳詩集覽》的首次整理，以哈佛本為底本，以稿本、天圖本、讀秀本、乙本為校本。同時，靳榮藩旁徵博引，偶有失誤，亦通過史源考索盡力補正，期於為學界提供一個較為完備的整理本。另有十個附錄，如《吳詩集覽》錢陸燦、翁同書、翁同龢的批註，沈丙瑩《讀吳詩隨筆》，沈德潛《吳詩精華錄》，蔣劍人《音注吳梅村詩》等，以備參考。

# 目

# 次

## 第二冊

# 整理前言

作為「江左三大家」的吳梅村（1609～1672），其詩歷來享有大名。但身處鼎革之際，歷仕兩朝的慘痛經歷，加之才富學贍，隸事工巧，其詩頗稱難讀。曾為梅村詩作注的程穆衡不無感慨，稱：

> 注詩之難，先哲言之備矣。而余以為莫難於注梅村先生之詩，何則？先生當故明末造，實切盱衡，慨蒼鷹之枋國，致青犢之彌天，乃至鼇墜三山，龍飛九服，事關兩姓之間，語以微文為主，而復雅擅麗才，鑪錘今古，組織風雲，指事則情遙，征辭則境隱，自非心會微指，無以罄諸語言，其所為難。斯其一也。昭代鼎興，十夫民獻，信史未頒，實棼野乘，非旁搜鑿齒之編，親接茂先之論，茫如頓海，昧比面牆，幾何不使一代丹書混彼淄澠，千年碧血蕩為墟莽也乎？其所為難二也。且夫北都有普天括髮之悲，南朝亦千古傷心之地，侯王既陵廟丘墟，朋舊盡星霜凋替，而乃援古貌今，移形即景，作者實愴不言之神，讀者當按難尋之跡。其所為難三也。況言乎入雒，非覬崇榮；溯彼留周，最關蕭瑟。情源秀逸，自難已於兼綜；思業高奇，或偶形諸短詠。既抑揚之非體，又新故之罕兼。乃荒朝不見於令伯之文，則十空當會諸所南之史。其所為難，抑又四也。（《吳梅村詩箋序》）

職是之故，梅村詩先後出現了四家注，依次為錢陸燦注、程穆衡《吳梅村詩箋》（後經楊學沆補注，名《吳梅村詩集箋注》）、靳榮藩《吳詩集覽》、吳翌鳳《吳梅村詩集箋注》，在清詩清注中也算位居前列。其中，錢箋[註1]類似批讀時

---

〔註 1〕參毛文鼇《〈梅村詩集〉「錢箋」抄本三種述略》（原刊《文獻》2013 年第 6 期），收錄於費君清、劉家思、朱小農主編《中華優秀傳統文化論叢》（浙江工商大

的札記，非系統箋釋吳詩之書。倒是沈德潛的《吳詩精華錄》二卷，係吳梅村詩注選本，其成果幾乎被《吳詩集覽》吸收。靳榮藩於書中常引沈德潛之評論，但於此書卻隻字不提，似有攘竊之嫌。

靳榮藩（1726～1784），字價人，號綠溪，山西黎城人。乾隆十三年（1748）進士。官至大名府知府。以儒術飾吏治，享有賢名。同時，好讀書，著有《綠溪全集》（共五種，含《詠史偶稿》、《綠溪初稿》一卷、《綠溪語》二卷、《綠溪詩》四卷、《綠溪詞》一卷、《詠史偶稿》一卷）〔註2〕、《潞郡舊聞》等。

靳榮藩最大的貢獻就是竭十年之力完成的《吳詩集覽》二十卷，後又增補《補注》二十卷。該書卷帙浩繁，頗得時譽，王鳴盛稱「覈其典故，稽其出處，參伍其平生行事，師友淵源，州次部居，年經月緯，久之成軼」（《序》）。趙翼更是推崇備至，稱：

> 梅村詩從未有注。近時黎城靳榮藩字介人，以十年之功，為之箋釋，幾於字櫛句梳，無一字無來歷。其於梅村同時在朝、在野往還贈答之人，亦無不考之史傳；史傳所不載，考之府、縣志；府、縣志所不載，採之叢編脞說及故老傳聞，一一詳其履歷，其心力可謂勤矣。昔施元之注東坡詩，任淵注山谷詩，距蘇、黃之歿，僅五六十年，已為難事。介人注梅村詩，在一百餘年之後，覺更難也。且梅村身閱興亡，時事多所忌諱，其作詩命題，不敢顯言，但撮數字為題，使閱者自得之。如《雜感》、《雜詠》、《即事》、《詠史》、《東萊行》、《雒陽行》、《殿上行》之類，題中初不指明某人某事，幾於無處捉摸。介人則因詩以考史，援史以證詩，一一疏通證明，使作者本指，顯然呈露。如《臨江參軍》之為楊廷麟參盧象升軍事也，《永和宮詞》之為田貴妃薨逝也，《雒陽行》之為福王被難也，《後

---

學出版社 2020 年版，第 345 頁），有摘要，稱：清初常熟文人錢陸燦於吳偉業為南雍司業時入監讀書，故自稱肄業弟子，遂學且箋其詩，因耳目相接，故所言可信，而為學者實視，世稱「錢箋」。長久以來，學術界未得見其真容，以為「久佚」了，現在我們根據清初曹炎、翁同龢、王振聲三種「錢箋」抄本庶可恢復其原文，並據此揭櫫「錢箋」之特色、價值，進而考察其對於現行三種吳詩注本——靳榮藩《吳詩集覽》、程穆衡《吳梅村詩集箋注》與吳翌鳳《吳梅村詩集箋注》的前導、孳乳之功。

〔註2〕4 冊，清乾隆四十二年（1777）刻本，內蒙古自治區圖書館藏。另，《清代詩文集彙編》第三五九冊收錄靳榮藩《綠溪全集》九卷（《綠溪初稿》一卷、《綠溪詩》四卷、《綠溪語》二卷、《詠史偶稿》一卷、《綠溪詞》一卷），清刻本。

東皋草堂歌》之為瞿式耜也,《鴛湖曲》之為吳昌時也,《茸城行》之為提督馬逢知也,《蕭史青門曲》之為寧德公主也,《田家鐵獅歌》之為國戚田弘遇也,《松山哀》之為洪承疇也,《殿上行》之為黃道周也,《臨淮老妓行》之為劉澤清故妓冬兒也,《拙政園山茶》及《贈遼左故人》之為陳之遴也,《畫蘭曲》之為卞玉京妹卞敏也,《銀泉山》之為明神宗朝鄭貴妃也,《吾谷行》之為孫璦戍遼左也,《短歌行》之為王子彥也。又,律詩中有一題數首者,亦各首注其所指。如《即事》十首內第四首「列卿嚴譴赴三韓」,謂指陳之遴;第八首「無意漫提歐冶劍,有心長放呂嘉船」,謂指耿精忠玩寇自恣;第九首「老臣裹革平生志,往事傷心尚鐵衣」,謂指洪承疇先為前朝經略,至本朝又為川、湖、雲、貴經略;第十首「全家故國空從難,異姓真王獨拜恩」,謂指吳三桂以平西王率師在蜀。又《雜感》內第四首亦指三桂,第五首指瞿式耜。他如《鴛湖閨詠》之為黃皆令,《無題》四首之為卞敏,亦皆確切有據。至如《和友人走馬詩》,因第二首「君是黃驄最少年,驊騮凋喪使人憐。當時指望勳名貴,後世誰知書畫傳」,始悟其為楊龍友而作。龍友,貴陽人,雖昵於馬士英,而素工書畫。又因下半首云「十載鹽車悲道路,一朝天馬蹴風煙」,以證龍友先官江寧令,為御史詹兆恒劾罷,至南渡時起兵,擢至巡撫。末句云「軍書已報韓擒虎,夜半新林早著鞭」,則乙酉五月,龍友方率兵在京口與我軍相持,而我軍已乘霧潛濟,如韓擒虎之入新林,陳人猶不知也。此等體玩詩詞,推至隱,非好學深思,心知其意,而能若是乎?梅村詩一日不滅,則靳注亦一日並傳無疑也。(《甌北詩話》)

趙翼突出強調靳榮藩之注釋「因詩以考史,援史以證詩,一一疏通證明,使作者本指,顯然呈露」,有功於吳詩不小。其後,陳文述《頤道堂集》詩選卷一《讀吳梅村詩集因題長句》也提到「難得黎城細意箋,沉吟騷雅寶遺編」,足見其書深入人心。直到近代,這部書也常被提及。張之洞《書目答問·集部》於「國朝詩家集」即於梅村詩集注本僅列《吳詩集覽》二十卷《談藪》一卷。郁達夫在《遠一程,再遠一程》中寫道:「從梅花碑的舊書鋪裏,我竟買來了一大堆書。這一大堆書裏,對我的影響最大,使我那一年的暑假期,過得非常快活的,有三部書」,其中「一部是黎城勒氏的《吳詩集覽》」。胡適《一個最低限度的國學書目》也提及了此書。

其書還流傳於海外。方濬師《蕉軒隨錄》卷十二《安積信敘梅村詩》稱：

「早年壇坫各相期，江左三家識力齊。山上蘼蕪時感泣，息夫人勝夏王姬。」洪北江先生論詩截句，為吳祭酒詠也。日本刊有《梅村詩鈔》，其國人安積信（姓安積，名信，字思順）序云：「清朝右文，作者蔚興，而王阮亭為一代冠冕。先阮亭而鳴者，為吳梅村，後阮亭而鳴者，為袁子才，並皆卓然成一家矣。近儒抄王、袁二家集，即刊行於世，而梅村不與焉。柳田仲靜惜之，就《吳詩集覽》錄數百首，釐為三卷，將以與二家並行，而為學詩者之準也。徵予序，予非知詩者，何足以品藻之？然其請不可拒，乃漫敘所見曰：梅村溯源《風》、《騷》，陶冶六朝、三唐；其高者直闖李、杜之室，次亦可以參長慶一席。鏤金錯採，出天入淵，縱橫變化，不拘常套，要皆從胸臆間流出，而風格之高超，法度之齊整，悉具其中矣。誰謂之非大家耶？若阮亭專以神韻為主，詩品固已夐乎無上，而其才學又足以振之，是以氣格高古，風骨清遒，幾當與王、孟、韋、柳並駕而齊驅焉。而至於鯨魚碧海，牢籠千古，則恐未能摩少陵之壘。子才天分極高，學問極博，才華飄逸，驚心動魄，頗有李青蓮之風，而其間未免纖巧奇僻之習，要皆不若梅村之具眾美也。故趙耘松《詩話》推梅村為大家，不取漁洋，實為卓見。然則後學所宜取準，其不在乎梅村耶？第梅村受知於莊烈帝，南宮首策，蓮燭賜婚，不十年累遷至宮詹學士，負海內重名久矣。當都城失守，帝殉社稷時，不能與陳臥子、黃蘊生諸賢致命遂志，又不能與顧亭林、紀伯紫諸子自放山林之間，委蛇優游，遂事二朝，是則不及尚書之峻整、隨園之清高遠矣。向使梅村能取義成仁，或隱身巖穴間，其節概文章，皆足為後學標準，而天下所推為一代冠冕者，亦將不在阮亭而在梅村矣。豈不尤可惜哉！」濬師按：倭奴小邦，其議論精嚴如此。祭酒有知，能毋九泉汗下耶！

則其影響可知。

當然，繁博是其優點，同時也是其缺點。正如吳翌鳳在《吳梅村詩集箋注·凡例》中所指出的：「靳氏《集覽》，每字必詳出處，繁瑣無當。而於引用史傳，反寥寥一二語，略無端緒。」另外，王芑孫《婁縣學生莊君墓誌銘》載：「君諱師洛，字蒓川」，並載其《吳詩集覽刊誤》一書，恐已亡佚。

　　關於《吳詩集覽》的版本，周法高《〈吳詩集覽〉版本異同考》〔註3〕和睦駿《〈吳詩集覽〉及其版本述略》〔註4〕都有論及。誠如周法高所言：「自乾隆四十年凌雲亭雕板後，時有改版，異同不少」。

　　周法高又稱：「據余所知，至少有三種不同之版本。其一為初刻本，中文大學圖書館藏一部，於卷十二下頁一《無題》下及其三后無墨釘。其二為第一次改版本，余購得一部，於《無題》下及其三后均各有墨釘百餘格。其三為最後改版本，崇基學院圖書館藏一部，略遲於《四部備要》本之祖本，缺王鳴盛、潘應椿二序，於《談藪》上缺侯朝宗《與吳駿公書》二頁，其他墨釘及修改之處甚多，以下當逐一論及。今稱初印本、初改本及後改本或《備要》本，以資識別。」〔註5〕

　　著者一共得見數種，分述如下：

　　（一）天津圖書館藏乾隆四十年（1775）凌雲亭刻本（簡稱「天圖本」），此即周法高所謂初印本。〔註6〕

---

〔註 3〕周法高《錢謙益吳梅村研究論集》六《吳梅村詩叢考》之壹，「國立」編譯館1995 年版，第 159 頁。
〔註 4〕載《圖書館雜誌》2007 年第 4 期。
〔註 5〕周法高《錢謙益吳梅村研究論集》，第 159～160 頁。
〔註 6〕按：「全球漢籍影像開放集成系統」今日開放，收有多倫多大學藏本（書號：PL2732U237A171755。索書號：PL2732U237A171755），與此本同。（2023 年10 月 7 日記。）

此本共 16 冊。第一冊為卷首。（依次為《御製題吳梅村集》、吳枋記、靳榮藩和詩四首、封頁、顧湄行狀、陳廷敬墓表、王鳴盛序、靳榮藩序、潘應椿序、凡例、目錄。）第二至十五冊為正文，即詩注二十卷。（分別為卷一、卷二至卷三、卷四、卷五、卷六、卷七、卷八、卷九、卷十、卷十一至卷十二、卷十三至卷十四、卷十五至卷十六、卷十七至卷十八、卷十九至卷二十。）第十六冊為《吳詩談藪》。（僅有卷之上。）

有一問題需指出，此係初印本，但書中多處有「詳補注」字樣，不知何故。

（二）讀秀本（此本在讀秀獲取，館藏地不詳，簡稱「讀秀本」），此即周法高所謂初改本。

此本共 16 冊。第一冊為卷首、（依次為封頁、牌記、《御製題吳梅村集》、吳枋記、王鳴盛序、靳榮藩序、潘應椿序、靳榮藩和詩四首、陳廷敬墓表、顧湄行狀、凡例、目錄。）《吳詩談藪》。（僅有卷之上。）第二至十六冊為正文，即詩注二十卷。（分別為卷一、卷二、卷三、卷四、卷五、卷六、卷七、卷八、卷九至卷十、卷十一、卷十二至卷十三、卷十四至卷十五、卷十六至卷十七、卷十八、卷十九至卷二十。）

（三）哈佛燕京學社圖書館藏本（以下簡稱「底本」），此即周法高所謂後改本。〔註7〕

此本共 20 冊。第一冊為卷首。（依次為《御製題吳梅村集》、吳枋記、靳榮藩和詩四首、牌記、封頁、顧湄行狀、陳廷敬墓表、靳榮藩序、凡例、目錄。）第二至十九冊為正文，即詩注二十卷，補注散附各卷之後。（卷一、卷二至卷三、卷四、卷五、卷六、卷七、卷八、卷九、卷十、卷十一、卷十二、卷十三、卷十四、卷十五、卷十六、卷十七、卷十八、卷十九至卷二十。）第二十冊為《吳詩談藪》、（卷之上、卷之下）《談藪拾遺》。

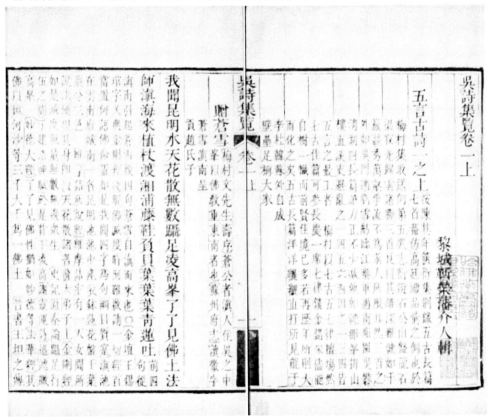

另外，哈佛圖書館還藏有一部《吳詩集覽》，共 16 冊。第一冊為卷首、（依次為牌記、封頁、靳榮藩序、凡例、陳廷敬墓表、顧湄行狀、靳榮藩和詩四首、目錄。）卷一，第二至十四冊為詩注卷二至卷二十，（卷二、卷三至卷四上、

〔註7〕按：國圖藏《吳詩集覽》，分八冊，內容與底本同，但補注在後。卷首依次為牌記、封頁（無「乾隆四十年春鐫」）、靳榮藩序、凡例、陳廷敬墓表、顧湄行狀、靳榮藩和詩四首、目錄。有陸元輔、翁同書、翁同龢批語，見附錄。

卷四下至卷五上、卷五下至卷六、卷七、卷八至卷九上、卷九下至卷十、卷十
一至卷十二、卷十三、卷十四至卷十五、卷十六至卷十七、卷十八、卷十九至
卷二十。）第十五冊為《吳詩談藪》，（卷之上、卷之下。無《談藪拾遺》。）
第十六冊為《補注》。其中，封頁、《吳詩談藪》封頁均無「乾隆四十年春鐫」。
內容與下所言之補注乙本同，據沈津研究（見《美國哈佛大學哈佛燕京圖書館
藏中文善本書志》），係翻刻。

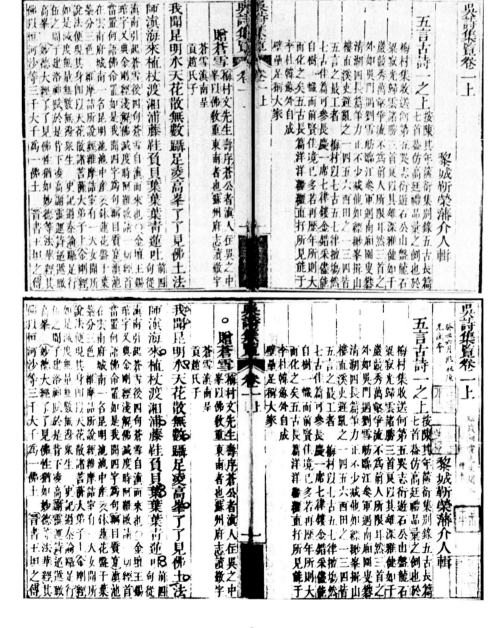

　　國家圖書館另藏有一部，共 8 冊，第一冊為卷首、（依次為牌記、封頁、
靳榮藩序、凡例、陳廷敬墓表、顧湄行狀、靳榮藩和詩四首、目錄。）詩注卷
一；第二至七冊為詩注卷二至卷二十，（卷二至卷四、卷五至卷六、卷七至卷
九、卷十至卷十二、卷十三卷十六至、卷十七至卷二十。）第八冊為《補注》、
《吳詩談藪》、（卷之上、卷之下。）《談藪拾遺》。其中，封頁、《吳詩談藪》
封頁均無「乾隆四十年春鐫」。內容亦與下所言之補注乙本同。此本有翁同龢
過錄陸廷燦、翁同書批註，亦有翁氏批註，共計四萬餘字，詳見本書附錄。

　　（四）補注乙本。

　　後改本（即補注本系統）除了前舉（三）外，另有一種，即周法高所謂《備
要》本。至於（三）（四）兩個版本的早晚，周法高認為（三）略遲於（四），
似無確鑿證據。

　　此本實即《四部備要》本、《續修四庫全書》本（第 1396～1397 冊）的祖
本。證據就是此本有一處注與他本不同。

　　卷五下《王郎曲》「朝衫欲脫主恩深」句，前舉天圖本、讀秀、哈佛本均
注：「朝衫，見《東萊行》」，此本注作「脫朝衫，詳補注」。

　　《四部備要》、《續修四庫全書》本與此本正同。

　　此本實物未見，僅見電子書，可知《續修四庫全書》據此影印。證據有二：

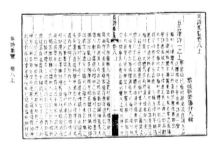

　　證據一：卷八上，書上有一樹葉。此本同。

證據二：卷五下最右行本為小注，此本字號與原詩字號同。

此本電子書共 21 冊。第一冊為卷首。（無乾隆御製詩、吳枋記。依次為封頁，〔無「乾隆四十年春鐫」〕、牌記、靳榮藩和詩四首、顧湄行狀、陳廷敬墓表、靳榮藩序、凡例、目錄。）第二冊至二十一冊（卷一、卷二、卷三、卷四、卷五、卷六、卷七、卷八、卷九、卷十上、卷十下、卷十一、卷十二、卷十三、卷十四、卷十五、卷十六、卷十七、卷十八、卷十九至卷二十。）無《補注》、《吳詩談藪》、《談藪拾遺》。

《四部備要》本同出一源，但有《吳詩談藪》、《談藪拾遺》、《補注》。〔註8〕

此本因收入《四部備要》、《續修四庫全書》，實為《吳詩集覽》最為通行的版本。但經過與前三種版本的比較可知，此本校勘質量最差，以致魯魚亥豕，所在多有。詳參本書校記。

綜上所述，（一）天圖本、（二）讀秀本屬於初刻系統，（三）哈佛本、（四）補注乙本因有《補注》二十卷，屬於補注系統。

四本當中，天圖本墨丁最少，如：

〔註8〕按：「全球漢籍影像開放集成系統」收有德國柏林國家圖書館藏《吳詩集覽》二十卷，卷末為顧湄《行狀》、《吳詩補注》二十卷、《吳詩談藪》。（書號：PPN3343781169。索書號：Libri sin. 333/336。登錄號：spkberlin2447）比勘其內容，正與此本同。【卷首部分依次為牌記、封頁，〔無「乾隆四十年春鐫」〕、靳榮藩和詩四首、靳榮藩序、凡例、目錄。】

卷五上《送杜公弢武歸浦口》題注:《明史‧杜桐傳》:「崑山人,從延安衛。子文煥,字弢武。」■■■■■■■■■■■■■■■■■■■

讀秀本、哈佛本、乙本同。墨丁部分,僅天圖本作「《大清一統志》:『清江浦渡在淮安府山陽縣西三十里』」。

又如,卷八下《歲暮送穆大苑先往桐廬》其二有注:■■■■■■■元詩:「迴櫂子猷歸。」

墨丁部分,僅天圖本作「臥病,見《呈李太虛》」。

讀秀本墨丁次之。同時,此本偶有與他本不同之處。如:

卷八上《讀史雜感》其七有注:「■■《紀事》:『順治二年五月八日,大兵抵江滸。九日昧爽,順流下,潛從龍潭竹哨渡。十日,馬士英猶有長江天塹之對。十一日,都城破。』」

哈佛本、乙本的墨丁,天圖本作「三藩」,讀秀本作「下人」。

相較於天圖本、讀秀本,哈佛本、補注乙本除了增加了《補注》、《吳詩談藪》卷下、《談藪拾遺》外,還對初刻本系統的注進行了修正。如:

卷二上《遇南廂園叟感賦八十韻》:「其南有一亭。」天圖本、讀秀本作:按:馮開之《重刻南雍三國志序跋》曰:「祭酒馮夢禎序於衙齋之南池亭。」凱即所謂其南有一亭者也」。而哈佛本、乙本注:杜詩:「乾坤一草亭。」王龜齡詩:「斷送春光絮一亭。」詳補注。■■■■■■■■■■■■■■■■■■

又如:《贈家侍御雪航》:「塢壁招殘民。」天圖本、讀秀本作:《後漢書‧樊準傳》:「修理塢壁。」王介甫詩:『殘民滅國遞爭奪』」。而哈佛本、乙本注:《後漢書‧樊準傳》:「修理塢壁。」■■■■「殘民」詳《高郵道中》。

又如:卷二下《送何省齋》:「祖德簪纓繼。」天圖本、讀秀本作:謝靈運有《述祖德詩》。而哈佛本、乙本注:蔡伯喈有■《祖德頌》。

又如,卷七下《秋日錫山謁家伯成明府臨別酬贈》中有注:「駱賓王詩■:「惟有寒潭菊。」■,天圖本、讀秀本作「詩」。恐是後來翻刻發現「詩」字衍,遂挖去。

又如,卷九上《桃源縣》:「何來浪得名。」注:■■■蘇詩:「■■■■■■■莫道長松浪得名。」天圖本、讀秀本作「楊誠齋《茶詩》:「頭綱別樣建溪春,小璧蒼龍浪得名。」恐是發現有更早出的蘇詩,故挖改。

此外,上海圖書館還藏有《吳詩集覽》稿本二十卷首一卷末一卷,此本共19冊。第一冊為卷首。(乾隆御製詩、吳枋記、靳榮藩和詩四首、封頁、陳廷

敬墓表、顧湄行狀、王鳴盛序、潘應椿序、靳榮藩序、凡例、目錄。）第二冊
至十八冊（卷一、卷二至卷三、卷四、卷五、卷六、卷七、卷八、卷九、卷十、
卷十一、卷十二、卷十三、卷十四、卷十五至卷十六、卷十七、卷十八、卷十
九至卷二十。）卷末為《吳詩談藪》卷上。

經比勘，此本墨丁比天圖本多，與讀秀本則互有得失。

如卷十二下《無題》其一、其三，讀秀本有數行墨丁，此本和天圖本一樣，
文字完整。

但此本卷二下《送宛陵施愚山提學山東》其三：「■■■■■■■■李詩：
「腮落敬亭雲」；卷七下《圓圓曲》：「周美成詞：仍慣見珠歌翠舞。元詩：忽
驚身在古梁州。■■■」；卷七下《遣悶》其四：「是歸於王子彥之子■■者」；
卷十下《題郁靜巖齋前壘石》：「■■李詩：奇峰出奇雲」；等等，讀秀本與天
圖本均無墨丁。

據此，可知此本並非稿本，而是天圖本刊行之後的一個抄本。

上海圖書館還有《梅村詞鈔箋注》二卷，實即《吳詩集覽》卷十九、卷二十的詩餘部分，補注則書於天頭。

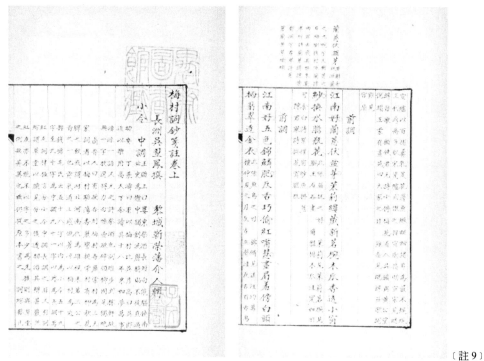

〔註9〕

本書的整理，以（三）哈佛本為底本，以（一）天圖本、（二）讀秀本、（四）補注乙本以及稿本作為參校本，文字不同之處，以校記明之。避諱字逕改回，不出校記說明。另，孔網有道光重刷本、掃葉山房刊本，因售價高昂，無從目驗。俟訪。

同時，靳榮藩徵引繁富，偶有失誤。著者曾仿傚《〈曝書亭詩注〉校證》，用史源學的方法逐條查考注文，也發現了一些錯訛。但一方面工作量太大，另一方面容易湮沒校記，故僅完成卷一至卷四上，其後則不復為之。

限於時間、聞見和學力，書中尚有諸多缺漏，幸祈博雅君子賜正！

---

〔註9〕2023 年 12 月 27 日，上海圖書館古籍全庫流出，方得見稿本及《詞注》。

# 御製題吳梅村集〔註1〕

梅村一卷足風流，往復披尋未肯休。

秋水精神香雪句，西崑幽思杜陵愁。

裁成蜀錦應慚麗，細比春蠶好更抽。

寒夜短檠相對處，幾多詩興為君收。

臣靳榮藩恭錄

乾隆辛酉夏恭讀《樂善堂全集》有御題臣曾祖父國子監祭酒吳偉業詩集七律一章，伏念先臣遭逢聖世，畢生矻矻，唯以文章上報國恩，下垂來葉。茲復仰蒙我皇上乙夜賜觀，天章下獎，恩寵永沾乎泉壤，感激彌切於子孫。敬冠簡端，以誌優渥。乾隆八年歲在癸亥八月十日，生員臣吳枋恭記。

---

〔註1〕稿本卷首依次為《御製題吳梅村集》、吳枋記、靳榮藩和詩四首、封頁、陳廷敬墓表、顧湄行狀、陳廷敬墓表、王鳴盛序、潘應椿序、靳榮藩序、凡例、目錄。

天圖本卷首依次為《御製題吳梅村集》、吳枋記、靳榮藩和詩四首、封頁、顧湄行狀、陳廷敬墓表、王鳴盛序、靳榮藩序、潘應椿序、凡例、目錄。

讀秀本卷首順序與此不同，依次為封頁、牌記、《御製題吳梅村集》、吳枋記、王鳴盛序、靳榮藩序、潘應椿序、靳榮藩和詩四首、陳廷敬墓表、顧湄行狀、凡例、目錄。

乙本無乾隆御製詩、吳枋記。卷首依次為封頁（無「乾隆四十年春鐫」）、牌記、靳榮藩和詩四首、顧湄行狀、陳廷敬墓表、靳榮藩序、凡例、目錄。

# 恭和聖製題吳梅村集元韻

臣靳榮潘

學海淵涵納細流，宸章赫奕許揚休。

共傳天上元音出，銷得江南萬古愁。

青史可憐詩碣在，黃初誰並綵毫抽。

嗣音只有新城老，都向君王卷裏收。其一。　新城王文簡公亦有博學工詩之褒。

祭酒詩篇壓勝流，徵書鄭重早歸休。

南朝一月先投劾，東觀重來祇貯愁。

十子〔註1〕空傳餘響〔註2〕在，周子俶等。〔註3〕三弄古南切。未許積薪抽。
王元美。

詞源傾出婁淞水，月滿江天宿霧收。其二。

少陵詩格溯源流，高唱能教眾籟休。

萬樹有花魂自洗，一錢不值骨應愁。「萬樹梅花孰比鄰」，淨洗梅魂句，梅村自詠
其詩也。「一錢不值」見梅村詞。

凌虛時入非非想，詠物猶將乙乙抽。

陶鑄古今歸大冶，好知文苑此先收。其三。

箋釋蟲魚歲序流，檢書燒燭肯言休。

雌霓刊就成孤賞，依司馬溫公語。霓借平。壯月更來可畔愁。

---

〔註1〕「十子」，稿本、天圖本、讀秀本作「七錄」。

〔註2〕「餘響」，稿本、天圖本、讀秀本作「標格」。

〔註3〕「周子俶等」，稿本、天圖本、讀秀本作「天如」。

論世知人言外得，窮源竟委架中抽。

為瞻聖藻思揚挖，學注三都眾美收。

〔註4〕

江寧布政使秦瞽二憲飭發

四庫館查辦違碍書籍保狀

一吳偉業梅村集內泰有

御題其緩冠紀多奉書亦並無違碍字句覓在外省一體擬

應茲緣與錢謙茲孟稱江左三家曾有合選詩集是以

率連並及此類應核定聲明毋庸檄銷其江左三家詩

嶺南三家詩內如吳偉業與龔閭等詩選亦並抽出存

直隸省於乾隆四十六

留咨四月十七日雜佾

乾隆四十年春鐫

吳詩集覽

凌雲亭藏版

---

# 吳梅村先生行狀

太倉顧　湄伊人

　　先生諱偉業，字駿公，姓吳氏。吳為崑山名族。五世祖禮部主事諱凱，高祖河南參政諱愈，父子皆八十有重德，其行事載《吳中先賢傳》中。曾祖鴻臚序班諱南。自禮部公以下，三世皆葬於崑。祖贈嘉議大夫、少詹事諱議，始遷太倉。父封嘉議大夫、少詹事諱琨，以經行崇祀鄉賢祠。母朱太淑人妊先生時，夢朱衣人送鄧以讚會元坊至。生先生，有異質，少多病，輒廢讀，而才學輒自進。迨為文，下筆頃刻數千言。時經生家崇尚俗學，先生獨好三史，西銘張公溥見而歎曰：「文章正印，其在子矣！」因留受業，相率為通經博古之學。年二十，補諸生，未逾年，中崇禎庚午舉人。辛未會試第一，殿試第二。西銘公鄉、會皆同榜，文風為之丕變。時有攻辛未座主宜興相者，借先生為射的，莊烈帝御批其卷，有「正大博雅，足式詭靡」之語，言者乃止。授翰林院編修，先生尚未授室，給假歸娶，當世榮之。乙亥入朝，充纂修官。值烏程柄國，先生與同年楊公廷麟輩，挺立無所附。烏程去，武陵、蘄水相繼入相，先生皆與之迕。先是吾吳有奸民張漢儒、陸文聲之事，烏程實陰主之，欲剚刃東南諸君子。先生以復社著名，為世指目。淄川傳烏程衣缽，先生首疏攻之，直聲動朝右。丙子，主湖廣鄉試，所拔多知名士。戊寅三月二十四日召對，先生進端本澄源之論，欲重其責於大臣，而廣其才於庶僚，乃昌言曰：「冢臣職司九品，若冢臣所舉不當，何以責之臺省？輔臣任寄權衡，若輔臣所用不賢，何以責之卿寺？」言極剴切，上為之動容。已與楊公士聰謀劾史䌹，䌹去而陰毒遂中於先生。己卯，銜命封延津、孟津兩王於禹州，䌹謀以成御史勇事牽連坐先生，會䌹死，事寢。升南京國子監司業。甫三日，而漳浦黃公道周論武陵奪情拜杖

信至，先生遣太學生涂仲吉入都具橐饘，涂上書為漳浦訟冤，干上怒，嚴旨責問主使，先生幾不免。庚辰，晉中允、諭德。癸未，晉庶子。甲申之變，先生里居，攀髯無從，號慟欲自縊，為家人所覺，朱太淑人抱持泣曰：「兒死，其如老人何！」乙酉，南中召拜少詹事，加一級。越兩月，先生知天下事不可為，又與馬、阮不合，遂拂衣歸里，一意奉父母歡。易世後，杜門不通請謁，每東南獄起，常懼收者在門，如是者十年。本朝世祖章皇帝素聞其名，會薦剡交上，有司敦逼，先生控辭再四，二親流涕辦嚴，攝使就道，難傷老人意，乃扶病入都，授秘書院侍講、國子監祭酒。精銳銷昭，輒被病弗能視事。間一歲，奉嗣母之喪南還，上親賜丸藥，撫慰甚至，先生乃勇退而堅臥，謂人曰：「我得見老親，死無恨矣！」未幾朱太淑人沒，先生哀毀骨立；復以奏銷事，幾至破家，先生怡然安之。嘉議公八十而逝，有幼女，先生為嫁。蓋先生天性孝友，初登第後，嘉議公敕理家事，歲輒計口授食，蕭然不異布衣時，俸入即上之嘉議公，未嘗有私畜也。後析產，與二弟均其豐嗇，舉無間言。先生性愛山水，遊常經月忘反。所居乃故銓部王公士騏之賁園，先生拓而大之，壘石鑿池，灌花蒔藥，翳然有林泉之勝，與士友觴詠其間，終日無倦色。其風度沖曠簡遠，令人挹之鄙吝頓消。與人交，不事矯飾，煦如陽春。生平規言矩行，尺寸無所逾越。每以獎進人才為己任，諄諄勸誘，至老不怠。喜扶植善類，或罹無妄，識與不識，輒為營救，士林咸樂歸之，而於遺民舊老，高蹈巖壑者，尤維持贍護之惟恐不急也。先生之學，博極群書，歸於至精，有問經史疑難、古今典故，與夫著作原委，旁引曲證，洞若指掌，多先儒之所未發。詩文炳耀鏗愬，其詞條氣格，皆足以追配古人，而虛懷推分，不務標榜，尤人所難。自■■〔註1〕沒後，先生獨任斯文之重，海內之士與浮屠、老子之流以文為請者，日集於庭，麾之弗去。一篇之出，家傳人誦，雖遐方絕域，亦皆知所寶愛。雅善書，尺蹏便面，人爭藏弄以為榮。所著《梅村集》四十卷、《春秋地理志》十六卷、《春秋氏族志》二十四卷、《綏寇紀略》十二卷，又樂府雜劇三卷。先生生於明萬曆己酉五月二十日，卒於今康熙辛亥十二月二十四日，享年六十有三。寢門之哭，學士大夫輒失聲曰：「先生亡矣！一代文章盡矣！」原配郁氏，封淑人，先公十五年卒。先生初未有子，年五十後，連舉三子暻、瞵、暄，尚齠齔，有成人之志，側室朱氏出也。女九人：淑人出者四，浦氏出三，朱氏出二。先生屬疾時作令書，乃自敘事略曰：「吾一生遭際，萬事憂危，無一刻不歷艱難，無一境

〔註1〕顧湄《行狀》原作「虞山」。

不嘗辛苦，實為天下大苦人。吾死後，斂以僧裝，葬吾於鄧尉、靈巖相近，墓前立一圓石，題曰『詩人吳梅村之墓』，勿作祠堂，勿乞銘於人。」又敕三子：「若能效陳、鄭累世同居之義，吾死且瞑目。」嗚呼，先生之心事可悲也已！是歲正月旦，先生夢至一公府，主者王侯冠服，降階迎揖，出片紙，非世間文字，不可識，謂先生曰：「此位屬公矣。」十二月朔，復夢數人來迎，先生書期日示之，故豫知時日，竟不爽，斯亦異哉！湄之先子，與南郭、西銘兩張公為同社，社中惟先生最年少，湄又從先生遊者垂二十年，而受先生之教為深。先生素羸弱善病，輒自言不久。少壯登朝，數忤權貴，獎護忠直，不惜以身殉之。既而陵谷貿遷，同事諸君子皆不免於難以死，而先生優游晚節乃死，人以為幸，然非先生祈死之本懷也。先生閱歷仕途，雖未嘗有差跌，而其危疑遘會，禍亂薦臻，若天廣而無以覆，地厚而無以載，居恒苦忽忽不樂，拂郁成疾以死。是諸君子處其易，而先生處其難。千載而下，考先生之本末，其猶將歆歟煩醒、執簡流涕而悲不能自己也。所謂「天實為之，謂之何哉」！湄與修郡邑志，於先生例當有傳。先生之從子曉以事狀屬湄，用敢捃摭遺佚，附綴家乘之末，立言君子，尚有採於此云。謹狀。康熙十二年七月二十一日。

# 吳梅村先生墓表

澤州陳廷敬說巖

　　蘇州郡治西南三十里西山之麓，有壙窣如者，詩人吳梅村先生之墓也。先生宦達矣，行事卓卓著於官，而以詩人表其墓者，從先生志也。先生諱偉業，字駿公，晚自號梅村。五世祖凱，前明永樂間舉孝廉，官禮部主事，年三十，以養親乞歸，遂不出，世稱貞孝先生。高祖愈，成化進士，官河南參政。並見《吳中先賢傳》。世居崑山，曾祖南，以善書授鴻臚。祖議始遷太倉。父琨能文章。祖、父皆受先生封為中憲大夫。先生少聰敏，年十四能屬文。里中張西銘先生以文章提倡後學。四方走其門，必投文為贄，不當意即謝弗內。有嘉定富人子，竊先生塾中稿數十篇投西銘，西銘讀之大驚，後知為先生作，固延至家同社數百人皆出先生下。弱冠舉於鄉，為崇禎辛未科會試第一人，廷試第二，授編修，是時年二十三耳。制辭云：「陸機詞賦，早年獨步江東；蘇軾文章，一日喧傳天下。」當時中朝士大夫皆以為不愧云。崇禎中，黨事尤熾。東南諸君子繼東林之學者，號曰復社。■■〔註1〕以東林之末響為復社先，而先生西銘高弟也。西銘既為復社主盟，先生又與西銘同年舉進士，故立朝之始，遂已大為世指名。當是時，淄川張至發，烏程黨也，繼烏程而相，剛愎過烏程。先生始進，即首劾淄川，奏雖寢不行，其黨皆側目。頃之，遷南京國子監司業。時黃道周以事下獄，先生遣監中生塗某齎表至京，塗伏闕上疏，申理道周，黨人當軸者以為先生指使，將深文其獄以中先生，會其人死乃已。旋奉使河南封藩。丙子，典試湖廣，當時號得士。尋遷中允、諭德。丁嗣父艱，服除，會南中立君，登朝一月歸。本朝初，搜訪天下文章舊德，溧陽、海寧兩陳相國共力薦先生，以秘書院侍讀徵，轉國子祭酒，尋丁嗣母憂，歸於家，時年四十五。

---

〔註1〕陳廷敬《墓表》原作「虞山」。

先生既無意功名，年力尚強，閉戶著數千百言，而尤以詩自鳴，悲歌感激，有不得於中者，悉寓於詩。時■■〔註2〕在■■〔註3〕，先生居婁東，皆以詩倡海內，海內宗之，稱吳中二老。余生稍晚，不及見兩先生，讀兩先生詩，如受教焉。■■〔註4〕之後無聞矣，而先生令子給事中暻以詩世其家。甲申，余為薦於朝，遊余門，與論詩相得也。丙戌冬，丁其生母朱安人艱，將合葬，泣而來請曰：「先人治命云：『吾詩雖不足以傳遠，而是中之用心良苦，後世讀吾詩而能知吾心，則吾不死矣。■■■■■〔註5〕。吾性愛山水，葬吾於靈巖、鄧尉間，碣曰「詩人吳梅村之墓」足矣，不者且不孝。』暻不忍違先志，敢請一言以表之。」按：先生生前明萬曆己酉，以康熙辛亥卒，年六十三。元配郁氏先卒。子三：暻、曮、暄，皆朱安人出。女子九人。朱安人以康熙四十五年丙戌七月二十六日卒，與郁夫人皆附葬於先生之墓。是為表。

　　按《明史‧劉宗周傳》：涂仲吉，漳浦人。以諸生走萬里，上書明黃道周冤，得罪杖遣。表中監生涂某，指此。　梅村《梅花庵聯句》有「三千登甲第，四十到宮詹」語。侯朝宗書亦云「仕至宮詹學士，身列大臣」，而表中止云遷中允、諭德，蓋不書福藩時之官爵也。　梅村哭母徐太夫人壽序：當幼洪為給諫，余亦官南中，以母老歸養，請急東還，即表中所謂登朝一月歸也。　榆社張廷綬如哉曰：「按：王如哉《吳母張太孺人墓誌》云：『梅村聞嗣母張太儒人訃於京邸，待命奔赴。其卒也，順治丙申年十月十日，時公年四十八歲。』又，朱竹垞《跋綏寇紀略》云：『梅村以順治壬辰館嘉興之萬壽宮，輯《綏寇紀略》。越歲，有迫之出山者，遂補國子祭酒，時公年四十五。』是癸巳徵為祭酒，越四年丙申，乃丁嗣母憂歸里也。表謂尋丁嗣母憂歸於家，時年四十五者，誤也。公《白母陳孺人墓誌》云：『蒙恩歸里，再奉吾母七箸者五年。』又，《秦母侯孺人墓誌》云：『侯孺人庚子八月卒。又一年，吾母至於大故。』則是公本生母朱淑人卒於順治十八年辛丑歲。盧澹巖序謂其省養歸里者，是也。又據公《亡女權厝誌》：『女生丁丑，卒庚子，十有一歲而母郁淑人卒。』則是郁卒於順治四年丁亥，先公二十五年卒。行狀云先公十五年，誤也。」

〔註2〕陳廷敬《墓表》原作「東澗」，稿本、天圖本、讀秀本同。
〔註3〕陳廷敬《墓表》原作「虞山」。
〔註4〕陳廷敬《墓表》原作「虞山」。
〔註5〕陳廷敬《墓表》原作「吾死毋以厚殮」。稿本、天圖本、讀秀本作「吾死以巾服殮」。

# 吳詩集覽序

　　梅村祭酒詩衣被海內百餘年矣，而未有注，山右靳介人先生深於詩學，孜孜汲古，由戊辰名進士，筮仕中邦及畿甸，公餘拄笏，時時掉頭作苦吟聲，酷嗜梅村詩，遂為注之。叢其典故，稽其出處，參伍其平生行事，師友淵源，州次部居，年經月緯，久之成軼，目曰《集覽》，不遠數千里郵示，屬為之序。竊觀近日詩教大昌，詩家多如麻葦，或嗜甘而忌辛，或好丹而非素，言人人殊，莫能相一，請以片言折之。杜陵千古詩聖，其言下筆有神，必以讀書萬卷為本。然則性靈雖妙，非書卷不足以發之。彼謂「詩有別才，非關學問」者，聊飾詞以文儉腹耳。故予論詩必以多讀書為勝。

　　本朝詩人讀書博、隸事多者三家，梅村與阮亭司寇、竹垞檢討是也。夫其隸事既多學者，苟無張茂先之洽聞，鄭漁仲之博物，必將開卷茫然，如坐雲霧，則注釋要矣。曩予亡友惠定宇注阮亭詩，久已膾炙人口。今予門人范生洪鑄注竹垞詩成，亦稱淹雅，正相與商榷開雕，而介人之書適至，從此三注並行，於以表彰前喆，嘉惠藝林為益，詎淺尟哉！介人夙負詩名，觀其自運清新，可繼梅村。居官所在，皆有治績。今守蔚州，方築暖泉堤以捍水，又一循吏也。乃其善著書復如是，洵可謂有兼人之美者與。予於祭酒為同里後進，且予八世祖母吳氏，明參政遂庵公女，即祭酒之曾祖姑。溯我自出，雖遼遠，弗敢忘也。顧老懶惛眊，於梅村詩無能為役，介人此注，余僅從壁上觀，執筆而序之，其將重予之愧矣。夫介人名榮藩，介人其字，別自號曰綠溪，今學者多稱綠溪先生云。

乾隆四十年秋七月,進士及第通議大夫光祿卿前史官王鳴盛西莊氏撰。〔註1〕

乾隆癸未春,余謁房師旴江賴畫人先生於弇山。弇山,故詩人吳梅村之鄉也。因與先生論其詩,弔其圓石題墓,相與諮嗟太息者久之。越十有三年,余官上谷,黎城菉溪刺史示余手注《吳詩集覽》若干卷,屬為之序。余惟注詩之難,陸劍南言之矣,而注梅村詩為尤難。史稱杜少陵博極群書,周行天下,用以資其為詩。惟梅村亦然。梅村生隆、萬文敝之後,與西銘張太史游,務為通經博古之學。其為詩,斟酌雅頌,諧和律呂,大之則鵬起半天,細之則鷦巢蚊睫,雖千態萬狀,無一句一字無所出。今取其詩箋之,故之繁而不檢,則不免如秦恭之注《堯典》十萬餘字,朱普之解《尚書》三十萬言;考而弗精,則不免如子建之濫侈葛天,推三成萬,士衡之譬葛為葵,謂庇勝衛。不寧惟是,梅村生遭亂離,親見中原板蕩之艱,其身之所歷,目之所接,一寓之於詩。梅村之詩,一代之史繫之,使如不善注杜者之傅會前史,捃摭失寔,將謂王羲之果守永嘉,向秀果繼杜預鎮荊矣。豈弟如李義山《錦瑟》一篇,開後聚訟之門而已耶?故曰:注詩難,注梅村詩尤難。

今讀菉溪此編,自六經子史百家之言,下逮稗官說部,凡足以發明梅村之詩者靡不收。其於勝國之事,則惟奉欽定諸史以為的,年經月緯,輘古切今,一字之書,一句之文,偶有未適,則一燈熒熒,丹黃塗乙,恒至夜分不得休。菉溪自謂「簿書退食之餘,行役輿馬之上,友朋譁譚之時,無不以是為拳拳」,洵乎非虛語也。其諸張駿所云「艾繁而不可刪,濟略而不可益」者與!菉溪為吾師畫人先生戊辰同年友,惜是書之成,吾師下世已五年,不及見。余辱菉溪之屬,為疏其注詩之難,以見菉溪於梅村詩苦用心如此,知其必能信今而傳後無疑也,敢以質諸世之知梅村之詩者。

乾隆四十年,歲在旃蒙協洽,月在圉陽丁丑朏,天都弟潘應椿拜序。〔註2〕

我國家列聖相承,右文養士,士之以詩鳴者雲蒸霞起,曹子建所謂「家家握靈蛇之珠,人人得荊山之璧」者也。顧其卓然於眾家之表,登峯造極者,曰吳梅村、王漁洋氏。二家之詩有同有異。梅村當本朝定鼎之初,親見中原之兵火,南渡之荒滛,其詩如高山大河,如驚風驟雨,而間之以平原沃衍,故於少陵為近,時出入於退之、香山。梅村非不能為漁洋,其遇為之也。漁洋生重熙

---

〔註1〕按:王鳴盛序,底本無,據稿本、天圖本補。
〔註2〕按:潘應椿序,底本無,據稿本、天圖本補。

累洽之會，內直承明，外乘馳傳，其詩如景星慶雲，如瓊花琪樹，故於太白為近，而參以右丞之超逸，義山之蘊藉。蓋梅村以興會為主，而漁洋以神韻為工。漁洋自不必為梅村，亦其遇為之也。此其所以異也。而其所以同者，沉博絕麗，驚心動魄。漁洋談藝，四言曰典，曰麗以則，梅村亦有不知一事，吾之深恥之語。今其集俱在，陶冶古今，纂組萬類，覘七襄而知雕文刻鏤之非華，飫仙廚而覺山珍海錯之失味，雖其稱詩之本不在乎此，而醞釀既深，香色畢具，此則祭酒、尚書不約而同者。學者固不得以訓詁典故為末技，而高語玄虛，反躓等而窘步。

已往見《精華錄訓纂》，竊喜其為漁洋毛鄭。至梅村二十卷，迄無注本。末學小生，向若而驚，望洋而歎，或讀之不能終篇，可不謂藝林之憾與！予於暇日，句櫛字比，取備遺忘，因成《集覽》若干卷。蓋當泛觀他書，未嘗不採剟記錄，以備此書之用，而於此書之未解者，則又檢索他書，以收一經一緯之效。乃至簿書退食之餘，行役輿馬之上，友朋譚譚之時，集思廣益，未嘗不以是集為拳拳也。除闕疑外，釐而存之，非敢謂足當於《訓纂》之萬一，或於讀不終篇者少有益耳。至於興會得意在語言文字之外，世有深於詩者，當沉潛反覆而得之。梅村云：「酈桑二小儒，著書事抄撮。」則非予之所敢辭也夫。

乾隆上章攝提格閏五月，綠溪靳榮藩介人敘。

# 凡　例

　　一、梅村詩名久著，然撰詩者多儷以龔合肥、王孟津之儔，未嘗專為推重也。恭讀《樂善堂全集》有《題吳梅村詩集》七言律一首，天章睿藻，光生冊府，而梅村一卷遂以永傳矣。至命題處特書梅村，尤臣子之異數也。因恭錄於簡首。

　　一、乾隆三十一年，內閣奉上諭：「今日國史館進呈新纂列傳，內洪承疇傳於故明唐王朱聿釗加以偽字，於義未為允愜。明至崇禎甲申，其統已亡，然福王之在江寧，尚與宋南渡相髣髴。即唐、桂諸王轉徙閩滇，苟延一線，亦與宋帝昰、帝昺之播遷海嶠無異。且唐王等皆明室子孫，其封號亦其先世相承，非若異姓僭竊及草賊擁立一朱姓以為號召者可比，固不必槩從貶斥也。當國家戡定之初，於不順命者自當斥曰偽，以一耳目而齊心志。今承平百有餘年，纂輯一代國史，傳信天下萬世，一定所繫，予奪攸分，必當衷於至當，以昭史法。昨批閱《通鑑輯覽》，至宋末事，如元兵既入臨安，帝㬎身為俘虜，宋社既屋，統系即亡，昰、昺二王竄居窮海，殘喘僅存，並不得比與紹興偏安之局。乃《續綱目》尚以景炎、祥興大書紀年，曲狥不公，於史例亦未當。因特加釐正，批示大旨，使名分秩然，用垂炯戒。若明之唐王、桂王，於昰、昺亦復何異？設竟以為偽，則又所謂矯枉過正，弗愜事理之平。即明末諸臣如黃道周、史可法等，在當時抗拒王師，固誅之所必及，今平情而論，諸人各為其主，節義究不容掩，朕方嘉予之，又豈可槩以偽臣目之乎？總裁等承修國史，於明季事皆從貶，固本朝臣子立言之體，但此書皆朕親加閱定，何必拘牽顧忌，漫無區別，不准於天理人情之至當乎？朕權衡庶務，一秉至公，況國史筆削，事關法戒，

所繫於綱常名教者至重。比事固當征寔正名，尤貴持平，特明降諭旨，俾史館諸臣咸喻朕意，奉為準繩，用彰大中至正之道。欽此。」神聖天縱，表章節義，勝國諸臣均銜恩於簡冊中矣。故《集覽》於黃道周、史可法、盧象昇、左懋第等皆恭錄《御撰資治通鑑目三編》及頒行《明史》，詳為注釋，期仰副諭旨於萬一。他如野史小說家言槩從芟削。

　　一、乾隆三十四年十二月，內閣抄出大學士尹繼善謹奏：奉旨令臣等查錢謙益應毀各種詩文，如有為他人文集詩稿作序者，止去其序，無庸槩行毀禁。欽此。臣等伏查錢謙益所著之《初學集》、《有學集》，必應銷毀查禁。其坊間所行之《錢箋杜詩》、《列朝詩集小傳》及《歸錢尺牘》、《三家詩抄合刻》內錢謙益所著之尺牘、詩抄，亦應一體禁燬。至此外書籍內載有錢謙益序跋者，臣等所素知，如汲古閣刻《十三經》、《十七史》、吳偉業《梅村集》、王士禛《漁洋集》之類，俱有錢謙益序文，應行撤去，其本書毋庸查禁。再坊刻時文選本，亦間有錢謙益時文數篇，似更無足比數，亦毋庸禁止。相應奏明，請旨謹奏。乾隆三十四年十二月初四日。奉旨知道了。其經史及諸集內所有錢謙益序文，語無悖謬者，俱不必撤毀。欽此。茲遵照諭旨及原奏奉行，於《梅村集》悉依本書。

　　一、梅村詩文舊係合刻，然陳文貞公所撰《墓表》，其遺命「題曰詩人吳梅村之墓」，則自信者又在詩也，故其文之與詩相發明者即為摘錄，餘則仍俟互見，與仇滄柱《杜賦詳注》、《杜文集注》之例為小異云。

　　一、《梅村詩集》二十卷，而以詩餘附之，今仍其舊。惟每卷分為上下二冊，以便檢閱。

　　一、名家詩集有編年、分體之不同。梅村集於分體中自為編年，今仍其舊。至詩餘以字之多少為先後，然一調數首者，自具編年之意，今仍其舊。

　　一、梅村早歲執經西銘，名重復社；中年以後，為藝林宿老。集中所存，大抵多中年以後之作也。少作毀棄存者無多。又集中篇目雖刻，係顧伊人等所編，然必經梅村手定，故七言古自《留別伯成明府》以下尚有二首五言律，自《贈家園次》四首以下尚有二十七首，而目錄不載，亦如文集中有穆苑先、吳郡唐君、張季繁墓誌銘等篇，而目錄亦不載也。茲依目錄序次，其原目所不載者另為標識，而於他集中或遇只詞單句，如《題尤展成小影》之類，則另錄《談藪》，以免混淆。略變仇滄柱《逸杜附錄》之例。

一、注中多引梅村所著書，自相發明者。經史子集，務引原文。至《明史》頒於乾隆二年，距梅村之沒已六十餘年，然寔與其詩相證，故書在此集以前者錄之，以明詩所自出；書在此集以後者亦錄之見詩已傳信也。

一、注中所引諸書，略仿《文選》稱字之義，而詩中巨公如子建、嗣宗、淵明、明遠、文通、子山、太白、子美、摩詰、浩然、退之、樂天、微之、子瞻十四家，則第云曹詩、阮詩、陶詩、鮑詩、江詩、庾詩之類，不至疑李詩為義山，王詩為少伯，孟詩為東野，韓詩為致光也。若謝、陸諸公則必舉其字，恐宣遠、玄暉、士衡、士龍、魯望、務觀難於識別也。餘仿此。又如謝康樂、岑嘉州、韋左司諸公未詳其字，則仍書靈運、參、應物，不以官名地名溷入。餘仿此。

一、古詩排律分處及律詩絕句篇尾略以鄙意疏通詩義。注典則列於外，評跋則附於詩後。

一、仇滄柱有《杜序集錄》、《詠杜附編》、《論杜附編》各一冊。子美自唐迄今，歷年久，故序論為多。梅村歷年未久，故序論題詠止合為一卷。又其文既別見，故盧、陳兩序亦不具錄云。

一、蚍蜉撼樹，退之所然。古今詩文，瑕瑜每不相掩。子美詩膾炙千古，而集中累句為人指謫者正復不少。余於諸家評吳詩者，其毀譽輒兩存之。至原板鏤校甚工，或漶漫及譌寫者亦附識焉。

一、梅村生長亂離，詞多哀怨，然怨悱不亂，尚有小雅之遺。既而遭遇本朝，涵育中和，故其體平而詞腴，不徒辭章之工，亦可以瞻福相知世運焉。至梅村文，目中有《復社紀事》，而坊本絕無此篇。即有之者，皆脫半簡，亦可見其慎之又慎也。予推廣此意，與其鑿也，寧缺。

一、《四書》字不注，仿程叔才注陳其年四六之例也。〔註1〕

〔註1〕稿本、天圖本、讀秀本另多凡例一則：「一、是書就正於太倉程穆衡迂亭、元和顧學潮小韓、金壇于易簡春圃。同人商榷者，山陽阮芝生紫坪、榆社張廷綍如哉、歙縣潘應椿皆山、吳江顧我魯瞻泰、滄州李大成孔集、同里王尊祖接武，而如哉所訂正為多。創稿於乾隆三十年九月，校刻於四十年二月，凡諸君子所寄專條，各冠以姓字，不敢忘所自也。予另有《吳詩闡疑》若干卷問世。郵筒賜教，不我遐棄，企予望之。」

# 吳詩集覽

顧　湄伊人

太倉許旭　九日原編

黎城靳榮藩介人集覽

同　學　諸　子校訂

過中峰禮蒼公塔四首

過王庵看梅感興

獨往王庵看梅沈雨公攜尊道值余已遄返賦此為笑

送致言上人

過韓蘄王墓四首

宿沈文長山館二首

福源寺

包山寺贈古如和尚

過圻村

湖中懷友

七夕即事四首

大根菜

趵突泉二首

贈新泰令楊仲延其地為羊叔子故里

靈巖觀設戒

遙別故友二首

秋夜不寐

喜願雲師從廬山歸并序

贈錢受明

受明得子柬賀

宿徐元歎落木庵

送王子惟夏以牽染北行四首

虎丘中秋新霽

哭亡女三首

中秋看月有感

支硎山齋聽雨明日早晴更宿法螺精舍

憩趙凡夫所鑿石

趙凡夫山居為祠堂今改為報恩寺

王增城子彥罷官哭子留滯不歸近傳口信不得一字詩以歎之二首

寄懷陳直方四首

詠月

〔註1〕「上」，乙本無。

# 吳詩集覽　卷一上

黎城靳榮藩介人輯

**五言古詩一之上**<sub>按</sub>：陳其年《篋衍集》別錄五古長篇七首，蓋仿高廷禮《品匯》之例也。於《梅村集》收《送何》第五、《哭志衍》、《遊石公山盤龍石樑寂光歸雲諸勝》三首，良以其雄深雅健，如千巖競秀，萬壑爭流，不為前人所限耳。然三首之外，如《吳門遇劉雪舫》、《臨江參軍》、《遇南廂園叟》、《礬清湖》四長篇，筆力正不少減。他如《縹緲峰》、《揖山樓》、《直溪吏》、《避亂》之一四五六、《西田》之一三四，皆五言之最工者。　梅村以七言古、五七律擅場，然七古佳篇可參長慶一席；七律鏤金錯彩，儘能自樹一幟，而前賢佳境已多，若再歷年所，則大而化之矣；五古長篇洋洋纚纚，直抒所見，能於李杜韓蘇外自成壁壘，足稱大家。

**贈蒼雪**<sub>梅村</sub>《文先生壽序》：「蒼公者，滇人，住吳之中峰，以佛教重東南者也。」〔註1〕《蘇州府志》：「讀徹，字蒼雪，滇南呈貢趙氏子。」

　　**我聞昆明水，天花散無數。躡足凌高峰，了了見佛土。法師滇海來，植杖渡湘浦。藤鞋負貝葉，葉葉青蓮吐。**前四句從滇南引起蒼雪，後四句蒼雪自滇而來也。金壇王錫琯（字又典）《金剛經淺解》：「佛滅度時，阿難啟請一切經首當置何語，佛命置『如是我聞』四字為句。」《綱目質實》：「滇池在雲南府城南，一名昆明池，中產衣鉢蓮，花盤千葉，蕊分三色。」《維摩詰所說經》：「維摩詰室有一天女，聞所說法，便現其身，即以天花散諸菩薩大弟子上。」《金剛經》：「如是滅度無量無數無邊眾生。」　《史記》：「《過秦論》：『躡足行伍之間。』」子建《洛神賦》：「於是背下凌高。」謝靈運詩：「超遞瞰高峰。」〔註2〕　《妙德大經》：「了了見佛性，猶如妙德

---

〔註1〕《梅村集》卷二十五《文先生六十壽序》。
〔註2〕《田南樹園激流植楥詩》。

等。」《法華經》：「其佛以恒河沙等三千大千為一佛土。」 《晉書‧王坦之傳》：「與沙門竺法師甚厚。」〔註3〕《明史‧地理志》：「滇池其西南為海口。」 崔亭伯《杖頌》：「爰植根於湘浦。」 戴幼公詩：「一兩棕鞵八尺藤。」〔註4〕《宋史‧天竺國傳》：「僧〔註5〕道圓自西域還，得貝葉梵經四十夾。」 《古詩》：「葉葉相交通。」〔註6〕《法華經》：「有人聞是品能隨喜讚善者，是人口中常出青蓮香。」**法航下匡廬，講室臨玄圃。忽聞金焦鍾，過江救諸苦。中峰古道場，浮圖出平楚。通泉繞階除，疏巖置廊廡。同學有汰公，兩山聞法鼓。天親偕無著，一朝亡其伍。獨遊東海上，從者如牆堵。迦文開十誦，廣舌演四部。設難何衡陽，答疑劉少府。人我將無同，是非空諸所。**此歷敘蒼雪駐錫之地與說法之盛也。○《指月錄》：「惟清禪師見延安耆宿法安。安曰：『汝苦海法航也。』」〔註7〕《九江志》：「匡俗先生姓匡名俗，商周之際隱於廬山，故號匡廬。」《大清一統志》：「玄圃在上元縣臺城北。」 《明史‧地理志》：「丹徒縣江中西北有金山，東北有焦山。」《世說》：「愍度道人始欲過江。」〔註8〕崔曙詩：「道場救諸苦。」〔註9〕 《蘇州府志》：「支硎山在府西二十五里，舊有南峰寺及中峰、北峰二院。」又：「中峰寺在支硎山寒泉上。」《唐六典》：「煬帝改佛寺為道場，道觀為玄壇。」 《綱〔註10〕目集覽》：「浮圖，塔也。」謝玄暉詩：「平楚正蒼然。」〔註11〕 張希孟詩：「石潤竹通泉。」《北齊書‧祖鴻勳傳》：「泉流繞階。」〔註12〕陸士衡詩：「春苔暗階除。」〔註13〕 《唐書‧房琯傳》：「疏巖剔藪，為天子遊觀。」〔註14〕《史記‧魏其侯傳》：「所賜金，陳之廊廡下。」〔註15〕 《漢書注》：「廊，堂下周屋也。廡，門屋也。」〔註16〕 《後漢書‧鄭興傳》：「同學者皆師之。」〔註17〕《明詩綜》：「明河，字汰如，南直隸通

---

〔註3〕卷七十五。

〔註4〕戴叔倫《憶原上人》。

〔註5〕「僧」，乙本誤作「稭」。《宋史》卷四百九十《外國列傳六》原作「僧」。

〔註6〕《孔雀東南飛》。

〔註7〕卷二十八《隆興府黃龍靈源惟清禪師》。

〔註8〕《假譎第二十七》。

〔註9〕《宿大通和尚塔敬贈如上人兼呈常孫二山人》。

〔註10〕「綱」，讀秀本作墨丁。

〔註11〕《宣城郡內登望詩》。

〔註12〕卷四五《文苑列傳》。

〔註13〕《班婕妤》。

〔註14〕《新唐書》卷一百三十九。

〔註15〕卷一百七。

〔註16〕《漢書》卷五十二《竇嬰傳》顏師古注。

〔註17〕卷六十六。

州人。」〔註18〕汪鈍庵《曉庵塔銘》:「明崇禎中，徹公次補潤公講席，來住中峰，其同門友汰如河公住華山，兩山對峙，鐘唄之聲相應，故其道場最盛。」〔註19〕　李詩:「兩山振法鼓。」〔註20〕　《西域記》:「無著是初地菩薩天親之兄。」　無名氏《汰如塔銘》:「汰復以崇禎十三年十一月四日順世而去。」〔註21〕　李詩:「獨遊滄江上。」〔註22〕《一統志》:「沂州府郯城縣，漢置東海郡，屬徐州。」又，徐州府表:「邳州宿遷縣，漢屬東海郡。」按:此則蒼雪蓋遊淮徐間也。　《禮》:「孔子射於矍相之圃，蓋觀者如堵牆。」〔註23〕　《續博物志》:「佛者本號釋迦文佛。」《隋書‧經籍志》:「鳩摩羅什才德最優，而什又譯《十誦律》。」〔註24〕　《華嚴經》:「菩薩以廣長舌於一切音中現無量音。」《法華經》:「世尊見大神力，出廣長舌。」《南史‧梁武帝紀》:「幸同泰寺，設四部無遮大會。」〔註25〕　《世說》:「有北來道人，與林公相遇於瓦官寺，講小品，屢設疑難。」〔註26〕按:何衡陽、劉少府，疑與蒼雪禪說者有何、劉兩姓，而舉衡陽、少府以擬之耳。說附後。　《金剛經》:「無復我相人相。」《世說》:「阮宣子有令聞，太尉王夷甫見而問曰:『老、莊與聖教同異?』對曰:『將無同?』」〔註27〕　《莊子》:「故有儒墨之是非。」〔註28〕榆社張廷綍如哉曰:「《傳燈錄》:『龐蘊，衡陽人。刺史于頔問疾，謂曰:但願空諸所有，慎勿實諸所無。』」即今四海內，道路多豺虎。師於高座上，瓣香祝君父。欲使菩提樹，遍蔭諸國土。此六句於禪誦之中不忘忠孝，身份最高。○杜詩:「蕭條四海內，人少豺虎多。」〔註29〕　《晉書‧鳩摩羅什傳》:「忽下高座。」〔註30〕《梁書‧伏曼容傳》:「輒升高座為講說。」〔註31〕　陳無己詩:「向來一瓣香。」〔註32〕　《酉陽雜俎》:

---

〔註18〕卷九十一。
〔註19〕汪琬《堯峰文鈔》卷二十《中峰曉庵了法師塔銘》。
〔註20〕「山」，李白《登瓦官寺閣》作「廊」。
〔註21〕按:出錢謙益《牧齋初學集》卷六十九《汰如法師塔銘》，「十一月」作「十二月」。
〔註22〕《江上望皖公山》。
〔註23〕《禮記‧射義》。
〔註24〕卷三十五。
〔註25〕卷七。
〔註26〕《文學第四》。
〔註27〕《文學第四》。
〔註28〕《齊物論》。
〔註29〕《別唐十五誡因寄禮部賈侍郎》。
〔註30〕卷九十五《藝術列傳》。
〔註31〕卷四十八《儒林列傳》。
〔註32〕《觀克文忠公家六一堂圖書》。

「菩提樹出摩伽陀國，蓋釋迦如來成道時樹。」〔註33〕**洱水與蒼山，佛教之齊魯。一屐遊中原，五嶽問諸祖。稽首香花嚴，妙義足今古。**六句跟著國土說下，收到滇南，與起處相應。〇楊升庵《雲南山川志》：「西洱海在大理府城東榆葉河也。」《元史·地理志》：「點蒼山在大理城西，周四百里。」《一統志》：「灌頂禪師嘗於崇聖寺講經，有一老翁侍立，聽畢，乘風雲而去，曰洱水龍也。」又：「香巖在太和縣西點蒼山中峰之半，香從空來，世傳釋迦文佛遺跡。」《史記·儒林傳》：「夫齊魯之間於文學，其天性也。」〔註34〕 《洞冥記》：「東方朔曰：『其人以一隻屐與臣。』」按：詩意似暗用《傳燈錄》二十八祖達磨手攜隻履翩翩而逝也。《詩》：「瞻彼中原。」 《玉匱經》：「黃帝破山通道，遍歷五嶽。」《釋氏稽古錄》：「釋迦文佛宗派祖師授受圖有三十三祖。」《北史·盧潛傳》：「大設僧會，以香花緣道。」〔註35〕《南史·何子季傳》：「大莊嚴論世中未有。」〔註36〕 徐孝穆《丹陽上庸路碑》：「妙義幾神。」張孟陽詩：「悽愴哀今古。」〔註37〕

　　按：此詩兩押「土」字。然蘇子卿詩「燕婉及良時」、「莫忘歡樂時」〔註38〕；「誰為行路人」、「欲以贈遠人」〔註39〕；諸葛武侯《梁父吟》「田疆古冶子」、「國相齊晏子」；皆兩抑〔註40〕也。至《廬江小吏》一首復押之韻更多，而「此婦無禮節，舉動自專由」即接云「吾意久懷忿，汝豈得自由」，幾如垓下之歌連用「可若何」、「奈若何」為韻矣。《柏梁臺聯句詩》兩押「哉」字、「時」字、「材」字，三押「之」字、「治」字，然猶曰兩漢始為古詩，而《廬江》詩為第一長篇，《柏梁》則人各一句也。《古詩十九首》「蟋蟀傷局促」、「絃急知柱促」，重押「促」字，《文選》分為二首，則不重矣。曹孟德《短歌行》「悠悠我心」、「天下歸心」；《卻東西門行》「乃在無人鄉」、「何時返故鄉」；文帝《雜詩》「適與飄風會」、「行行至吳會」；甄后《塘上行》「出亦復苦愁」、「人亦復苦愁」；曹子建《美女篇》「珊瑚間木難」、「求賢良獨難」；陳孔璋《飲馬長城窟行》「時時念我故夫子」、「何為稽留他家子」；陸士衡《猛虎行》「熱不息惡木陰」、「時往歲載陰」；阮嗣宗《詠懷》「磬折忘所歸」、「中路將安歸」；謝康樂《初去郡詩》

---

〔註33〕卷十八《廣動植之三·木篇》。
〔註34〕卷一百二十一。
〔註35〕卷三十。
〔註36〕卷三十。
〔註37〕張載《七哀詩二首》其一。
〔註38〕《李陵錄別詩二十一首》其五（結髮為夫妻）。
〔註39〕《李陵錄別詩二十一首》其四（骨肉緣枝葉）。
〔註40〕「抑」稿本、天圖本、讀秀本作「押」，是。

「豈足稱達生」、「薄遊似邴生」；《木蘭詩》「問女何所思，問女何所憶。女亦無所思，女亦無所憶」；任彥升《哭范僕射》「夫子值狂生」、「千齡萬恨生」；「猶我故人情」、「生死一交情」、「欲以遣離情」；雖其體制不同，然皆重抑也。唐詩之復韻者，李《月下獨酌》「酒星不在天」、「愛酒不愧天」；杜《飲中八仙歌》「眼花落井水底眠」、「長安市上酒家眠」；「汝陽三斗始朝天」、「舉觴白眼望青天」；「皎如玉樹臨風前」、「蘇晉長齋繡佛前」、「脫帽露頂王公前」；《杜鵑》云「西川有杜鵑，東川無杜鵑。涪萬無杜鵑，雲安有杜鵑」、「猶解事杜鵑」；退之《赴江陵途中》詩「乃反遷炎州」、「行行詣連州」；皆重押也。然猶曰《八仙歌》人各為段，可分作八首；《杜鵑》詩起四句或疑為題下注；《赴江陵》詩「炎州」字當作「炎洲」；則不必其為復韻矣。子美《彭衙行》押二「餐」字，退之《此日足可惜》一首押二「光」字、二「鳴」字、二「更」字、二「狂」字。更有絕句而復韻者，王摩詰「朝耕上平田，暮耦上平田」；子美「前年渝州殺刺史，今年開州殺刺史」是也。有排律而復韻者，摩詰《奉和送朝集使歸郡》詩「襃帷向九州」、「垂象滿中州」；子美《夔州詠懷一百韻》「不敢墜周旋」、「澤國繞迴旋」是也。竊意絕句重押，未免破體，而律詩排比聲韻，更亦謹嚴。若古體自當別論。《株林》之詩，四句中兩「林」字、兩「南」字，已肇其源，何嘗非千秋絕調乎！

　　按：《苕溪漁隱叢話》引《孔毅夫雜記》及《林學新編》載詩家重韻甚悉。予幼時見顧泰瞻岱詩集「郎如清銅鏡，妾似芙蓉花。持花將鏡照，知鏡喜新花」，則更異耳。按：華，古花字，近體中亦不宜復用，而唐以來復用者多矣。「設難」二句久不得其解。按：《南史·何承天傳》：「出為衡陽內史。」故顏延年有《重釋何衡陽》等書。然《承天傳》止云「帝有疑議，必先訪之」，不載其設難也。杜■〔註41〕有《奉先劉少府新畫山水障歌》，注：「奉先尉劉單宅作。」梅村此詩未知是引此二人否。　空諸所，歇後語也。梅村集中不肯多用。「師於高座上，瓣香祝君父。欲使菩提樹，遍蔭諸國土」，長歌之悲，甚於痛哭矣。　集中以《贈蒼雪》起，以《病中有感》止，寄託空門，悲悼身世，全部皆當作如是觀也。■■■■■■■■■■■■〔註42〕讀此集之起訖，可以想見其為人。

　　吳江顧我魯瞻泰曰：「古人樂府中有連句復韻者，皆故意疊押，以足其神。或隔數語復韻者，因拉雜成篇，不妨一韻互見。故沈文愨詩《古詩源》一選，凡

〔註41〕■，稿本、天圖本、讀秀本作「集」。
〔註42〕墨丁，稿本、天圖本、讀秀本作「梅村遺命，斂以僧裝，題以圓石」。

屬樂府，中有復韻，俱不注出；至於古詩，皆注明復韻。以古詩與樂府有別。梅村此詩兩押『土』字，竟注明復韻可也。」

**塗松晚發** 劉心蓼《太倉州志》：「塗松市去州東北三十五里。塗松，塗上之松也。」《世說》：「石崇與王愷出遊，極晚發。」〔註43〕

孤月傍一村，寒潮自來去。人語出短篷，纜沒溪橋樹。四句是塗松晚景。「人語」、「短篷」逗起「發」字意。梁簡文帝詩：「夕波照孤月。」〔註44〕韓致光詩：「一村桑柘一村煙。」〔註45〕 王詩：「月明寒潮廣。」〔註46〕崔魯詩：「明月自來還自去。」〔註47〕 薩天錫詩：「煙雨短篷水口，人家亂石山前。」〔註48〕 《玉篇》：「纜，維舟索也。」徐鼎臣詩：「溪橋樹映行人度。」冒霜發輕舠，披衣聽雞曙。籪響若鳴灘，蘆洲疑驟雨。四句是初發之景。○《子夜冬歌》：「夜半冒霜來。」李詩：「送輕舠。」〔註49〕 陶詩：「相思則披衣。」〔註50〕江總持詩：「忽聽晨雞曙。」〔註51〕 「籪」字，字典不載。陸魯望《魚具詩序》：「列竹於海澨，曰滬。」《吳江縣志》引此曰：「今謂之籪。」按：《輟耕錄》引魯望《蟹志》云：「稻之登也，率執一穗以朝其魁，然後任其所之，蚤夜曹〔註52〕沸，指江而奔，漁者緯蕭承其流而障之，名曰蟹斷。」則「籪」應作「斷」。李詩：「澀灘鳴嘈嘈。」〔註53〕 鮑詩：「今旦入蘆洲。」〔註54〕《老子》：「驟雨不終日。」溫飛卿詩：「蘆葉有聲疑霧雨。」〔註55〕漁因入浦喧，農或呼門懼。居然見燈火，市聲雜翁嫗。此四句是晚發後之所見。○王詩：「漁歌入浦深。」〔註56〕 《南史·昭明太子傳》：「吏一呼門，動為民蠹。」〔註57〕

---

〔註43〕《汏侈第三十》。
〔註44〕《經琵琶峽詩》。
〔註45〕韓偓《醉著》。
〔註46〕王維《送宇文太守赴宣城》。
〔註47〕崔櫓《華清宮三首》其一。
〔註48〕《次韻與德明小友》其一。
〔註49〕按：李白《送當塗趙少府赴長蘆》：「送客回輕舠。」
〔註50〕《移居二首》其二。
〔註51〕江總《卞山楚廟詩》。
〔註52〕「曹」，《輟耕錄》卷八《蟹斷》作「嘈」，陸龜蒙《甫里集》卷十九《蟹志》原作「臂」。
〔註53〕李白《下涇縣陵陽溪至澀灘》。
〔註54〕鮑照《上潯陽還都道中作詩》。
〔註55〕《南湖》。
〔註56〕《酬張少府》。
〔註57〕卷五十三《梁武帝諸子列傳》。

《漢書・王莽傳》：「嘗〔註 58〕御燈火。」　顧瞻泰曰：「范致能詩：『市聲蕭條衙鼓靜。』〔註 59〕」《古樂府・捉搦歌》：「天生男女共一處，願得兩個成翁嫗。」水改村店移，一帆今始遇。生涯問菰蒲，世事隔沮洳。終當謝親朋，刺舟從此住。此六句感懷今昔，有卜居之意。○羅昭諫：「村店酒旗沽竹葉。」〔註 60〕　王灣詩：「風正一帆懸。」〔註 61〕　《莊子》：「吾生也有涯。」〔註 62〕謝靈運詩：「菰蒲冒清淺。」〔註 63〕　杜詩：「世事兩茫茫。」〔註 64〕《詩》：「彼汾沮洳。」〔註 65〕　《晉書・陶潛傳》：「其親朋好事，或載酒肴而往。」〔註 66〕　《漢書・陳平傳》：「乃解衣贏而佐刺船。」〔註 67〕綦毋潛詩：「靈境依此住。」〔註 68〕

　　　　題是晚發，而云「披衣聽雞曙」，蓋夜發耳。燈火、市聲，已屬殘夜；水改、店移，則曙後之所見矣。

## 毛子晉齋中讀吳匏庵手抄宋謝翱西臺慟哭記

《明詩綜》：「毛晉初名鳳苞，字子晉，常熟人。」〔註 69〕　《明史・吳寬傳》：「字原博，長洲人。」《藝文志》：「吳寬《匏菴集》七十八卷。」　宋濂《謝翱傳》：「翱字皋羽，福之長溪人，後徙建之浦城。會丞相文天祥開府延平，署諮事參軍。已復別去。及宋亡，天祥被執以死，翱悲不能禁。嚴有子陵臺，孤絕千丈。設天祥主荒亭，酹畢，號而慟者三。乃以竹如意擊石，作楚歌招之曰：『魂朝往兮何極，暮來歸兮關水黑。化為朱鳥兮有味焉食。』歌闋，竹石俱碎。」〔註 70〕　謝皋羽《西臺慟哭記》：「唐宰相魯公開府南服，余以布衣從戎。明年，別公漳水湄。後明年云云。又後三年云云。又後四年，而哭之於越臺。又後五年，及今而哭於子陵之臺。」

　　扁舟訪奇書，夜月南湖宿。主人開東軒，磊落三萬軸。別庋加收藏，前賢矜手錄。北堂學士鈔，南宋遺民牘。言過富春渚，登望文山哭。十

〔註 58〕「嘗」，《漢書》卷一百十七作「常」。

〔註 59〕范成大《秭歸郡圃絕句二首》。

〔註 60〕羅隱《送魏校書兼呈曹使君》。

〔註 61〕《次北固山下》。

〔註 62〕《養生主第三》。

〔註 63〕《從斤竹澗越嶺溪行詩》。

〔註 64〕《贈衛八處士》。

〔註 65〕《魏風・汾沮洳》。

〔註 66〕卷九十四《隱逸列傳》。

〔註 67〕《漢書》卷四十。按：《史記》卷五十六《陳丞相世家》：「乃解衣裸而佐刺船。」又，《莊子・漁父》：「乃刺船而去。」

〔註 68〕《題棲霞》。

〔註 69〕按：《牧齋有學集》卷三十一有《隱湖毛君墓誌銘》。

〔註 70〕《文憲集》卷十。

句總括全題，下乃層層演出，如鵝籠書生，出奇無窮。○《史記·貨殖傳》：「乃乘扁舟，泛於五湖。」〔註71〕陸務觀詩：「歸當讀奇書。」〔註72〕　李詩：「又聞子規啼夜月。」〔註73〕按：子晉有南湖草堂，而蘇州、常熟兩志俱不載。　陶詩：「靜寄東軒。」〔註74〕　《文心雕龍》：「磊落如琅玕之圃。」〔註75〕韓詩：「鄴侯家多書，插架三萬軸。」〔註76〕　《類篇》：「㩉本作㩉。亦省作㩉。載也。」《禮記》：「仲冬之月，農有不收藏積聚者，取之不詰。」〔註77〕　《晉書·周嵩傳》：「方之前賢，猶有所後。」〔註78〕《梁書·王筠傳》：「未嘗倩人假手，並躬自抄錄。」〔註79〕　《中興書目》：「虞世南集群書中事可為文用者，號《北堂書鈔》。」按：《明史》寬本傳：「進少詹事兼侍讀學士。」　按：程篁墩有《宋遺民錄並序》，梁確齋有《宋遺民廣錄序》。　任彥升詩：「朝發富春渚。」〔註80〕《明史·地理志》：「桐廬縣西有富春山，一名嚴陵山。」　《漢書·陳湯傳》：「每過城邑山川常登望。」〔註81〕《宋資治通鑑》：「天祥所居對文筆峰，自號文山。」**子陵留高臺，西面滄江綠。婦翁為神仙，天子共遊學。攜家就赤城，高舉凌黃鵠。尚笑君房癡，寧甘子雲辱。七里溪光清，千仞松風謖。**十句寔寫西臺，是慟哭之地也。○《後漢書·逸民傳》：「嚴光，字子陵，一名遵，會稽餘姚人也。」〔註82〕　《大清一統志》：「漢嚴子陵垂釣處有東西二臺，各高數百丈，下瞰大江。其西臺即宋宋謝翺哭文天祥處。」　王詩：「桃源西面絕風塵。」〔註83〕任彥升詩：「滄江路窮此。」〔註84〕　**婦翁**，出《魏志》，魏武語。按：朱錫鬯《江湖載酒集》詞：「況有個、偕隱市門，仙女定娟妙。」〔註85〕自注：「子陵，梅福女婿。」則神仙句謂福也。　《高士傳》：「光少有高名，同光武遊學。」《字彙》：「學音胡沃切，音絞。揚子雲《元后誄》：『起常盈倉，五十萬斛。為諸生儲，

---

〔註71〕卷一百二十九。

〔註72〕陸游《雨夜》。

〔註73〕李白《蜀道難》。

〔註74〕陶潛《停雲》。

〔註75〕《才略第四十七》。

〔註76〕《送諸葛覺往隨州讀書》。

〔註77〕《月令》。

〔註78〕卷六十一。

〔註79〕卷三十三。

〔註80〕《贈郭桐廬山溪口見候余既未至郭仍進村維舟久之郭生方至詩》。

〔註81〕卷七十。

〔註82〕卷一百十三。

〔註83〕王維《春日與裴迪過新昌里訪呂逸人不遇》。

〔註84〕任昉《贈郭桐廬山溪口見候余既未至郭仍進村維舟久之郭生方至詩》。

〔註85〕朱彝尊《秋霽·嚴子陵釣臺》。

以勸好學。』」《一統志》：「赤城在天台縣北六里，即天台之南門。」《洞天福地記》：「第六赤城洞。」　《楚辭》〔註86〕：「寧超然高舉以保真乎？」又：「寧與黃鵠比翼乎？」　《高士傳》：「司徒侯霸使西曹屬侯子道奉書，光不起，問子道曰：『君房素癡，今為三公，寧小差否？』」　《漢書‧揚雄傳》：「字子雲。校書天祿閣上，使者來，欲收雄，雄恐不能自免，乃從閣上自投下，幾死。」〔註87〕　《明史‧地理志》：「桐江亦曰睦江。經富春山之釣臺下，曰七里瀨。子瞻有《溪光亭》詩。」　賈生《弔屈原賦》：「鳳凰翔於千仞兮。」《世說》：「世目李元禮謖謖如勁松下風。」〔註88〕 **盧陵赴急難，幕府從羈僕。運去須武侯，君存即文叔。臣心誓弗諼，漢祚憂難復。昆陽大雨風，虎豹如蜎縮。詭譎淳沱冰，倉卒蕪亭粥。所以恢黃圖，無乃資赤伏。** 前六句寫信國起兵，是所哭之人也。後六句因子陵而及光武，又以光武之能復漢祚反襯信國之莫救宋社也。○《後漢書‧郡國志》：「豫章郡盧陵縣。興平元年，孫策分立盧陵郡。」按：信國家於吉水，起兵於贛，皆盧陵地，非專指今之盧陵縣也。《綱目續編》：「勤王詔至贛，天祥奉之涕泣，發郡中豪傑，並結溪峒山蠻，有眾萬人，遂入衛。」《漢書‧司馬遷傳》：「赴公家之難。」〔註89〕《詩》：「兄弟急難。」〔註90〕　《史記索隱》：「古者出征，以幕帟為府署，故曰幕府。」〔註91〕《左傳‧僖二十四年》：「行者為羈紲之僕。」　羅昭諫《武侯祠詩》：「運去英雄不自由。」〔註92〕《忠武志‧諸葛亮補傳》：「詔策曰：今贈君丞相武鄉侯印綬，諡君忠武侯。」　《後漢書‧光武紀》〔註93〕：「諱秀，字文叔。」又：「軍中不見光武，或云已沒，諸將不知所為。吳漢曰：『卿曹努力。王兄子在南陽，何憂無主。』」章懷注：「兄子謂伯升子章及興也。」　杜詩：「兩朝開濟老臣心。」〔註94〕《詩》：「永矢弗諼。」〔註95〕　杜詩：「運移漢祚終難復。」〔註96〕　胡身之《通鑑注》：「昆陽故城在今許州葉縣北五里。」《光武紀》：「會大雷風，屋瓦皆飛，雨下如注，滍川盛溢，虎豹皆股戰。」〔註97〕

〔註86〕《卜居》。
〔註87〕卷八十七。
〔註88〕《賞譽第八》。
〔註89〕卷六十二。
〔註90〕《小雅‧常棣》。
〔註91〕《史記》卷八十一《廉頗藺相如列傳》附《李牧傳》「市租皆輸入莫府」。
〔註92〕羅隱《籌筆驛》。
〔註93〕卷一上。
〔註94〕《蜀相》。
〔註95〕《衛風‧考盤》。
〔註96〕《詠懷古蹟五首》其五。
〔註97〕卷一上。

《古樂府》:「馬毛縮如蝟。」〔註98〕　左太沖《蜀都賦》:「異物詭譎。」《〈光武紀〉注》:「《山海經》云:『泰戲之山,滹沱之水出焉。』東流經定州深澤縣東南,即光武所度處。」〔註99〕《後漢書‧王霸傳》:「至滹沱河,候吏還白河水流澌,無船不可濟。光武令霸往視之,霸恐驚眾,欲且前,阻水,還即詭曰:『冰堅可度。』比至河,河冰亦合,令霸護度。未畢數騎而冰解。」〔註100〕　又,《馮異傳》:「詔曰:『倉卒蕪蔞亭豆粥,滹沱河麥飯,厚意久不報。』」〔註101〕《綱目質寔》:「蕪蔞亭在真定府深州城外滹沱河之濱,今隸饒陽縣界。」《唐‧藝文志》:「《三輔黃圖》一卷。」〔註102〕張緝注:「黃圖猶今之黃冊。」《光武紀》:「彊華自關中奉《赤伏符》,曰:『劉秀發兵捕不道,四海雲集龍鬥野,四七之際火為主。』」〔註103〕**即今錢塘潮,莫救厓山麓。空坑戰士盡,柴市孤臣戮。一死之靡他,百身其奚贖。龔生夭天年,翟公湛家族。會稽處士星,求死得亦足。安能期故人,共臥容加腹。巢許而蕭曹,遭遇全高躅。**此寫信國就義,是所哭之事也。錢塘、厓山、空坑、柴市,映襯西臺。從處士星引到客星,則慟哭字與西臺字互相映合矣。　○《一統志》:「錢塘江即浙江,亦名曲江。枚乘《七發》云『觀濤於廣陵之曲江』是也。」《宋史‧地理志》:「建炎三年閏八月,高宗自建康如臨安,以州治為行宮。」又:「臨安府縣九。錢塘一。」《綱目續編》:「厓山在新會縣南八十里鉅海中,與奇石山相對,立如兩扇,潮之所出入也。」《宋史》本紀:「二王者,度宗庶子也。德祐二年,陳宜中等立昰於福州,以為宋主。殂於碙洲。至元十五年,又立昺為主。昺徙居厓山。十六年,張弘範兵至崖山,陸秀夫乃負昺投海中。」　又,《文天祥傳》:「江西宣慰季〔註104〕恒攻天祥於興國,天祥不意恒兵猝至,乃引兵即鄒灃於永豐。灃兵先潰,恒窮追至空坑,軍士皆潰。」《綱目續編》:「至元十九年十二月,殺宋少保樞密使信國公文天祥於都城之柴市。」《詩》:「之死矢靡它。」〔註105〕　又:「如可贖兮,人百其身!」〔註106〕《漢書‧龔勝傳》:「有父老來弔,既而曰:『龔生竟夭天年,非吾徒也。』」〔註107〕　孔

---

〔註98〕鮑照《代出自薊北門行》。

〔註99〕卷一上。

〔註100〕卷五十。

〔註101〕卷四十七。

〔註102〕《新唐書》卷五十八。

〔註103〕卷一上。「海」,《後漢書》作「夷」。

〔註104〕「季」,《宋史》卷四百十八《文天祥傳》作「李」。

〔註105〕《鄘風‧柏舟》。

〔註106〕《秦風‧黃鳥》。

〔註107〕卷七十二。

文舉《汝潁優劣論》：「汝南翟子威為東郡太守，始舉義兵，以討王莽。」《說文》：「湛，沒也。」鮑詩：「家族滿山東。」〔註108〕詳見《讀史雜詩》其四。■〔註109〕　《晉書‧謝敷傳》：「敷，會稽人也。初，月犯少微，占者以隱士當之。譙國戴逵有美才，時人憂之。俄而敷死，會稽人士以嘲吳人云：『吳中高士，便是求死不得。』」按：《宋史‧天祥傳》：「願賜之一死足矣。」此詩借用《敷傳》語也。　范希文《嚴子陵祠堂記》：「先生光武之故人也。」《後漢書‧逸民傳》：「因共偃臥，光以足加帝腹上。」《鄭侯外傳》：「收京師後，但枕天子膝睡一覺，使有司奏客星犯帝座，一動天文足矣。」按：「巢許而蕭曹」，惟鄭侯足以當之。「客星犯帝座」，鄭侯暗引子陵事。而此合用志耳。　巢父、許由、蕭何、曹參，並別見。　班孟堅《東都賦》：「蓋乃遭遇乎斯時。」《晉書‧隱逸傳‧贊》：「永垂高躅。」〔註110〕**文山竟以殉，趙社終為屋。海上悲田橫，國中痛王蠋。門人蒿里歌，故吏平陵曲。彼存君臣義，此制朋友服。相國誠知人，舉事何顛躓。丈夫失時命，無以辭磢碌。**十二句實寫慟哭信國。四句是慟哭時之所欲言，若呼信國而告知者，又若呼天下萬世之人而告以信國之事者，如此看方與上兩段不復。○《莊子》：「士則以身殉名。」〔註111〕《宋史‧太祖紀》：「姓趙氏。」〔註112〕蔡伯喈《獨斷》：「古者取亡國之社以分諸侯，屋之掩其上使不通天，柴其下使不通地，明與天地絕也。」《史記‧田儋傳》：「田橫懼誅，而與其徒屬五百人入海。」　又，《田單傳》：「燕之初入齊，聞畫邑人王蠋賢，使人謂蠋曰：『吾以子為將，封子萬家。』蠋固謝。絕脰而死。」〔註113〕　《古今注》：「《薤露》、《蒿里》本出田橫門人。橫自殺，門人傷之，為作悲歌二章。」　《漢書‧尹翁歸傳》：「悉召故吏五六十人。」〔註114〕《中華古今注》：「悲歌平陵東，翟義門人之所作也。王莽殺義，門人作此歌以怨也。」　《孔叢子》：「昔者，虢叔、閎夭、太顛、散宜生、南宮括五臣同僚，比德以贊文、武。及虢叔死，四人者為之服朋友之服。」〔註115〕《後漢書‧獨行傳》：「范式與張劭為友。劭字元伯。式忽夢見元伯呼曰：『吾以某日死，當以某時葬。子未我忘，豈能相及？』式恍然覺寤，便服朋友之服。」〔註116〕　相國，字出《史記‧周本紀》。《晉書‧王祥傳》：「相國

〔註108〕鮑照《數名詩》。
〔註109〕「其四■」，稿本、天圖本、讀秀本作「第四首」。
〔註110〕卷九十四。
〔註111〕《駢拇第八》。
〔註112〕卷一。
〔註113〕卷八十二。
〔註114〕卷七十六。
〔註115〕《論書第二》。
〔註116〕卷一百一十一。

誠為尊重。」〔註117〕《書》:「在知人。」〔註118〕 《漢書‧司馬遷傳》:「今舉事一不當。」〔註119〕 《莊子》:「時命大謬也。」〔註120〕 《史記‧平原君傳》:「公等碌碌。」〔註121〕 按:《綱目續編》:「孛羅怒曰:『爾立二王,竟成何功?』」即「碌碌」之意。**看君書一編,俾我愁千斛。禹績荒煙霞,越臺走麋鹿。不圖疊山傳,再向嚴灘續。配食從方干,豐碑繼梅福。**此是讀字正面點入。子晉齋中、禹績、越臺,則又讀者之慟哭矣。〇《史記‧留侯世家》:「老父出一編書。」〔註122〕 子山《愁賦》:「誰知一寸心,乃有萬斛愁。」 《詩》:「維禹之績。」〔註123〕《梁書‧張充傳》:「獨浪煙霞。」〔註124〕 《史記‧淮南衡山傳》:「臣聞子胥諫吳王,乃曰臣今見麋鹿遊姑蘇之臺也。」〔註125〕 《宋史‧謝枋得傳》:「字君直,信州弋陽人也。宋亡,至燕京問太后、瀛國公所在,慟哭而卒。」〔註126〕《一統志》:「重山在廣信府興安縣北八十里,重巒疊巘,岩嶢峻絕。宋謝枋得築室讀書其下,因自號疊山。」 汪環谷《綱目考異》:「光本姓莊,後避明帝諱,史改作嚴。」 胡子山《遊釣臺記》:「登岸謁子陵遺像,其兩廡則唐之方玄英乾、宋之謝皋羽翺也。」《唐詩紀事》:「方干,新定人,字維飛。」 《禮記》「公室視豐碑」注:「豐碑,鑿大木為之。」〔註127〕《漢書‧梅福傳》:「字子真,九江壽春人也。元始中,王莽顓政,福一朝棄妻子去九江。至今傳以為仙。」〔註128〕**主人更命酒,哀吟同擊筑。四坐皆涕零,霜風激群木。嗟乎誠義士,已矣不忍讀。**此是讀字餘波,又從子晉說起。讀字點睛,如時文家反點之法。〇皇甫茂政詩:「命酒閒令酌。」〔註129〕 《三國志‧管輅傳》:「倚樹哀吟,精神不樂。」〔註130〕《史記‧刺客傳》:「高漸離擊筑,荊軻和而歌。」〔註131〕 杜詩:「四座涕縱橫。」〔註132〕

---

〔註117〕卷三十三。

〔註118〕《臯陶謨》。

〔註119〕卷六十二。

〔註120〕《繕性》。

〔註121〕卷七十六。

〔註122〕卷五十五。

〔註123〕《大雅‧文王有聲》。

〔註124〕卷二十一。

〔註125〕卷一百一十八。

〔註126〕卷四百二十五。

〔註127〕《檀弓下》。

〔註128〕卷六十七。

〔註129〕皇甫冉《奉和對雪》。

〔註130〕《魏志》卷二十九。

〔註131〕卷八十六。

〔註132〕《羌村》其三。

《詩》:「涕零如雨。」〔註133〕　劉彥和《新論》:「霜風慘烈。」〔註134〕　謝靈運詩:「群木既羅戶。」〔註135〕　《漢書・蘇武傳》:「李陵見其至誠,喟然歎曰:『嗟乎義士!』」〔註136〕　《禮》:「父沒而不能讀父之書。」〔註137〕

顧瞻泰曰:「慷慨悲歌,梅村無窮難言之隱已盡此數十言中,讀者可以悲其志矣。」

此首迷離迴復,幾令讀者不能尋其脈絡承接之所在。然以題按之,仍自段落分明。「扁舟訪奇書」四句是「毛子晉齋中」也,「別庋加收藏」四句是「吳匏菴手抄」也,而「南宋遺民牘」則已點出「謝翱記」矣。「言過富春渚」是「西臺」,「登望文山哭」是「慟哭」,此二句乃通首之眉目。「子陵留高臺」至「千仞松風謖」,是從「言過富春渚」演出,乃「西臺」字之來歷也。「廬陵赴急難」至「漢祚憂難復」,是從「登望文山哭」演出,乃「慟哭」字之遠脈也。「昆陽大雨風」至「無乃資赤伏」,因子陵而及光武,是就「富春渚」而旁通言之,乃「西臺」字之旁面也。「即今錢塘潮」至「遭遇全高蹈」,是就「文山哭」而暢滿言之,乃「慟哭」字之正面也。而「昆陽大雨風」似與「漢祚憂難復」有所蟬聯,「即今錢塘潮」似與「七里溪光清」相為映帶,此所謂風行水上,自然成文者也。而「安能期故人」云云,則又從「慟哭」字牽到「西臺」字上。羅浮風雨,縹緲離合,此其是矣。然此題畢竟以「西臺」為實,「慟哭記」為主,故自「文山竟以殉」以下至「無以辭磈磊」反覆申言「慟哭」之事。又以「西臺慟哭記」為實,「讀西臺慟哭記」為主,故自「看君書一編」以下至「已矣不忍讀」反覆申言「讀慟哭記」之事。而「嚴灘」云云,仍點化「西臺」,不使冷落;「看君書一編」、「主人更命酒」云云,仍回顧「匏菴」、「子晉」,與首段若相照應者;篇法之妙也。夫迷離迴復之文,屈子《離騷》、《天問》為最甚,而愈復愈奇,愈曲愈妙,此詩之源蓋亦出於《楚辭》。而家國之感在語言文字之外,是全篇止作得一個「讀」字。王、龔諸家無此作矣。　「幕府從羈僕」,其說有二。《宋資治通鑑》:「厓山之破,張弘範等謂天祥曰:『國亡,丞相忠孝盡矣。能改心以事宋者事今,將不失為宰相也。』天祥泫然淚下曰:『國亡不能救,死有餘罪,況敢逃其死而貳其

〔註133〕《小雅・小明》。
〔註134〕《劉子・隨時第四十五》。
〔註135〕《田南樹園激流植楥詩》。
〔註136〕卷五十四。
〔註137〕《玉藻》。

－69－

心乎！」弘範義之，遣使護送天祥赴燕。」〔註138〕此以弘範等為「幕府」，而以信國之間關縈繫為「從羈僕」者，一也。《綱目續編》：「元伯顏軍皋亭山，太皇太后遣使奉璽以降。元人以文天祥北去。天祥至鎮江，與其客杜滸等十二人夜亡，入真州。變姓名為清江劉洙，東入海道，遇元兵，伏環堵中得免。從樵者乞得餘糝羹。二樵者以貴荷天祥，至高郵稌家莊，遂由通州入海，如溫州，以求二王。」此以信國為「幕府」，而以從亡諸客為「從羈僕」者，二也。然玩下文「運去須武侯，君存即文叔」，當以第二說為允。蓋信國既至，行都開府，南劍州經略，江西置僚屬，一時知名者四十餘人，而遙請號令稱幕府文武士者不可悉數，此幕府之證。然寔自伏垣伏篠、乞糝貴荷而來，豈非羈旅僕隸之事乎？猶云自廬陵以赴急難，從羈僕而開幕府，錯綜其詞，正以見纏綿紆結之致耳。　高詠（字阮懷）《過謝皋羽墓》詩：「許劍曾傳此地遊，豐碑遺墓尚荒丘。龍髯墮海三宮淚，馬鬣封山萬古愁。處士宅邊寒雨夜，嚴陵灘下暮江流。當年慟哭聲猶在，散作西臺檜柏秋。」

**壽王鑑明五十**《鎮洋縣志》：「王日新，字鑑明，號眉岳。精經學，為名諸生。教授弟子有程法，尤留心經濟，通達治體，每為長史諮訪。時明季兆亂，日新絕意科舉，肆力於天文地理之學，星緯形勝，瞭若指掌。甲申后，韜晦遁跡，躬耕於野。吳祭酒贈詩，比之伏勝、桓榮。年五十四卒。」

**伏勝謝生徒，開壁藏卷軸。桓榮抱詩書，拾梠逃巖谷。古來兩經生，遭亂耽講讀。後皆保耆頤，或乃致鼎足。**此詩美鑑明之隱而壽也。分四段，每段八句。第一段以伏、桓為比，「保耆頤」是正襯，「致鼎足」是反對。第二段言鑑明通經，不媿古人，而退就田牧，不慕鼎足也。第三段就「田牧」而申言之。第四段跟「悠悠人」說下，言下士之愁苦不如鑑明之知足也。「知命」句點睛。○《漢書·儒林傳》：「伏生，濟南人。秦時焚書，伏生壁藏之。」張晏曰：「名勝。」〔註139〕《宋史·朱子傳》：「或勸其謝遣生徒者，笑而不答。」〔註140〕　按：《史記·淮陰侯傳》：「趙開壁擊之。」〔註141〕此借用。《南史·張澄傳》：「然見卷軸未必多僕。」〔註142〕

〔註138〕按：又載《宋史》卷四百十八《文天祥傳》。

〔註139〕卷八十八。

〔註140〕卷四百二十九。

〔註141〕卷九十二。

〔註142〕按：實出《南史》卷四十八《陸澄傳》，非張澄。另，早見《南齊書》卷三十九《陸澄傳》。

《後漢書・桓榮傳》：「字春卿，沛郡龍亢人也。抱其經書，與弟子逃匿山谷。」〔註143〕
《晉書・夏統傳》：「每採梠求食。」〔註144〕又，《阮籍傳》：「響乎巖谷。」〔註145〕　張道濟詩：「經生偶聖時。」〔註146〕　《史記・樂書》：「相與共講習讀之。」〔註147〕
《禮》：「六十曰耆，指使。百年曰期頤。」〔註148〕按：《伏生傳》：「年九十餘，老不能行。」《榮傳》：「年踰八十。」　《漢書・彭宣傳》：「三公鼎足承君。」〔註149〕按：
《榮傳》：「為太子少傅」，而《百官志》太子少傅二千石尚非三公鼎足之位也。榮又為五更，為關內侯，皆非三公。或因《榮傳》有「天子親自執業，每言輒曰：『太師在是』」，而遂轉注於《漢書・百官表》三公之太師與？**當世數大儒，如君號名宿。通識曉世變，早計駭愚俗。一朝載妻子，推車入天目。經營志不遂，退乃就田牧。**《後漢書・盧植傳》：「盧尚書海內大儒。」〔註150〕　又，《朱浮傳》：「辟召州中名宿。」〔註151〕　陶詩：「即理愧通識。」〔註152〕《春秋繁露》：「適遭世氣之變。」〔註153〕　《莊子》：「且女亦太早計。」〔註154〕《後漢書・戴良傳》：「多駭流俗。」〔註155〕白詩：「不談愚俗〔註156〕醉鄉人。」　按：「一朝載妻子」反用《漢書・梅福傳》「一旦攜妻子隱居衡山之陽」。《洞天福地記》：「第三十四洞天目山名太微元蓋之天，在杭州餘杭縣。」　《大清一統志》：「在臨安縣西北，與於潛縣接界。」　《詩》：「經之營之。」〔註157〕《易》：「不得遂。」〔註158〕　《後漢書・馬援傳》：「欲就邊郡田牧。」〔註159〕**十畝種桑麻，一溪蒔花木。果茹飴兒孫，樵蘇課僮僕。以代子陵釣，無愧君平卜。俯視悠悠人，愁苦對金玉。**《詩》：「十畝

〔註143〕卷六十七。
〔註144〕卷九十四《隱逸列傳》。
〔註145〕卷四十九。
〔註146〕張說《奉和御製與宋璟源乾曜同日上官命宴東堂賜詩應制》。
〔註147〕卷二十四。
〔註148〕《曲禮上》。
〔註149〕卷七十一。
〔註150〕卷六十四。
〔註151〕卷六十三。
〔註152〕《癸卯歲始春懷古田舍二首》其一。
〔註153〕《煖燠孰多第五十二》。
〔註154〕《齊物論》。
〔註155〕「俗」，乙本誤作「信」。《後漢書》卷一百十三《逸民列傳》原作「俗」。
〔註156〕「俗」，白居易《遊豐樂招提佛光三寺》作「谷」。
〔註157〕《大雅・靈臺》。
〔註158〕《大壯》上六：「羝羊觸藩，不能退，不能遂。」
〔註159〕卷五十四。

之間兮。」〔註160〕班孟堅《西都賦》:「桑麻鋪棻。」　李詩:「一溪初入千花明。」〔註161〕《宋史・呂蒙正傳》:「至洛有園亭花木。」〔註162〕　《五代史・唐家人傳》:「薪芻果茹。」〔註163〕杜詩:「諸峰羅列似兒孫。」〔註164〕　滄州李大成孔集曰:「《漢書音義》:『樵,取薪也。蘇,取草也。』」《易》:「得童僕,貞。」〔註165〕「童」亦作「僮」。　子陵釣,見前。《高士傳》:「嚴遵,字君平,蜀人也。隱居不仕。嘗賣卜於成都市中。」　《列子》:「悠悠者,趨名而已。」〔註166〕　《老子》:「金玉滿堂,莫之能守。」下士豈聞道,世事如轉轂。五十知天命,養生在無欲。全家就白雲,避地驅黃犢。無以侑君觴,知足則不辱。《老子》:「下士聞道,大笑之。」　杜詩:「萬事隨轉燭。」〔註167〕左太沖《吳都賦》:「唱櫂轉轂。」《莊子》:「得養生焉。」〔註168〕　《論衡》:「老子恬淡無欲,養精受氣。」〔註169〕《詩》:「英英白雲。」〔註170〕　朱子詩:「便驅黃犢過深溪。」〔註171〕　《金史・完顏匡傳》:「顯宗命匡作睿宗功德歌。命章宗歌此詞侑觴。」〔註172〕《老子》:「知足不辱。」

　　　　「為此春酒,以介眉壽」〔註173〕,壽詩也。「天保九如」〔註174〕,亦壽詩也。《三百篇》已有濫觴,而後人為之者浸多矣。杜集中止《假山》一首,而王梅溪編《東坡集》,遂有「慶賀」一卷,似東坡所重不在此。吾於此詩亦云。《壽王鑑明》,喜其避地白雲;《壽冀芝麓》,約與共尋丹砂。此應酬詩中占身份處。

**松鼠**《爾雅注》:「松柏之鼠不知堂密之有美樅。」《安慶府志》:「松鼠似鼠而尾粗,一名鼺鼪。」《盤山志》:「松鼠有二種。小者不過三寸,通身豹紋,最靈點,名松鼠。大者灰色,善盜菓蓏,園圃以此為患,俗名臊鼠。」

---

〔註160〕《魏風・《十畝之間》。
〔註161〕《憶舊遊寄譙郡元參軍》。
〔註162〕卷二百六十五。
〔註163〕《新五代史》卷十四。
〔註164〕《望嶽》。
〔註165〕《旅》六二。
〔註166〕《楊朱篇》。
〔註167〕《佳人》。
〔註168〕《養生主》。
〔註169〕《道虛篇》。
〔註170〕《小雅・白華》。
〔註171〕《次秀野躬耕桑陌舊園之韻二首》其一。
〔註172〕卷九十八。
〔註173〕《豳風・七月》。
〔註174〕《小雅・天保》。

　　衝飆飄頹瓦，壞牆叢廢棘。謖然見松鼯，搏樹向人立。側目仍盱睢，奉頭似悚惕。簷牙偃臥高，屋角欹斜疾。倒擁弱枝危，迅躡修柯直。已墮復驚趨，將藏又旁突。去遠且暫留，回顧再迸逸。前逃赴已駛，後竄追旋及。首四句點出松鼠，下十二句細寫鼠之行狀，體物最工。○謝靈運詩：「何意衝飆激。」〔註175〕李義山詩：「一春夢雨常飄瓦。」〔註176〕《禮》：「如壞牆然。」〔註177〕《易》：「置于叢棘。」〔註178〕　謖然字疑借用「謖謖如勁松下風」意。《爾雅》：「鼯鼠，夷猶。」　搏，度官切。《史記・田齊世家》：「搏三國之兵。」注：「握領也。」〔註179〕《韓詩》：「禮鼠拱而立。」　《戰國策》：「妻側目而視。」〔註180〕《莊子》：「而睢睢，而盱盱。」〔註181〕　《漢書・蒯通傳》：「常山王奉頭鼠竄以歸漢王。」〔註182〕　杜牧之《阿房宮賦》：「簷牙高啄。」《後漢書・嚴光傳》：「因共偃臥。」〔註183〕　蘇詩：「珠煤綴屋角。」〔註184〕杜詩：「疏鑿就欹斜。」〔註185〕　潘安仁《閑居賦》：「周文弱枝之棗。」　又，《蓮花賦》：「脩柯婀娜。」　子瞻《黠鼠賦》：「墮地乃走。」　朱子《與爾臨衝詩傳》：「衝衝，車也，從旁衝突者也。」　項子遷詩：「將行且暫留。」〔註186〕《北史・敘傳》：「禮成未嘗回顧。」〔註187〕陸魯望詩：「五賊忽迸逸。」〔註188〕　《三國志・田疇傳》：「疇負義逃竄之人耳。」〔註189〕《增韻》：「駛，馬行疾也。」《漢書・高帝紀》：「高祖乃追及。」〔註190〕剽輕固天性，儇狡因眾習。兩木夾清漳，槎牙斷尋尺。攀緣所絕處，排空自騰擲。足知萬物機，飛走不以力。此段言鼠性之黠，而舉其騰擲一事以寔之也。○《漢書・周亞夫傳》：「楚兵剽輕。」〔註191〕

〔註175〕《還舊園作見顏范二中書詩》。

〔註176〕《重過聖女祠》。

〔註177〕《禮記・問喪》。

〔註178〕《坎》上六。

〔註179〕卷四十六《田敬仲完世家》。注係《索隱》。

〔註180〕《秦一》。

〔註181〕按：見《列子・黃帝第二》。《莊子・寓言》作「而睢睢盱盱」。

〔註182〕卷四十五。

〔註183〕卷一百十三。

〔註184〕《夜燒松明火》。

〔註185〕《柴門》。

〔註186〕項斯《巴中逢故人》。

〔註187〕卷一百。

〔註188〕陸龜蒙《讀陰符經寄鹿門子》。

〔註189〕《魏志》卷十一。

〔註190〕卷一上。按：早見《史記》卷八《高祖本紀》。

〔註191〕卷四十。按：早見《史記》卷五十七《絳侯周勃世家》。

又,《谷永傳》:「崇聚儇輕無義小人。」〔註192〕《史記‧儒林傳》:「其天性也。」〔註193〕 《詩》:「揖我謂我儇兮。」〔註194〕又:「彼狡童兮。」〔註195〕《南史‧劉繪傳》:「時張融以言辭辨捷,周顒稱為清綺,而繪有風則。時人為之語曰:『三人共宅夾清漳,張南周北劉中央。』言其處二人間也。」〔註196〕 蘇詩:「強為寫查牙。」〔註197〕一作「槎」。 李詩:「猿猱欲度愁攀緣。」〔註198〕 諸葛孔明《黃陵廟記》:「亂石排空。」韓詩:「石廩騰擲堆祝融。」〔註199〕 《莊子》:「萬物皆出於機。」〔註200〕 《淮南子》:「或飛或走,莫知其情。」〔註201〕嗟爾適何來,鳥鼠忽而一。本是居嶄巖,無端被羈縶。兒曹初玩弄,種類漸充斥。點彼憑社徒,技窮恥畫匿。銜尾共呼鳴,異穴為主客。此段原鼠之所從來,而言其種類繁衍也。○《唐書‧元稹傳》:「適從何來,遽集於此。」〔註202〕 《禹貢》:「終南惇物,至於鳥鼠。」《後漢書‧郡國志》:「隴西郡首陽有鳥鼠同穴山。」〔註203〕《招隱士》:「谿谷嶄巖兮水曾波。」 韓詩:「果然又羈縶。」〔註204〕 《後漢書‧耿弇傳》:「光武笑曰:『小兒曹乃有大意哉!』」〔註205〕又:《竇皇后紀》:「翫弄之物皆絕不作。」〔註206〕 《論衡》:「瑞應之出,殆無種類。」〔註207〕《左傳‧襄三十一年》:「寇盜充斥。」 《黠鼠賦》:「異哉,鼠之黠也!」《宋書‧恩倖傳‧論》:「鼠憑社貴。」〔註208〕《晏子春秋》:「讒佞之人隱在君側,猶社鼠不薰。」 《荀子》:

〔註192〕卷八十五。
〔註193〕卷一百二十一。又見卷三十二《齊太公世家》、卷一百一十《匈奴列傳》。
〔註194〕《齊風‧還》。
〔註195〕《鄭風‧狡童》。
〔註196〕卷三十九。
〔註197〕《遊洞之日,有亭吏乞詩,既為留三絕句於洞之石壁,明日至峽州,吏又至,意若未足,乃復以此詩授之》。
〔註198〕《蜀道難》。
〔註199〕《謁衡嶽廟遂宿岳寺題門樓》。
〔註200〕《至樂》。又見《列子‧天瑞》。
〔註201〕《地形訓》。
〔註202〕按:非出《唐書》。《資治通鑑》卷二百四十一:「夏,五月,庚戌,以稹為祠部郎中、知制誥。朝論鄙之。會同僚食瓜於閣下,有蠅集其上,中書舍人武儒衡以扇揮之曰:『適從何來,遽集於此!』同僚皆失色,儒衡意氣自若。」
〔註203〕卷三十三《郡國志五》。
〔註204〕《赴江陵途中寄贈王二十補闕李十一拾遺李二十六員外翰林三學士》。
〔註205〕卷四十九。
〔註206〕卷十上《後紀上》。
〔註207〕《講瑞篇》。
〔註208〕卷九十四。

「鼫鼠五技而窮。」〔註209〕《漢書・五行志》:「鼠盜竊小蟲,夜出晝匿。」〔註210〕
按:《漢書》蓋本於《左傳・襄二十三年》「夫鼠晝伏夜動」。 《後漢書・西羌傳》:「牛
馬銜尾。」〔註211〕《吳志・孫堅傳》注:「堅所乘馬馳還營,踣地呼鳴。」〔註212〕
按:異穴從《書》之「鳥鼠同穴」、《詩》之「異室同穴」化出。古諺:「越阡度陌,互
為主客。」吾廬枕荒江,垂死倚病柏。雷雨撥其根,慘裂蒼皮濕。空腹鴟
鴞蹲,殘身螻蟻食。社鬼不復憑,乘間恣出入。以下五段歷舉鼠之為害,起
下文欲捕之意也。○陶詩:「吾亦愛吾廬。」〔註213〕杜詩:「見訪荒江渺。」〔註214〕
《世說》:「王君夫嘗責一人,垂死乃得出。」〔註215〕杜有《病柏》詩。■〔註216〕
《易》:「天地解而雷雨作。」〔註217〕《詩》:「本寔先撥。」〔註218〕 李少卿《答蘇
武書》:「邊土慘裂。」杜詩:「蒼皮成委積。」〔註219〕 又,《病柏》詩:「鴟鴞志意
滿,養子穿穴內。」 《莊子》:「在下為螻蟻食。」〔註220〕 按:「社鬼」字出《漢
書・王莽傳》。 《漢書・趙充國傳》:「外不令虜得乘間之執。」〔註221〕庭中玉蕊
枝,怒茁遭狼藉。非敢念摧殘,於君奚損益。屈指五六年,不遣一花白。
《古詩》:「庭中有奇樹。」〔註222〕周美成〔註223〕《玉蕊辯證》:「此花條蔓如荼蘼,
花鬚出始如冰絲,上綴金粟花心,別有碧筒,如膽瓶中別抽一英,出眾鬚上,散為
十餘蕊,猶刻玉然。群芳所未有也。」 《詩》:「彼茁者葭。」〔註224〕《史記・滑
稽傳》:「杯盤狼藉。」〔註225〕 《吳志・顧譚傳》:「屈指心計。」〔註226〕 杜詩:

---

〔註209〕《勸學篇第一》。
〔註210〕卷二十七上。
〔註211〕卷一百十七。
〔註212〕《三國志》卷四十六《吳書一・孫破虜討逆傳》。
〔註213〕《讀山海經十三首》其一。
〔註214〕《聂耒陽以僕阻水書致酒肉療饑荒江詩得代懷興盡本韻至縣呈聂令陸路去
　　　方田驛四十里舟行一日時屬江漲泊於方田》。
〔註215〕《汰侈第三十》。
〔註216〕墨丁,稿本作空格。
〔註217〕《解・象》。
〔註218〕《大雅・蕩》。
〔註219〕《課伐木》。
〔註220〕《列禦寇》。
〔註221〕卷六十九。
〔註222〕《古詩十九首》其九。
〔註223〕按:「周美成」當作「周必大」。
〔註224〕《召南・騶虞》。
〔註225〕卷一二六。
〔註226〕《三國志》卷五十二《吳書七》。

「愁〔註227〕結白花了。」苞筍抽新芽，編籬察行跡。免彼鐮鉏侵，值爾齒牙厄。反使盜者心，笑睨生歎息。子山《春賦》：「新芽竹筍。」《金史・徒單克寧傳》：「以竹編籬。」〔註228〕張景陽詩：「房櫳無行跡。」〔註229〕《韻會》：「鉏同鋤。」《詩》：「相鼠有齒。」〔註230〕又：「誰謂鼠無牙。」〔註231〕《史記・衛康叔世家》：「恐其有賊心。」〔註232〕陳剛中詩：「笑睨伊呂〔註233〕躋羲黃。」貧賤有此園，謂可資溉植。春蔬晚猶種，夏果晨自摘。鳥雀群飛鳴，啁啾滿阡陌。婦子懶驅除，傅槁加簑笠。我亦顧而笑，自信無長策。焉能避穿墉，會須憂入室。《古詩》：「貧賤有此女。」〔註234〕《南史・劉虯傳》：「三年〔註235〕營灌植。」王元之詩：「濛濛細雨春蔬甲。」〔註236〕陸務觀詩：「徹底無能合種蔬。」〔註237〕張文潛詩：「竹籠晨收果。」〔註238〕左太沖詩：「果下皆生摘。」〔註239〕「鳥雀」字出《左傳・文十八年》。《詩》：「載飛載鳴。」〔註240〕柳子厚詩：「啁啾有餘樂。」〔註241〕江詩：「苗生滿阡陌。」〔註242〕《詩》：「嗟我婦子。」〔註243〕《史記・秦楚之際月表》：「適足為賢者驅除難耳。」〔註244〕按：「傅」如《左傳・僖四十年》「皮之不存，毛將焉傅」之傅，言麗著也。《北史・楊大眼傳》：「常縛蒿為人。」〔註245〕《詩》：「臺笠緇撮。」〔註246〕謝玄暉詩：「簑笠聚

---

〔註227〕「愁」，杜甫《除架》作「幸」。
〔註228〕卷九十二。
〔註229〕按：張華《雜詩三首》其三：「房櫳自來風，戶庭無行跡。」
〔註230〕《鄘風・相鼠》。
〔註231〕《召南・行露》。
〔註232〕卷三十七。
〔註233〕「呂」，《野莊公與孚論漢唐以來宰相有王佐氣象得四人焉命孚為詩並呈商左山參政謝敬齋尚書》其三《裴中立》作「召」。
〔註234〕《孔雀東南飛》。
〔註235〕「年」，《南史》卷五十作「時」。
〔註236〕王禹偁《偶置小園因題》其二。
〔註237〕《蔬園雜詠五首》其二《蕪菁》。
〔註238〕張耒《夏日十二首》其五。
〔註239〕《嬌女詩》。
〔註240〕《小雅・小宛》。
〔註241〕《感遇二首》其二。
〔註242〕江淹《雜體詩三十首》其二十二《陶徵君潛田居》。
〔註243〕《豳風・七月》。
〔註244〕《史記》卷一十六：「適足以資賢者為驅除難耳。」
〔註245〕卷三十七。按：早見《魏書》卷七十三《楊大眼傳》。
〔註246〕《小雅・都人士》。

東薹。」注:「古通『臺』。」　《詩》:「顧我則笑。」〔註247〕　《史記》:「《過秦論》:
『振長策而御宇內。』」《詩》:「何以穿我墉。」〔註248〕　又:「入此室處。」〔註249〕
茅齋雖云陋，一一經剪葺。曉起看掃除，仰視輒詫惜。尋繩透簾幕，掉
尾來几席。倒庋傾圖書，窺廚啖漿炙。空倉喧夜鬥，忘疲競遺粒。早幸官
吏租，督責無餘積。《南齊書·劉善明傳》:「所居茅齋，斧木而已。」〔註250〕　《南
史·孔珪傳》:「草萊不翦。」〔註251〕《左傳·襄三十一年》:「繕完葺牆。」　陳剛中
詩:「曉起候鐘聲。」〔註252〕杜詩:「門庭問〔註253〕掃除。」　《史記·蘇秦傳》:「不
敢仰視。」〔註254〕《字典》:「吒，悲也。」蔡文姬詩:「怛吒糜肝肺。」〔註255〕　元
詩:「簾幕四垂燈焰煖。」〔註256〕　《國語》:「蟲蛥之既多而不能掉尾。」〔註257〕《後
漢書·鍾離意傳》注:「拭几席。」〔註258〕　《世說》:「王右軍郗夫人曰:『王家見二謝，
傾筐倒庋。』」〔註259〕　《易》:「河出圖，洛出書。」〔註260〕　梅聖俞詩:「聚噪鳥窺
廚。」〔註261〕《玉篇》:「啖同噉。」　子山《小園賦》:「聚空倉而雀噪。」　柳子厚
詩:「稍深遂忘疲。」〔註262〕《高士傳》:「老萊子曰:『其遺粒足食也。』」　《史記·
秦始皇紀》:「官吏尚彊。」〔註263〕　又，《李斯傳》:「督責必則所求得。」〔註264〕《管
子》:「民無餘積，其禁不必止。」〔註265〕邂逅開虛堂，群怒扼險塞。地逼起
眾呼，拍手撼四壁。捕此曷足多，欲以觀其急。橱戶既嚴扃。欒櫨若比
櫛。瞥眼候遁逃，一巧先百密。此言驟捕鼠而鼠又遁也。○《詩》:「邂逅相遇。」

〔註247〕《邶風·終風》。
〔註248〕《召南·行露》。
〔註249〕《豳風·七月》。
〔註250〕卷二十八。
〔註251〕卷四十九。按:早見《南齊書》卷四十八《孔稚珪傳》，係同一人。
〔註252〕陳孚《良鄉縣早行》。
〔註253〕「問」，《秋清》作「悶」。
〔註254〕卷六十九。
〔註255〕《悲憤詩二章》其一。
〔註256〕元稹《冬白紵》。
〔註257〕《楚語上》。
〔註258〕卷七十一。
〔註259〕《賢媛第十九》。
〔註260〕《繫辭上》。
〔註261〕梅堯臣《朝二首》其一。
〔註262〕柳宗元《南澗中題》。
〔註263〕卷六。
〔註264〕卷八十七。
〔註265〕《八觀第十三》。

〔註266〕昭明太子詩:「虛堂復靜。」〔註267〕 《左傳・襄十年》:「眾怒難犯。」《宋史・馮拯傳》:「不扼險以制敵之衝,未易勝也。」〔註268〕 子建《七啟》:「地逼勢脅。」《晉書・索紞傳》:「數十人向馬拍手。」〔註269〕《史記・司馬相如傳》:「家居徒四壁立。」〔註270〕 《宋史・唐英傳》:「馬周、魏元忠不足多。」〔註271〕 按:匡其急,見《管子》。 張平子《周天大象賦》:「天關嚴局於畢野。」 《說文》:「欒,木,似欄」;「櫨,柱上柎也。」溫飛卿詩:「松瘦闘欒櫨。」〔註272〕《詩》:「其比如櫛。」〔註273〕 劉夢得詩:「君看瞥眼光陰速。」〔註274〕「遁逃」出賈誼《過秦論上》。 《南史・徐陵傳》:「緝裁巧密。」〔註275〕**窮追信非算,尤豫不早擊。忍令智弗如,變計思與敵。機深勇夫駭,勢屈兒童獲。舉世貴目前,快意相促迫。**此言鼠既遁而終見捕也。舉世貴目前,反振起下段之意。○《孫子》:「窮寇勿追。」〔註276〕《字典》:「算,籌畫也。」 《後漢書・馬援傳》:「尤豫不決。」〔註277〕《左傳・文十二年》:「敵至不擊。」 《史記・魯連傳》:「寧力不勝而智不若耶?」〔註278〕 荀仲豫《任安論》:「是開後人遂惡而無變計也。」 《漢書・公孫弘傳》:「外寬內深。」〔註279〕 《史記・淮陰侯傳》:「情見勢屈。」〔註280〕■〔註281〕潘安仁《閑居賦》:「見童稚齒。」 杜詩:「快意貴目前。」〔註282〕又:「能事不受相促迫。」〔註283〕**比讀莊生書,退守愚公術。撲棄聽鄰家,搔瓜任邊邑。**集作「搔爪」,非。**溪深獺趁魚,果熟猿偷栗。天地所長養,於己何得失。**

---

〔註266〕《鄭風・野有蔓草》。
〔註267〕《示徐州弟詩》。
〔註268〕卷二百八十五。
〔註269〕卷九十五《藝術列傳》。
〔註270〕卷一百一十七。
〔註271〕卷三百五十一。
〔註272〕溫庭筠《病中書懷呈友人》。
〔註273〕《周頌・良耜》。
〔註274〕《牆陰歌》。
〔註275〕卷六十二。
〔註276〕《軍爭》。
〔註277〕按:實出《後漢書》卷四十五《來歙傳》。另,同書卷九十四《吳延史盧趙列傳・論》:「未有不尤豫奪常者也。」卷九十九《竇武傳》:「太后尤豫未忍。」
〔註278〕卷八十三。
〔註279〕卷五十八。按:早見《史記》卷一百一十二《平津侯主父列傳》。
〔註280〕卷九十二。
〔註281〕墨丁,稿本作空格。
〔註282〕《義鶻》。
〔註283〕《戲題畫山水圖歌》。

嗟理則誠然，自古戒鼠泣。仙豈學淮南，腐難嚇梁國。舞應京房占，磔按張湯律。終當就羅網，不如放山澤。永絕焚林風，用全飲河德。此段推開一步，有兼容並包之意，所謂山鬼之伎倆有限，老僧之不見不聞無窮也。○《漢書·藝文志》：「《莊子》五十二篇。名周，宋人。」〔註284〕李義山詩：「莊生曉夢迷蝴蝶。」〔註285〕　《列子》：「北山愚公，年九十，欲平太行、王屋二山。或笑之，公曰：『我死，有子。子又生孫，孫又生子也。而山不加增，何苦而不平？』操蛇之神聞之，告之於帝。帝命娥氏二子負二山，一厝朔東，一厝雍南。」〔註286〕　《漢書·王吉傳》：「東家有大棗樹，垂吉庭中，吉婦取棗以啖吉。吉後知之，乃去婦。東家聞而欲伐其樹，鄰里共止之，固請吉，令還婦。」〔註287〕按：此反用之。杜詩：「堂前撲棗任西鄰。」〔註288〕　大興朱宗樑梅岡曰：「賈誼《新書》：『梁大夫宋就為邊縣令，與楚鄰界。兩亭皆種瓜。梁人劬力數灌，其瓜美。楚人竄而稀灌，其瓜惡。楚令以梁瓜美，夜竊搔之，梁瓜皆有焦者矣。梁亭請其尉，欲報搔楚瓜。宋就曰：『是構怨分禍之道也。』令人竊為楚亭夜灌瓜，』」　杜詩：「溪喧獺趁魚。」〔註289〕　戴表元詩：「野果高低熟。」〔註290〕皮襲美詩：「野猿偷栗重窺戶。」〔註291〕　《後漢書·仲長統傳》：「安居樂業，長養子孫。」〔註292〕　《詩》：「自古在昔。」〔註293〕又：「鼠思泣血。」〔註294〕　後魏盧元明《劇鼠賦》：「淮南輕舉，遂嘔腸而莫追。」　《莊子》：「惠子相梁，莊子往見之。或謂惠子曰：『莊子欲代子相。』莊子曰：『鵷鶵得腐鼠，鴟鵂過之，仰而視之曰：嚇！今子欲以梁國嚇我耶？』」〔註295〕　《漢書·五行志》：「昭帝元鳳元年，燕有黃鼠銜其尾，舞王宮端門中。《京房易傳》曰：『誅不原情，厥有妖鼠舞門。』」〔註296〕　《史記·酷吏傳》：「張湯者，杜人也。湯掘窟得盜鼠及餘肉，具獄磔堂下。」〔註297〕　杜詩：

---

〔註284〕卷三十。
〔註285〕李商隱《錦瑟》。
〔註286〕《湯問第五》。
〔註287〕卷七十二。
〔註288〕《又呈吳郎》。
〔註289〕《重過何氏五首》其一。
〔註290〕《同諸子行上畈山》。
〔註291〕皮日休《秋晚自洞庭湖別業寄穆秀才》。
〔註292〕卷七十九。
〔註293〕《商頌·那》。
〔註294〕《小雅·雨無正》。
〔註295〕《秋水第十七》。
〔註296〕卷二十七上。
〔註297〕卷一百二十二。

「君今在羅網。」〔註298〕 《禮》:「勿焚山林。」〔註299〕《淮南子》:「焚林而獵,愈多得獸,後必無獸。」〔註300〕 《莊子》:「鼴鼠飲河,不過滿腹。」〔註301〕

　　「早幸官吏租,督責無餘積。」得此空際二語方不死煞句下,此詠物詩中之別調也。　子美集中多詠物之作,說者謂「歸燕」傷羈旅也,「促織」感客思也,「螢火」刺閹人也,「蒹葭」傷賢人之失志,「苦竹」嘉君子之避世。至於「鸂鶒」、「花鴨」、「雙燕」、「百舌」、「鸚鵡」、「孤雁」、「黃魚」、「白小」、「鷗」、「猿」、「麂」、「雞」皆寓比興,使讀者會心於意言之表,洵稱盛矣。然若穿鑿附會,更或牽合時事,強題就我,而作者之意反晦。竊謂大手筆人興與理會,必非泛然措詞。果意有所指,則當推闡其微,如《杜鵑行》之類是也。即事成詩,則當不求甚解,如《義鶻行》之類是也。梅村此詩,體物之工,形容曲盡,即謂其譏切當時輕薄子,如徐大化、阮大鋮輩,緣梯攀援,終罹爰書,而又終之以兼容並包,不欲與小人為難,亦盡肖作者身份。然過求甚解,必至於傅會牽合而後止。不如且就其體物處反覆吟翫,而戒小人、容小人處自於言外得之。以意逆志,多聞闕疑,兩者相兼,方可說詩。　按:沈存中《夢溪筆談》:「水以漳名、洛名者最多。趙、晉之間有清漳、濁漳,當陽有漳水,灊上有漳水,郜郡有漳江,漳州有漳浦,亳州有漳水,安州有漳水,洛中有洛水,北地郡有洛水,沙縣有洛水。考其義,乃清濁相蹂者為漳。章者,文也,別也。謂兩物相合有文章,且可別也。清漳、濁漳合於上黨,當陽即沮漳合流,灊上即漳潰合流,漳州予未曾目見,郜郡即西江合流,亳漳即漳、渦合流,雲夢即漳、鄖合流。此數處皆清濁合流,色理如螺蜴,數十里方混」云云。此詩明云「清漳」,則非以合流為義矣。　按:「尤」,一作「猶」。《三國志‧諸葛亮傳》「內懷猶豫之計」是也。「豫」,一作「預」。《史記‧魯連傳》「猶預不能自決」是也。「豫」,一作「與」。《禮》「決嫌疑,定猶與」是也。《集韻》:「猶或作猶。」

**吳門遇劉雪舫** 《韓詩外傳》:「顏回從孔子登日觀望吳門焉。」《蘇州府志》:「今人多稱平江。」《明詩綜》:「劉文炤,字雪舫,任丘人。新樂忠恪侯文炳弟。有《攬蕙堂偶存》。」《明史‧外戚傳》:「崇禎十七年三月十九日,新樂侯劉文炳之弟文照方侍母飯,家人急入曰:『城陷矣!』文照盆脫地,直視母。母遽起登樓,文照及二

〔註298〕《夢李白二首》其一。
〔註299〕《月令》。
〔註300〕《人間訓》。
〔註301〕《逍遙遊》。

女從之，文炳妻王氏亦登樓。懸孝純皇后像，母率眾哭拜，各縊死。文照入，縡墮，拊母背連呼曰：『兒不能死矣，從母命，留侍太夫人。』遂逃去。」〔註302〕按：「文炳母杜氏聞城將陷，即命侍婢簡箚條於樓上，作七八縡，命家僮積薪樓下，遂遣老僕迎李氏、吳氏二女歸，曰：『吾母女同死此。』又念孝純皇太后母瀛國太夫人年篤老，不可俱燼，因與文炳計，匿之申湛然家。」〔註303〕文照所以有「留侍太夫人」語也。

　　**出門遇高會，雜坐皆良朋。排閣一少年，其氣為幽并。羌裘雖裹膝，目乃無諸傖。忽然語笑合，與我談生平。**此敘初與劉遇也。○《易》：「出門同人。」〔註304〕《史記‧項羽紀》：「飲酒高會。」〔註305〕　又，《滑稽傳》：「州閭之會，男女雜坐。」〔註306〕《詩》：「每有良朋。」〔註307〕　《三國志‧吳範傳》：「乃排閣入。」〔註308〕《爾雅‧釋宮》：「小閨謂之閣。」曹詩：「京洛出少年。」〔註309〕　《金史‧元德明傳》：「子好問挾幽并之氣。」〔註310〕　杜詩：「羌兒青兕裘。」〔註311〕《吳越春秋》：「裹膝鶴倚，哭於秦庭。」　《齊書‧丘靈鞠傳》：「顧榮忽引諸傖渡，妨我輩塗轍。」〔註312〕　《詩》：「笑語卒獲。」〔註313〕　《晉書‧謝安傳》：「言生平，歡笑竟日。」〔註314〕**亡姑備宮掖，吾父天家婚。先皇在信邸，降禮如諸甥。長兄**

---

〔註302〕卷三百。

　　另，王源《居業堂文集》卷二《新樂侯傳》：「十九日昧爽，文炤欲省瀛國太夫人，母命飯。一蒼頭直入，大呼城破賊入矣。文炤碗脫手，起，母遽登樓，文炤隨之。二女、侯夫人、王氏繼登，母復下以二盆，抵戶樓，懸孝純皇太后像，母率眾哭拜已，次女先就縊，先死，文炤入，縡絕，墮板上，見母亦墮，頭血淥淥，拊母背連呼不應，號曰：『兒不能死，從兄前命矣。』」侯嘗囑文炤：『母死，留侍祖母也。』遂逃出。」

　　《小腆紀傳》卷二十《劉文炤傳》：「劉文炤號雪舫，新樂侯文炳之弟；時稱為新樂小侯者也。甲申之變，文炤年十五；方侍母杜氏飯，家人報城陷，文炤盌脫地。遽起，從母登樓就縊；縡墮不死，文炳牽其手曰：『汝幼可無死，留延劉氏祀也』！遂逃回海州故里。」

〔註303〕同上。

〔註304〕《同人》初九「象曰」。

〔註305〕卷七。

〔註306〕卷一百二十六。

〔註307〕《小雅‧常棣》。

〔註308〕卷六十三《吳書十八》。

〔註309〕曹植《名都篇》。

〔註310〕卷一百二十六。

〔註311〕《送韋十六評事充同谷郡防禦判官》。

〔註312〕《南齊書》卷五十二《文學列傳》。

〔註313〕《小雅‧楚茨》。

〔註314〕卷七十九。

進徹侯，次兄拜將軍。先皇早失恃，寤寐求音形。太廟奉睿容，流涕朝群臣。新樂初受封，搢笏登王庭。至尊亦豐頤，一見驚公卿。兩宮方貴重，通籍長安門。周侯累纖微，鄙哉無令名。田氏起輕俠，賓客多縱橫。不比先後家，天語頻諄諄。獨見新樂朝，上意偏殷勤。愛其子弟謹，憂彼俸給貧。每開三十庫，手賜千黃金。此兩段談平生之盛也。「亡姑備宮掖」六句是家門之美。「先皇早失恃」以下是受恩之異。○《晉書·王爽傳》：「亡姑亡娣〔註315〕，伉儷二宮。」《後漢書·竇憲傳》：「恃宮掖聲勢。」〔註316〕《明史·后妃傳》：「孝純劉太后，莊烈帝生母也，海州人，後籍宛平。」〔註317〕按：此與《明詩綜》之「任丘」互異。《獨斷》：「以天下為家，故稱天家。」《晉書·胡奮傳》：「歷觀前代與天家婚。」〔註318〕按：《明史·外戚傳》：「文炳母杜氏。」〔註319〕歙縣潘應椿皆山曰：「魏叔子《新樂侯傳》：『文炳取光宗皇后姪永寧侯王天瑞長女。文耀取懿安皇后妹太康伯張國紀次女，生女二，長嫁神宗皇太后姪武清侯李誠銘子。』」則所謂「天家婚」者，非指尚主也。《明史·莊烈帝紀》：「天啟二年，封信王。六年十一月，出居信邸。」〔註320〕「諸甥」出《晉書·楊濟傳》。《漢書·百官表》：「徹侯金印紫綬。」〔註321〕《獨斷》：「群臣異姓有功封者稱曰徹侯，避武帝諱，改曰通侯。」按：《明史·外戚傳》：「崇禎九年，進文炳為新樂侯，晉少傅；叔繼〔註322〕、弟文曜、文炤俱晉爵。而文曜於城破投井時，大書版井旁曰『左都督劉文曜同兄文炳畢命報國處』。」又，《職官志》：武官散階三十，自正二品至從五品皆授將軍。則文曜之拜將軍，舊矣。《詩》：「無母何恃。」〔註323〕又：「寤寐求之。」〔註324〕《明史·后妃傳》：「帝五歲失太后，問左右遺像，莫能得。懿妃舊與太后同為淑女，比宮居，自稱習太后，言宮人中狀貌相類者，命後母瀛國太夫人指示畫工，可意得也。圖成，由正陽門具法駕迎入。帝跪迎於午門，懸之宮中，呼老宮婢視之，或曰似，或曰否。帝雨泣，六宮皆泣。」〔註325〕按：《孝純本傳》「內廷別

〔註315〕「娣」，《晉書》卷九十三《外戚列傳》作「姊」。
〔註316〕卷二十三。
〔註317〕卷一百十四《后妃列傳二》。
〔註318〕卷五十七。
〔註319〕卷三百。
〔註320〕卷二十三《莊烈帝本紀一》。
〔註321〕卷十九上。
〔註322〕按：《明史》卷三百此下有「祖」字。
〔註323〕《小雅·蓼莪》。
〔註324〕《周南·關雎》。
〔註325〕卷一百十四《后妃列傳二》。

置一殿祀孝純」〔註326〕，而此云「太廟」，亦借用字也。　《明史・外戚侯表》：「新樂侯劉效祖，孝純太后弟，莊烈帝即位封。」《莊子》：「搢笏紳修。」〔註327〕《宋書・禮志》：「所謂搢紳之士者，搢笏而垂紳帶也。」〔註328〕《三國志・王修傳》注：「用升爾於王廷。」〔註329〕　《史記》：「《過秦論》：『履至尊而制六合。』」王子淵《責髯奴文》：「輔以豐頤。」　《漢書・鄒陽傳》：「長君之弟幸於兩宮。」如淳曰：「太后宮及帝宮也。」〔註330〕　又，《元帝紀》：「令從官給事宮司馬中者得為父母兄弟通籍。」〔註331〕《明史・輿服志》：「正南曰承天門，又折而東曰長安左門，折而西曰長安右門。」〔註332〕　又，《外戚傳》：「周奎，蘇州人，周皇后父也。封嘉定伯。居外戚中，碌碌而已。」〔註333〕《後漢書・梁商傳》：「纖微成大。」〔註334〕　《左傳・閔元年》：「猶有令名。」　《明史・田妃傳》：「父弘遇好佚遊，喜輕俠。以女貴，官左都督。」〔註335〕詳《永和宮詞》。曹潔躬曰：「弘遇字康宇。」　《後漢書・李固傳》：「賓客縱橫。」〔註336〕　《左傳・僖二十四年》：「先後其謂我何！」　太白《明堂賦》：「聽天語之察察，擬帝居之將將。」《詩》：「誨爾諄諄。」〔註337〕　《三國志・田疇傳》：「主意殷勤。」〔註338〕　杜詩：「愛其謹潔極。」〔註339〕《史記・司馬相如傳》：「子弟之率不謹也。」〔註340〕　又，《張儀傳》：「使臣陰奉給君資。」〔註341〕　按：《明史》諸志無三十庫。《容齋三筆》：「神宗有恢復幽燕之志，於內帑置庫，凡三十二庫。」〔註342〕或借用其語耳。　張文昌詩：「君王手賜黃金璫。」〔註343〕李詩：「美人一

---

〔註326〕同上。
〔註327〕《天地》。
〔註328〕卷十八。
〔註329〕卷十一，「廷」作「庭」。
〔註330〕卷五十一。
〔註331〕卷九。
〔註332〕卷六十八。
〔註333〕卷三百。
〔註334〕卷三十四。
〔註335〕卷一百十四《后妃列傳二》。
〔註336〕卷九十三。
〔註337〕《大雅・抑》。
〔註338〕卷十一。
〔註339〕《八哀詩》其四《贈太子師汝陽郡王璡》。
〔註340〕卷一百一十七。
〔註341〕卷七十。
〔註342〕卷十三《元豐庫》。
〔註343〕張籍《少年行》。

笑千黃金。」〔註344〕長戈指北闕，鼙鼓來西秦。寧武止一戰，各帥皆投兵。
漁陽股肱郡，千里無堅城。嗚呼四海主，此際惟一身。彷彿萬歲山，先
後輴輬迎。辛苦十七年，欲訴知何因。今纔識母面，同去朝諸陵。我兄
聞再拜，慟哭高皇靈。烈烈鞏都尉，揮手先我行。寧同英國死，不作襄
城生。我幼獨見遺，貧賤今依人。此兩段談生平之厄也。「長戈指北闕」十四
句紀莊烈之殉社。「我兄聞再拜」八句紀文炳之死國，點出先後，既顧題，母亦增精
彩。○李義山詩：「長戈利矛日可麾。」〔註345〕《漢書·息夫躬傳》：「長戟指闕。」
〔註346〕　《禮》：「鼓鼙之聲讙。」〔註347〕白詩：「漁陽鼙鼓動地來。」〔註348〕郭景
純《方言注》：「西秦，酒泉、燉煌、張掖是也。」按：史稱李自成陷全陝，則秦之分
皆有之矣。西秦猶陝西也。　《大清一統志》：「明置寧武關，屬代州崞縣。雍正四年，
改置寧武府。」《明史·周遇吉傳》：「十七年二月，太原陷。遂陷忻州，圍代州。遇吉
先在代遏其北犯，乃憑城固守，而潛出兵奮擊。連數日，殺賊無算。會食盡援絕，退
保寧武。遇吉四面發大礮，殺賊萬人。設伏城內，出弱卒誘賊入城，殺數千人。城圮
復完者再，傷其四驍將。自成懼，欲退。其將曰：『我眾百倍於彼，但用十攻一，更番
進，蔑不勝矣。』城遂陷。闔家盡死。而大同總兵姜瓖表至，自成大喜。方宴其使者，
宣府總兵王承廕表亦至，自成益喜。遂決策長驅，歷大同、宣府，抵居庸。太監杜之
秩、總兵唐通復開門延之，京師遂不守矣。賊每語人曰：『他鎮復有一周總兵，吾安得
至此？』」〔註349〕　《三國志·孫權傳》：「臨陣所斬及投兵降者〔註350〕數萬人。」
按：秦、漢、後魏、齊、周、隋皆置漁陽郡。明之通州、漷縣、武清、順義、密雲、
懷柔、薊州、平谷、遵化皆是也。然此數處皆非李自成由山西入京之路，蓋約略言之，
謂畿輔覆沒耳。《史記·季布傳》：「河東吾股肱郡。」〔註351〕　又，《淮陰侯傳》：「頓
之燕堅城之下。」〔註352〕　司馬長卿《子虛賦》：「若神仙之彷彿。」《明史·莊烈帝
紀》：「帝崩於萬歲山。」〔註353〕　《大清一統志》：「明之煤山，亦名萬歲山，乃今之

---

〔註344〕《白紵辭三首》。
〔註345〕《韓碑》。
〔註346〕卷四十五。
〔註347〕《禮記·樂記》。
〔註348〕《長恨歌》。
〔註349〕卷二百六十八。
〔註350〕「者」，《三國志》卷四十七《吳書二》作「首」。
〔註351〕卷一百。
〔註352〕卷九十二。
〔註353〕卷二十四《莊烈帝本紀二》。

景山〔註354〕也。」　《漢書・張敞傳》：「禮，君母出門則乘輜軿。」〔註355〕《〈後漢書・輿服志〉注》：「有邸曰輜，無邸曰軿。軿〔註356〕車即輂也。」　《左傳・昭三十年》：「視民如子，辛苦同之。」《明史・流賊傳・論》：「子立於上，十有七年。」〔註357〕　柳子厚詩：「絆足去何因。」〔註358〕　《明史・地理志》〔註359〕：「應天府東北有鍾山，南有孝陵衛。」又：「昌平州北有天壽山，成祖以下陵寢咸在。」　杜詩：「我見常再拜。」〔註360〕《明史・外戚傳》：「文炳闔門死者四十二人。」〔註361〕《詩》：「相土烈烈。」〔註362〕《明史・公主傳》：「光宗樂安公主下嫁鞏永固。都城陷時，公主已薨，未葬。永固以黃繩縛子女五人繫柩旁，曰：『此帝甥也，不可污賊手。』舉劍自刎，闔室自焚死。」〔註363〕又，《職官志》：「駙馬都尉位在伯上。」　《古詩》：「揮手從此辭。」〔註364〕《晉書・王嘉傳》：「卿其先行。」〔註365〕　按：英國公張世澤、襄城伯李國楨也。說附後。《南史・沈攸之傳》：「寧為王陵死，不作賈充生。」〔註366〕又，《褚彥回傳》：「寧為袁粲死，不作彥回生。」〔註367〕　魏叔子《贈劉雪舫敘》：「方〔註368〕甲申三月之變，君年纔十有五歲。」又，《新樂侯傳》：「方炳乃牽文照手曰：『汝幼，可無死。當逃去，得奉太夫人，延劉氏祀也。』」《唐書・長孫無忌傳》：「若飛鳥依人。」〔註369〕**當時聽其語，剪燭忘深更。長安昔全盛，曾記朝元正。道逢五侯騎，頏唏為卿兄。即君貌酷似，豐下而微黔。貴戚諸舊遊，追憶應難真。依稀李與郭，流落今誰存。**此因雪舫之談而詢諸國戚也，似畫家橫雲斷嶺之妙。○李義山詩：「何當共剪西窗燭〔註370〕。」　李巨山詩：「昔

---

〔註354〕「山」，乙本誤作「由」。
〔註355〕卷七十六。
〔註356〕「軿」，卷三十九《輿服志上》作「輜」。
〔註357〕卷三百九。
〔註358〕柳宗元《酬妻秀才將之淮南見贈之什》。
〔註359〕卷四十。
〔註360〕《杜鵑》。
〔註361〕卷三百。
〔註362〕《商頌・長發》。
〔註363〕卷一百二十一。
〔註364〕（南朝宋）劉鑠《擬行行重行行詩》。
〔註365〕卷九十五《藝術列傳》。
〔註366〕卷三十七。
〔註367〕卷二十八。
〔註368〕「方」，乙本誤作「萬」。
〔註369〕《新唐書》卷一百五。
〔註370〕「燭」，乙本誤作「竹」。

日西京全盛時。」〔註371〕　韓詩：「會朝元正無不至。」〔註372〕《明史‧禮志》：「洪武元年九月，定正旦朝會儀。」〔註373〕　《漢書‧元后傳》：「河平二年，上悉封舅，譚為平阿侯、商成都侯、立紅陽侯、根曲陽侯、逢時高平侯，五人同日封，故世謂之五侯。」〔註374〕　按：頎，長也。晳，白也。《世說》：「孝武問王爽：『卿何如卿兄？』」〔註375〕《南史‧宋武帝紀》：「何無忌，劉牢之之外甥，酷似其舅。」〔註376〕　《左傳‧文元年》：「穀也豐下，必有後於魯國。」《注》：「豐下，蓋面方。」又，襄十七年：「邑中之黔，寔慰我心。」《注》：「子罕黑色，居於邑中。」　李詩：「長歌懷舊遊。」〔註377〕李義山詩：「此情可待成追憶。」〔註378〕　元詩：「依稀憶得楊與李。」〔註379〕李、郭見下。　《唐書‧李揆傳》：「流落凡十六年。」〔註380〕君曰欲我談，清酒須三升。舊時白石莊，萬柳餘空根。海淀李侯墅，秋雁飛沙汀。博平有別業，乃在西湖濱。惠安蓄名花，牡丹天下聞。富貴一朝盡，落日浮寒雲。走馬南海子，射兔西山陰。路傍一寢園，御道居人侵。碑鐫孝純字，僵石莓苔青。下馬向之拜，見者疑王孫。詢是先後侄，感歎增傷心。落魄遊江湖，蹤跡嗟飄零。傾囊縱蒲博，劇飲甘沉淪。不圖風雨夜，話舊同諸君。已矣勿復言，涕下沾衣襟。此雪舫談諸國戚而復以自悲也，似畫家餘波迴旋之妙。○《三國志‧管輅傳》注：「請先飲清酒三升，然後言之。」〔註381〕　《帝京景物略》：「白石橋北，萬駙馬莊在焉，曰白石莊。」　《廣輿記》：「順天府白石莊其景多柳。」　《一統志》：「暢春園在京城西直門外十二里，地名海淀。明武清侯李偉故園。」《明史‧外戚傳》：「李偉，字世奇，漷縣人，神宗生母李太后父也。封武清伯，進侯。」〔註382〕　王元長詩：「秋雁雙雙飛。」〔註383〕梁元帝詩：「沙汀夜鶴嘯羈雌。」〔註384〕　《明史‧

---

〔註371〕李嶠《汾陰行》。

〔註372〕《天星送楊凝郎中賀正》。

〔註373〕卷五十三。

〔註374〕卷九十八。

〔註375〕《方正第五》。

〔註376〕卷一。按：早見《宋書》卷二《武帝本紀上》。

〔註377〕《謝公亭》。

〔註378〕《錦瑟》。

〔註379〕元稹《連昌宮詞》。

〔註380〕《新唐書》卷一百五十。

〔註381〕卷二十九《魏書二十九‧方技傳》。

〔註382〕卷三百。

〔註383〕王融《古意詩二首》其一。

〔註384〕蕭繹《燕歌行》。

后妃傳》：「光宗孝元皇后郭氏，順天人。父維城以女貴，封博平伯，進侯。卒，兄振明嗣。」〔註385〕按：《世表》維城在始封格內，振明在子格內。表、傳互異，或因其嗣侯之故與？《南史・謝靈運傳》：「修營別業。」〔註386〕　《一統志》：「西湖在宛平縣玉泉山下。」《明史・外戚表》：「彭城伯張麒，昭皇后父。永樂九年，追封惠安伯。張昇，麒次子。七世慶臻，崇禎十七年城陷，闔家自焚死。」《一統志》：「張園在宛平縣西，明惠安伯張元善別墅，牡丹、芍藥各數百畝。」　李詩：「浮雲游子意，落日故人情。」〔註387〕柳文暢詩：「寒雲晦滄洲。」〔註388〕　《一統志》：「南海子在京城永定門外二十里。」　《北史・魏廣平王俶傳》：「日射兔得五十頭。」〔註389〕《一統志》：「西山在宛平縣西三十里，太行山別阜也。」　《漢書・叔孫通傳》：「先帝園陵寢廟，群臣莫習。」〔註390〕　李詩：「石平御道開。」〔註391〕《詩》：「豈無居人？」〔註392〕　《明史・后妃傳》：「莊烈帝居勖勤宮，問近侍曰：『西山有申懿王墳乎？』曰：『有。』『傍有劉娘娘墳乎？』曰：『有。』每密付金錢往祭。及即位，上尊謚曰孝純恭懿淑穆莊靜毗天毓聖皇太后，遷葬慶陵。」〔註393〕　《漢書・昭帝紀》注：「僵，偃也。」〔註394〕杜詩：「玉殿莓苔青。」〔註395〕　《史記・淮陰侯傳》：「吾哀王孫而進食。」〔註396〕　又，《酈生傳》：「家貧落魄。」〔註397〕　李詩：「一去無蹤跡。」〔註398〕杜詩：「飄零為客久。」〔註399〕魏叔子《贈劉雪舫敘》：「君去京師，避地秦郵者二十年，勞苦患難，飢寒之狀，無弗身試。」　周美成《汴都賦》：「皆傾囊鼓篋，羅列而願售。」《晉書・劉惔傳》：「以蒲博驗之，其不必得則不為也。」〔註400〕　《魏

〔註385〕卷一百十四《后妃列傳二》。
〔註386〕按：實出《宋書》卷六十七《謝靈運列傳》。《南史》卷十九《謝靈運傳》作「修營舊業」。
〔註387〕《送友人》。
〔註388〕柳惲《贈吳均詩三首》其一。
〔註389〕卷十六。
〔註390〕卷四十三。按：早見《史記》卷九十九《叔孫通列傳》。
〔註391〕《遊泰山六首》其一。
〔註392〕《鄭風・叔于田》。
〔註393〕卷一百十四《后妃列傳二》。
〔註394〕卷七。
〔註395〕《橋陵詩三十韻因呈縣內諸官》。
〔註396〕卷九十二。
〔註397〕卷九十七。
〔註398〕《估客行》。
〔註399〕《涪江泛舟送韋班歸京》。
〔註400〕卷七十五。

書‧裴伯茂傳》：「末年劇飲不已。」〔註401〕杜詩：「容易失沉淪。」〔註402〕 韋應物詩：「誰〔註403〕知風雪夜，復此對床眠。」 姚合詩：「開尊話舊時。」〔註404〕 《漢書‧蘇武傳》：「願無復再言。」〔註405〕 《莊子》：「涕泣沾襟。」〔註406〕

　　　長篇詩需一氣貫徹，眉目分明。如此詩「與我談生平」領起前半篇，「君曰欲我談」領起後半篇。而間之以「當時聽其語」一段，更覺煙波無限；終之以「已矣勿復言」，則有字句處皆化為無字句處矣。 《明史‧功臣年表》：「英國公張世澤，崇禎十六年襲。城陷被殺。襄城伯李國楨，崇禎十三年襲。城陷，賊執殺之。」似其死同也。然《張輔傳》「傳爵至世澤，流寇陷京師，遇害」〔註407〕，而《李濬傳》「賊勒國楨降。國楨解甲聽命，責賄不足，被拷折踝，自縊死」〔註408〕，則此詩為信史矣。又，范景文等傳末附書福王時建旌忠祠，正祀武臣，祀新樂侯劉文炳、惠安伯張慶臻、襄城伯李國楨、駙馬都尉鞏永固、左都督劉文曜、山西總兵官周遇吉、遼東總兵官吳襄七人。夫吳襄為賊所劫，作書招降其子；國楨解甲聽命，致斃於刑；而與新樂等同祀故梅村云「今古一丘之貉，不知誰鳳誰梟」。是亡國之彰癉不如詩人之袞鉞也。 又按：《大清一統志》：「李國楨，和州人，世襲襄城伯。崇禎末，流賊入京，國禎奔赴梓宮。賊執之，以好語誘使降。國楨曰：『有三事從我乃降。一、祖宗陵寢不可發；一、須葬先帝以天子禮；一、太子二王不可害。』自成悉諾之，國楨俟陵寢事畢，遂自縊於寢旁。」〔註409〕兩者皆為寔錄乎？然思陵在昌平州，而《流賊傳》「執周奎、朱純臣、陳演、魏藻德等共八百餘人，送劉宗敏營中，拷掠責賕賂」〔註410〕，距寢旁尚遠，不知國

〔註401〕 卷八十五《文苑列傳》。
〔註402〕 《奉贈鮮于京兆二十韻》。
〔註403〕 「誰」，《示全真元常》作「寧」。
〔註404〕 《集宿姚殿中宅期僧無可不至》。
〔註405〕 卷五十四。
〔註406〕 《齊物論》。
〔註407〕 《明史》卷一百五十四。
〔註408〕 《明史》卷一百四十六，「楨」作「禎」。
　　　　另，（清）李天根《爝火錄》（浙江古籍出版社1986年版，第15、50頁）：
　　　　襄城伯李國楨突崇文門，不得出，復奔朝陽門。守將孫如龍迎賊張能於城上，勒國楨降；國楨解甲聽命，能羈守之。
　　　　李國楨責賄不足，請還家斂貲。家已為他賊所據，不得入。被拷折踝，以荆筐曳還。張能置酒戲之曰：「大將軍亦狼狽乃爾耶！」即夕，解所繫綠絲條自縊死。
〔註409〕 卷四十四，「楨」作「禎」。
〔註410〕 卷三百九。

槓當日何緣得至昌平耳。　按：宋荔裳《劉雪舫餽酒》詩：「側聞甲申春，哲兄仗奇節。百口盡祝融，義比崑岡烈。南州有王生，椽筆直如鐵。作傳表英風，快事稱雙絕。中夜鬼神泣，毛髮森凜列。言君隱璧湖，躬耕種瓜畦。」劉復燕謂王生于一，南昌人。按：于一，猷定字也。璧社湖在高郵州西北。雪舫蓋流寓高郵者。

寶東皋師曰：「按：此篇依宋吳才老《韻補》用韻，故庚、青、蒸與真、文、元、侵通押。至鄭庠《古韻》，則真、文、元、寒、刪、先六韻相通，而不通庚、青、蒸；侵、覃、鹽、咸四韻相通，而不通真。邵子湘《古今韻略》叶音皆主吳才老，而真、文、元、寒、刪、先、庚、青、蒸、侵等韻通轉之例，則是鄭而非吳，且錄杜、韓詩為證云。顧寧人說亦如是。毛大可《韻學指要》亦主鄭說。《欽定叶韻匯輯》則庚、青、蒸、侵韻皆不通真。凡古人真、文、元韻字與庚、青、蒸、侵韻並用者，皆收入《叶韻》，而眾說遂定。要之，古韻古無成書。吳、鄭、顧、邵、毛諸人各據所見立論，亦互有得失。梅村此篇自依《韻補》通迭用韻耳。詩之工拙不在此也。」

## 臨江參軍 《明史・地理志》：「臨江府清江倚。」按：此詩贈楊廷麟也。《明史・楊廷麟傳》：「字伯祥，清江人。」

臨江髯參軍，負性何貞栗。上書請賜對，高語爭得失。左右為流汗，天子知質直。公卿有闕遺，廣坐憂指謫。鷹隼伏指爪，其氣嘗突兀。同舍展歡謔，失語輒面斥。萬仞削蒼崖，飛鳥不得立。此序參軍未改官時風裁之峻。○《晉書・郗超傳》：「轉為桓溫參軍，府中語曰髯參軍。」〔註411〕　《禮》：「縝密以栗。」〔註412〕　「上書」出《戰國策》蘇秦事並《史記・范睢傳》。《宋史・真宗紀》：「有言政刑得失、邊防機事者並賜對。」〔註413〕　王介甫詩：「高語不敢出。」〔註414〕《陳書・徐陵傳》：「陵進讀奏版時，安成王殿上侍立，仰視世祖，流汗失色。」〔註415〕《漢書・公孫弘傳・贊》：「質直則汲黯。」〔註416〕　又，《司馬相如傳》：「靡有闕遺矣。」〔註417〕《史記・信陵君傳》：「自迎嬴於眾人廣坐之中。」〔註418〕《唐書・顏

〔註411〕卷六十七。
〔註412〕《禮記・聘義》。
〔註413〕卷八。
〔註414〕《寓言九首》其二。
〔註415〕卷二十六。
〔註416〕卷五十八。
〔註417〕卷五十七下。按：早見《史記》卷一百一十七《司馬相如列傳》。
〔註418〕卷七十七。

師古傳》:「令指謫疵短。」〔註419〕《禮》:「鷹隼蚤鷙。」〔註420〕元詩:「似鷹指爪惟攫肉。」〔註421〕　杜詩:「何得立突兀。」〔註422〕　《史記・司馬相如傳》:「梁孝王令與諸生同舍。」〔註423〕　韓愈《與張文昌鄲城聯句》:「何由恣歡謔。」〔註424〕《漢書・王商傳》:「自恨失言。」〔註425〕《晉書・劉殷傳》:「凡人尚不可面斥其過,而況萬乘乎!」〔註426〕　何承天詩:「深谷萬仞。」〔註427〕李義山詩:「蒼崖萬歲藤。」〔註428〕**予與交十年,弱節資扶植。忠孝固平生,吾徒在真寔**。此序與參軍交誼之厚期待者遠。○《管子》:「賢者守弱節而謙處之。」〔註429〕《史記・三王世家》:「蓬生麻中,不扶自直。」〔註430〕　班孟堅《兩都賦序》:「或以宣上德而盡忠孝。」　釋貫休詩:「誰人愛真實。」〔註431〕**去年羽書來,中樞失籌策。桓桓尚書公,提兵戰疾力。將相有纖介,中外為危慄。君拜極言疏,夜半片紙出。贊畫樞曹郎,遷官得左秩**。此序楊盧構嫌,參軍拜疏及改官主事之事。○按:去年,崇禎十一年也。程大昌《演繁露》引《魏武奏事》曰:「有急,以雞羽插木檄,謂之羽檄。」〔註432〕　元詩:「畫〔註433〕送中樞曉禁清。」《宋史・張方平傳》:「首乞合樞密之職于〔註434〕中書。」〔註435〕按:中樞蓋謂以閣臣兼兵部。而下文「贊畫樞曹郎」,亦以職方隸兵部耳。《史記・留侯世家》:「運籌策帷帳中。」〔註436〕　《書》:「尚桓桓。」〔註437〕《明史・盧象昇傳》:「字建鬥,宜興人。進兵

〔註419〕《新唐書》卷一百九十八《儒學列傳上》。
〔註420〕《禮記・月令》。
〔註421〕元稹《有鳥二十章》其一。
〔註422〕《畫鶻行》。
〔註423〕卷一百一十七。
〔註424〕按:李白《將進酒》:「斗酒十千恣歡謔。」
〔註425〕卷八十二。
〔註426〕卷八十八《孝友列傳》。
〔註427〕《鼓吹鐃歌十五首》其五《巫山高篇》。
〔註428〕《幽人》。
〔註429〕《勢第四十二》。
〔註430〕卷六十。
〔註431〕《寄杜使君》。
〔註432〕卷十《羽檄》。
〔註433〕「畫」,乙本誤作「書」。元稹《內狀詩寄楊白二員外》原作「畫」。
〔註434〕「于」,乙本誤作「干」。
〔註435〕卷三百十八。
〔註436〕卷五十五。
〔註437〕《尚書・牧誓》。

部尚書，三賜尚方劍，督天下援兵。大清兵南下，三路出師，象昇遂由涿進據保定，命諸將分道出擊，大戰於慶都。」〔註438〕《世說》：「謝玄曰：『丈夫提千兵入死地，以事君親，故發。』」〔註439〕《史記·灌嬰傳》：「戰疾力。」〔註440〕《明史·楊嗣昌傳》：「象昇主戰，嗣昌與監督中官高起潛主款，議不合，交惡。」〔註441〕《漢書·孫寶傳》：「內有纖介。」〔註442〕《易林》：「危慄不安。」　韓詩：「拜疏移閣門。」〔註443〕《後漢書·明帝紀》：「群司勉修職事，極言無諱。」〔註444〕《廷麟傳》：「廷麟上疏劾兵部尚書楊嗣昌，言：『南仲在內，李綱無功；潛善秉成，宗澤殞命。乞陛下赫然一怒，明正向者主和之罪。』時嗣昌意主和議，冀〔註445〕紓外患，而廷麟痛詆之。嗣昌大恚，詭薦廷麟知兵，帝改廷麟兵部職方主事，贊畫像昇軍。」《宋史·司馬光傳》：「異日禁中夜半出寸紙。」〔註446〕《漢書·周昌傳》：「吾極知其左遷。」〔註447〕天子欲用人，何必歷顯職。所恨持祿流，垂頭氣默塞。主上憂山東，無能恃緩急。投身感至性，不敢量臣力。受詞長安門，走馬桑乾側。但見塵滅沒，不知風慘慄。四野多悲笳，十日無消息。此序改官後慷慨任事之意。○《漢書·張敞傳》：「此天子欲用我也。」〔註448〕《陳書·徐陵傳》：「此則清階顯職。」〔註449〕《史記·秦始皇紀》：「天下畏罪持祿。」〔註450〕韓詩：「低佪但垂頭。」〔註451〕李文山詩：「默塞飛星霜。」〔註452〕賈生《請封建子弟疏》：「陛下高枕，終無山東之憂矣。」《史記·袁盎傳》：「一旦有緩急，寧足恃乎！」〔註453〕《後漢書·朱穆傳》：「侯生、豫子之投身。」〔註454〕杜詩：「至

---

〔註438〕卷二百六十一。
〔註439〕《識鑒第七》。
〔註440〕卷九十五。
〔註441〕卷二百五十二。
〔註442〕卷七十七。
〔註443〕《赴江陵途中寄贈王二十補闕李十一拾遺李二十六員外翰林三學士》。
〔註444〕卷二。
〔註445〕「冀」，乙本誤作「異」。《明史》卷二百七十八原作「冀」。
〔註446〕卷三百三十六。
〔註447〕卷四十二。按：早見《史記》卷九十六《張丞相列傳》附《周昌傳》。
〔註448〕卷七十六。
〔註449〕卷二十六。
〔註450〕卷六。
〔註451〕《駑驥》。
〔註452〕李群玉《自灃浦東遊江表途出巴丘投員外從公虞》。
〔註453〕卷一百〇一。
〔註454〕卷七十三。

性有此不。」〔註455〕 《左傳·隱十一年》:「不量力。」 杜詩:「受詞太白腳,走馬仇池頭。」〔註456〕長安門,見《過劉雪舫》。 《明史·河渠志》:「桑乾河,盧溝上源也,發源太原之天池,伏流至朔州馬邑。雷山之陽有金龍池者,溢出為桑乾。」《山西通志》:「馬邑縣桑乾河緣陽高入直隸境。」 顏延年《赭白馬賦》:「驅騖迅於滅沒。」古詩:「北風何慘慄。」〔註457〕 杜詩:「悲笳數聲動。」〔註458〕 《南史·謝晦傳》:「若後二三日無消息,便是不復來耶?」〔註459〕**蒼頭草中來,整暇見紙墨。唯說尚書賢,與語材挺特。次見諸大帥,驕懦固無匹。逗撓失事機,倏忽不相及。變計趣之去,直云戰不得。成敗不可知,死生予所執。**此序一見參軍書論諸將之賢否,而以大義自矢也。○《漢書·鮑宣傳》注:「漢名奴為蒼頭。」〔註460〕杜詩:「令弟草中來。」〔註461〕 《左傳·成十六年》:「欒鍼曰:『好以眾整。好以暇。』」 杜詩:「與語才傑立。」〔註462〕《唐書·忠義傳》:「吳保安氣挺特不俗。」〔註463〕 陶詩:「懶惰固〔註464〕無匹。」 《漢書·韓安國傳》:「廷尉當王恢逗撓當斬。」〔註465〕《吳子》:「分散其眾,是為事機。」〔註466〕 《後漢書·酈炎傳》:「倏忽誰能逐。」〔註467〕《嗣昌傳》:「嗣昌戒諸將毋輕戰。諸將本恇怯,率藉口持重觀望,所在列城多破。嗣昌據軍中報,請旨授方略。比下軍前,則軍機已變,進止乖違,疆事益壞云。」〔註468〕 變計,見《松鼠》。《集韻》:「趣音促。」《史記·項羽紀》:「數使使趣齊兵。」〔註469〕 諸葛孔明《出師表》:「成敗利鈍,非臣所能逆睹也。」 《三國志·田疇傳》注:「其聽疇所執。」〔註470〕**予時讀其書,對案不能食。一朝敗問至,南望為於邑。忽得別地書,慰藉告親識。云與副都護,會師有月日。**

---

〔註455〕《晦日尋崔戢李封》。
〔註456〕《送韋十六評事充同谷郡防禦判官》。
〔註457〕《古詩十九首》其十七(孟冬寒氣至)。
〔註458〕《後出塞五首》其二。
〔註459〕卷十九。按:早見《宋書》卷四十四《謝晦傳》。
〔註460〕卷七十二。
〔註461〕《送從弟亞赴安西判官》。
〔註462〕《送率府程錄事還鄉》。
〔註463〕《新唐書》卷一百九十一《忠義列傳上》。
〔註464〕「固」,《責子》作「故」。
〔註465〕卷一百八《韓長孺列傳》。
〔註466〕《論將第四》。
〔註467〕卷八十下《文苑列傳下》。
〔註468〕卷二百五十二。
〔註469〕卷七。
〔註470〕卷十一。

**顧恨不同死，痛憤填胸臆。**此序再見參軍書，書內第一段以未與盧同死為恨也。
○鮑詩：「對案不能食。」〔註471〕　司馬子長《報任安書》：「後數日，陵敗書聞。」
《字典》：「聞，通作問。」《隋書・河間王慶傳》：「於時江都敗問亦至。」〔註472〕《楚
辭》：「氣於邑而不可止。」〔註473〕《後漢書・隗囂傳》：「所以慰藉之良厚。」〔註474〕
陶詩：「親識豈相思。」〔註475〕按：象昇戰死而反慰藉者，蓋以尚書之能報國與己之
能引義為慰，而非以己之不在軍為慰也，觀「顧恨不同死」句可見。蓋「慰藉」句直
貫至「後世謂吾筆」矣。　按《明史・職官志》：「初置帳前總制親軍都指揮使司，後
改置金吾侍衛親軍都護府，設都護，從二品。尋罷。」然亦不載有副都護也。《唐書・
百官志》：「副都護，正四品。」梅村蓋以比兵部侍郎耳。《左傳・隱四年》：「羽父請
以師會之。」退之《祭十二郎文》：「不知當言月日。」《詩》：「及爾同死。」〔註476〕
王仲宣《登樓賦》：「氣交憤於胸臆。」**先是在軍中，我師已孔亟。剿略斬亂兵，
掩面對之泣。我法為三軍，汝寔飢寒極。諸營勢潰亡，群公意敦逼。公
獨顧而笑，我死則塞責。老母隔山川，無緣寄悽惻。作書與兒子，勿復
收吾骨。得歸或相見，且復慰家室。別我顧無言，但云到順德。掎角竟
無人，親軍惟數百。**此書內第二段，追序盧未死以前事。　先是在軍，指參軍未
往真定時也。《象昇傳》〔註477〕：「命大學士劉宇亮、輔臣督師巡撫張其平閉閫絕餉」，
故云「師孔亟」、「飢寒極」也；又：「以云晉警趣出關，王樸徑引兵去」，故云「諸營
勢潰亡」也。按：《象昇傳》：「畿南父老請曰：『三軍捧出關之檄，將士懷西歸之心，
棲遲絕野，一飽無時，脫巾狂噪，雲帥見告』」，皆「飢寒」、「潰亡」之證。而以「雲
帥」字徵之，則王樸蓋大同總兵官耳。○《史記・絳侯世家》：「軍中但聞將軍令。」
〔註478〕《詩》：「不宜空我師。」〔註479〕又：「孔棘且殆。」〔註480〕《唐書・李
光弼傳》：「所在剽掠，獨光弼整眾。」〔註481〕《晉語》：「平公謂陽畢曰：『自穆侯以

〔註471〕　鮑照《擬行路難十八首》其六。
〔註472〕　卷四十三。
〔註473〕　《九章・悲回風》。
〔註474〕　卷四十三。
〔註475〕　《形影神並序》其一《形贈影》。
〔註476〕　《邶風・谷風》。
〔註477〕　卷二百六十一。
〔註478〕　卷五十七。
〔註479〕　《小雅・節南山》。
〔註480〕　《小雅・雨無正》。
〔註481〕　《新唐書》卷一百三十六。

至於今，亂兵不輟。』」　白詩：「君王掩面救不得。」〔註482〕　《世說》：「庾子嵩曰：『我自用我法。』」〔註483〕　《隋書‧王辯傳》：「諸營已有潰者。」〔註484〕　《詩》：「群公先正。」〔註485〕徐孝穆《為陳武帝璽書》：「公卿敦逼。」　顧而笑，見《松鼠》。　《漢書‧朱建傳》：「聞吏至門，建欲自殺。諸子及吏皆曰：『事未可知，何自殺為？』建曰：『我死禍絕，不及乃身矣。』」〔註486〕又，《公孫弘傳》：「恐病死無以塞責。」〔註487〕《史記‧管仲傳》：「知我有老母也。」按：《象昇傳》：「十一年五月丁外艱，席喪候代」，是以止云「老母隔山川」，而死時猶服麻白也。　文通《別賦》：「百感悽惻。」　《後漢書‧馬援傳》：「兄子嚴敦，援還書誡之。」〔註488〕《左傳‧僖三十二年》：「余收爾骨焉。」按：此反用退之《示姪孫湘》「好收吾骨瘴江邊」。杜詩：「蒼茫問家室。」〔註489〕　《明史‧地理志》：「順德府距京師一千里。」《左傳‧襄十四年》：「晉人角之，諸戎掎之。」《正韻》：「絏其後曰掎，絓其前曰角。」《唐書‧兵志》：「乾寧元年，詔諸王閱親軍。」〔註490〕按：《象昇傳》：「十二月十一日，進師至鉅鹿賈莊。起潛擁關、寧兵在雞澤，距賈莊五十里而近，象昇遣廷麟往乞援，不應。」所謂「掎角無人」者也。是夜所乘馬，嘶鳴氣蕭瑟。椎鼓鼓聲哀，拔刀刀芒澀。公知為我故，悲歌壯心溢。當為諸將軍，揮戈誓深入。日暮箭鏃盡，左右刀鋌集。帳下勸之走，叱謂吾死國。官能制萬里，年不及四十。此書內第三段，寔序盧殉義之事。○《象昇傳》：「象昇好畜駿馬，皆有名字。」《梁書‧侯景傳》：「所乘馬，每戰將勝，輒踴躍嘶鳴，意氣駿逸。其敗〔註491〕，必低頭不前。」宋玉《九辨》：「蕭瑟兮草木搖落而變衰。」《漢書‧李陵傳》：「擊鼓起士，鼓不鳴。」〔註492〕　杜詩：「風水白刃澀。」〔註493〕　《史記‧呂后紀》：「日食，晝晦。太后惡之，心不樂，曰：『此為我也。』」〔註494〕　又，

---

〔註482〕《長恨歌》。
〔註483〕《方正第五》。
〔註484〕卷六十四。
〔註485〕《大雅‧雲漢》。
〔註486〕卷四十三。按：早見《史記》卷九十七《酈生陸賈列傳》附《朱建傳》。
〔註487〕卷五十八。按：《史記》卷一百一十二《平津侯主父列傳》。
〔註488〕卷五十四。
〔註489〕《北征》。
〔註490〕《新唐書》卷五十。
〔註491〕「敗」，《梁書》卷五十六作「奔衄」。
〔註492〕卷五十四。
〔註493〕《龍門鎮》。
〔註494〕卷九。

《項羽紀》：「羽乃悲歌慷慨。」〔註495〕曹孟德《樂府》：「壯心不已。」〔註496〕　《後漢書・臧洪傳》：「所以忍悲揮戈。」〔註497〕《史記・秦始皇紀》：「楚師深入，戰於鴻門。」〔註498〕　杜詩：「金絲鏤箭鏃。」〔註499〕《史記・匈奴傳》：「短兵則刀鋋。」〔註500〕　又，《絳侯世家》：「內相攻擊，擾亂於帳下。」〔註501〕　《漢書・翟方進傳》：「死國埋名，猶可以不慙於先帝。」〔註502〕　《晉書・羊祜傳》：「將軍都督萬里。」〔註503〕　《三國志・郭嘉傳》注：「郭奉孝年不滿四十。」〔註504〕《晉書・王濛傳》：「如此人曾不得四十也。」〔註505〕《象昇傳》：「死時年三十九。」又：「師至蒿水橋，遇大清兵。象昇麾兵疾戰，呼聲動天，自辰迄未，礮盡矢窮。奮身鬥，後騎皆進，手擊殺數十人，身中四矢三刃，遂僕。掌牧楊陸凱懼眾之殘其屍而伏其上，背負二十四矢以死。」　按：《象昇傳》：「畿南三郡父老叩軍門，請移軍廣順。」在師未至鉅鹿以前。象昇死時，「一軍盡覆」，不聞有「帳下勸走」之事。或傳聞異詞耳。**詔下詰死狀，疏成紙為濕。引義太激昂，見者憂讒疾。公既先我亡，投跡復奚恤。大節苟弗明，後世謂吾筆。**此書內第四段，寔敘其報軍中曲折之事，以直筆報盧，所以謂之慰藉也。○李咸用詩：「著紙〔註506〕痕猶濕。」　《漢書・王章傳》：「不自激卬。」〔註507〕　《宋史・陳東傳》：「邦彥等讒疾，無所不至。」〔註508〕　揚子雲《解嘲》：「欲行者擬足而投跡。」　《宋史・程琳傳》：「不辱吾筆矣。」〔註509〕**此意通鬼神，至尊從薄讁。生還就耕釣，志願自此畢。匡廬何巉嶪，大江流不測。君看磊落士，艱難到蓬蓽。猶見參軍船，再訪征東宅。風雨懷友生，江山為社稷。生死無愧辭，大義炤顏色。**此言參軍再以直言獲遣，而辭

---

〔註495〕卷七。

〔註496〕《步出夏門行・龜雖壽》。

〔註497〕卷八十八。

〔註498〕卷六。

〔註499〕《復愁十二首》其五。

〔註500〕卷一百一十。

〔註501〕卷五十七。

〔註502〕卷八十四。

〔註503〕卷三十四。

〔註504〕卷十四。

〔註505〕卷九十三《外戚列傳》。

〔註506〕「紙」，李咸用《謝友生遺端溪硯瓦》作「指」。

〔註507〕卷七十六。

〔註508〕卷四百五十五《忠義列傳十》。

〔註509〕卷二百八十八。

官歸里也。○杜詩:「此意竟蕭條。」〔註510〕《易》:「與鬼神合其吉凶。」〔註511〕至尊,見《遇劉雪舫》。《象昇傳》:「起潛聞敗,倉皇遁,不言象昇死狀。嗣昌疑之,有詔驗視。廷麟得其屍戰場,麻衣白網巾。一卒遙見,即號泣曰:『此吾盧公也。』三郡之民聞之,哭失聲。方象昇之戰歿也,嗣昌遣三邏卒察其死狀。其一人俞振龍者,歸言象昇實死。嗣昌怒,鞭之三日夜,且死,曰:『天道神明,無枉忠臣。』於是天下聞之,莫不欷歔,益恚嗣昌矣。」《廷麟傳》:「象昇戰死賈莊,嗣昌意廷麟亦死,聞其奉使在外,則為不懌者久之。會廷麟報軍中曲折,嗣昌擬旨,責以欺罔。事平,貶廷麟秩,調之外。」《漢書‧班超傳》:「一得生還,復見闕庭。」〔註512〕孟詩:「耕釣方自逸。」〔註513〕 嵇叔夜《絕交書》:「志願畢矣。」 匡廬,見《贈蒼雪》。司馬長卿《上林賦》:「九嵏巀嶪。」 謝玄暉詩:「大江流日夜。」〔註514〕 杜詩:「君看磊落士。」〔註515〕 又:「詔許歸蓬蓽。」〔註516〕 征東宅,說附後。 《詩》:「風雨如晦。」〔註517〕又:「不如友生。」〔註518〕 《晉書‧王導傳》:「舉目有江山之異。」〔註519〕《禮》:「建國之神位,右社稷而左宗廟。」〔註520〕按:江山為社稷,即張平子《髑髏賦》「日月為燈燭,雲漢為川池」之意。 《公羊傳》:「使死者復生,生者不愧乎其言。」〔註521〕 杜詩:「猶疑照顏色。」〔註522〕

「中外為危慄」、「不知風慘慄」;「提兵戰疾力」、「不敢量臣力」;皆重押。 按:《明史》,順治二年,南都破後,廷麟死於贛。而詩中所詠止詳其贊畫軍務始末。以「去年羽書來」徵之,詩蓋作於崇禎十二年也。又按:尚書於參軍劾嗣昌後,奪尚書銜,以侍郎視事。嗣昌敗,始贈尚書。福王時,諡忠烈。而篇中「桓桓尚書公」、「惟說尚書賢」,蓋據其前銜而言之耳。 此詩以楊為經,以盧為緯。參

---

〔註510〕《奉贈韋左丞二十二韻》。
〔註511〕《乾‧文言》。
〔註512〕卷七十七。
〔註513〕孟浩然《題張野人園廬》。
〔註514〕《暫使下都夜發新林至京邑贈西府同僚詩》。
〔註515〕《三韻三篇》其一。
〔註516〕《北征》。
〔註517〕《鄭風‧風雨》。
〔註518〕《小雅‧常棣》。
〔註519〕卷六十五。按:早見《世說新語‧言語第二十一》。「江山」,《晉書》作「江河」,《世說新語》作「山河」。
〔註520〕《禮記‧祭義》、《周禮‧春官‧小宗伯》。
〔註521〕僖公十年。「復」,《公羊傳》作「反」。
〔註522〕《夢李白二首》其一。

軍平日之能於其官與効嗣昌赴軍前，皆用正寫；而尚書死事，於前後兩書中，一
虛敘，一寔敘。詳悉夾寫，則寫尚書處皆是寫參軍處也。惟「桓桓」二語是正寫
尚書，然亦為參軍拜疏敘明緣起耳。歸注參軍，方不至誼客奪主。　「猶見參軍
船」二句不得其解。《晉書・郤詵傳》：「召為征東將軍。」然亦不紀詵有訪宅之
船也。觀詩意，似參軍於尚書沒後存問其家，而借用詵傳中字耳。　　按：《明史・
諸王傳》，梅村與參軍於崇禎十年俱以編修為東宮講讀官。又，梅村《楊鳧岫墓
誌》：「同館兄弟二十四人，而豫章楊機部、山右王二彌立朝相終始。機部最伉直，
嬰城不屈而死。」故此詩敘故舊之誼為篤，非於盧、楊有所軒輊也。

# 吳詩集覽　卷一下

## 五言古詩一之下

### 贈願雲師並序

　　願雲二十而與予遊。甲申聞變，常相約入山。予牽帥不果，而師已悟道受法於雲門具和尚。今夏從靈隱來，止城西之太平庵，云將遠遊廬嶽，貽書別予。以兩人年踰不惑，衰老漸至，世法夢幻，惟出世大事乃為真諦。學道一著，不可不勉。予感其言，因作此詩贈之，並識予愧也。

程迓亭《婁東耆舊傳》：「王瀚，字原達，受業張采，為諸生有名。國變，哭學，棄衣焚書籍，為《恭謝聖廟入山》詩百首，遂為僧。從靈隱三昧老人證菩提果，號晦山大師，名戒顯，字願雲，住雲俱山，楚黃梅之四祖道場。迨具德和尚欲往徑山，乃招之於黃梅，取靈隱付之。庚寅夏，入廬山，遂主席江右。所著有《晦山語錄》、《現果隨錄》、《瀝血草》等行於世。」　甲申即順治元年。　《左傳‧襄十年》：「牽帥老夫，以至於此。」　王詩：「悟道正迷津。」〔註1〕　梅村《具德和尚塔銘》：「師諱弘禮，號具德。生於紹興山陰之張氏。」《杭州府志》：「具德投普陀寶華菴，仲雅師祝髮，作靈隱僧。」　《大清一統志》：「靈隱山在錢塘縣西。」　《太倉州志》：「太平菴，元至正四年建。」　韓詩：「凌江詣廬嶽。」〔註2〕　《禮》：「養衰老。」〔註3〕　《五燈會

---

〔註1〕王維《與胡居士皆病寄此詩兼示學人二首》其一。
〔註2〕《送惠師》。
〔註3〕《禮記‧月令》。

元》：「張三李四欲會世法。」《金剛經》：「一切有為法，如夢幻泡影，如露亦如電。」《南史・顧歡傳》：「釋氏出世。」〔註4〕　《漢書・張良傳》：「乃學道，欲輕舉。」〔註5〕

　　曉雨西山來〔註6〕，松風滿溪閣。忽得吾師書，別予訪廬嶽。分攜出苦語，殷勤謂同學。兄弟四十餘，衰遲已非昨。寄身蒼崖巔，危苦愁失腳。萬化皆虛空，大事惟一著。十二句言得願雲書，書中以出世相勸也。○梅聖俞詩：「曉雨射船珠瀉盤。」〔註7〕《晉書・王徽之傳》：「西山朝來，致有爽氣。」〔註8〕　《南史・陶弘景傳》：「特愛松風。」〔註9〕白詩：「借君溪閣上。」〔註10〕　杜詩：「吾師雨花外。」〔註11〕　李義山詩：「洞中屐響省分攜。」〔註12〕蘇詩：「將行出苦語。」〔註13〕　同學，見《贈蒼雪》。　元德明詩：「衰遲愧蒲柳。」〔註14〕王會之詩：「八十年來已〔註15〕非昨。」　《晉書・皇甫謐傳》：「寄身聖世。」〔註16〕蒼崖，見《臨江參軍》。　陸務觀詩：「失腳墮世網。」〔註17〕　陶詩：「情隨萬化移〔註18〕。」《法華經》：「其佛常處虛空，為眾說法。」　謝無逸詩：「淵明從遠公，了此一大事。」〔註19〕《世說補》：「蘇養直笑視徐師川曰：『今日還須讓老夫下一著。』」再拜誦其言，心顏抑何怍。末運初迍邅，達人先大覺。勸吾非不早，執手生退卻。流連白社期，慚負青山約。君親既有媿，身世將安託。十句言誦願雲之書而愧怍也。李詩：「雷奔駭心顏。」〔註20〕韓詩：「插羽余何怍。」〔註21〕　《易》：

〔註4〕卷七十五《隱逸列傳上》。按：早見《南齊書》卷五十四《高逸列傳》。

〔註5〕卷四十。按：早見《史記》卷五十五《留侯世家》。

〔註6〕「來」，讀秀本作墨丁。

〔註7〕《依韻和許待制偶書》。

〔註8〕卷八十。按：早見《世說新語・簡傲第二十四》。

〔註9〕卷七十六《隱逸列傳下》。

〔註10〕《城東閒行因題尉遲司業水閣》。

〔註11〕《謁文公上方》。

〔註12〕《飲席戲贈同舍》。

〔註13〕《岐亭五首並敘》其五。

〔註14〕《贈答彥文相過之什》。

〔註15〕「已」，王逢《奉陪神保大王宴朱將軍第聞彈白翎雀引》作「事」。

〔註16〕卷五十一。

〔註17〕《古風三首》其一。

〔註18〕「移」，陶潛《於王撫軍座送客》作「遺」。

〔註19〕謝逸《讀陶淵明集》。

〔註20〕《送王屋山人魏萬還王屋》。

〔註21〕《晚秋郾城夜會聯句》。

「屯如邅如。」〔註22〕左太沖詩：「英雄有迍邅。」〔註23〕　《莊子》：「且有大覺而後知此其大夢也。」〔註24〕　《詩》：「執子之手。」〔註25〕《漢書・王商傳》：「遷延卻退。」〔註26〕　《槁簡贅筆》：「遠法師在盧山，謝康樂為鑿東西二池種白蓮，求入淨社，故號白蓮社。」　白詩：「白首青山約，抽身去得無。」〔註27〕　李少卿《答蘇武書》：「違棄君親之恩。」　鮑詩：「身世兩相棄。」〔註28〕**今觀吾師行，四海一芒屩。大道本面前，即是真極樂。他年跂深巖，白雲養寂寞。一偈出千山，下界鍾磬作。故人叩松關，匡床坐酬酢。不負吾師言，十年踐前諾**〔註29〕。**十二句贊羨願雲而預訂後約也。**○《晉書・劉惔傳》：「織芒屩以為養。」〔註30〕　高達夫詩：「何如大道一千年。」〔註31〕李頎詩：「楚雲飛面前。」〔註32〕　柳子厚《修淨土院記》：「有世界曰極樂。」《婆娑論》：「結跏趺坐，是相圓滿。」《史記・司馬相如傳》：「潛處乎深巖。」〔註33〕　揚子雲《解嘲》：「惟寂惟寞。」　《字典》：「偈，釋氏詩詞也。」杜詩：「遙望千山萬山赤。」〔註34〕　元詩：「鐘聲下界聞。」〔註35〕左太沖《蜀都賦》：「庭扣鍾磬。」　鄭守愚詩：「軒車日日扣松關。」〔註36〕　張平子《同聲歌》：「思為苑蒻席，在下蔽匡床。」《易》：「是故可與酬酢。」〔註37〕　杜詩：「丹砂負前諾。」〔註38〕

　　「君親既有媿，身世將安託？」梅村之所恫者深矣。觀五律中《得願雲書》一首，十年之約所以不果踐者，非住匡廬之為難，而匡廬亦非果可以託身世者也。若以此詩為欲住山，以五言律為不克住山，則皮相梅村之詩矣。

---

〔註22〕《屯》六二。

〔註23〕左思《詠史詩八首》其七。

〔註24〕《齊物論》。

〔註25〕《邶風・擊鼓》。

〔註26〕卷八十二。

〔註27〕《和微之春日投簡陽明洞天五十韻》。

〔註28〕鮑照《詠史詩》。

〔註29〕「諾」，讀秀本作墨丁。

〔註30〕卷七十五。

〔註31〕《玉真公主歌》其二。

〔註32〕《送馬錄事赴永陽》。

〔註33〕卷一百一十七。

〔註34〕《光祿阪行》。

〔註35〕元稹《大雲寺二十韻》。

〔註36〕鄭谷《七祖院小山》。

〔註37〕《繫辭上》。

〔註38〕《昔遊》。

**避亂**《三國志・諸葛瑾傳》：「漢末避亂江東。」　此六首分合成章，與《泛礬清湖》詩皆作於乙酉五月以後，當與《遣悶六首》參看。

　　我生江湖邊，行役四方早。所歷皆關河，故園跡偏少。歸去已亂離，始憂天地小。從人訪幽棲，居然逢浩渺。百頃礬清湖，煙清入飛鳥。沙石晴可數，鳧鷖亂青草。主人柴門開，雞聲綠楊曉。花路若夢中，漁歌出杳杳。白雲護仙源，劫灰應不擾。定計浮扁舟，於焉得終老。此首是追序與青房兄弟預訂避亂也。分三段。首段八句訪礬清湖之由，次短八句狀礬清湖之景，末段四句訂避亂之約。○《詩》：「我生之初。」〔註39〕《莊子》：「而浮於江湖。」〔註40〕　行役，出《魏風》。　《史記・蘇秦傳》：「東有關河。」〔註41〕按：「歷關河」指官翰林、南雍，及乙卯封延津、孟津兩王，丙子典試湖廣等事。《梅花庵聯句》所謂「使車遊宛雒，樓艦出沱灇」者也。　齊虞炎詩：「方掩故園扉。」〔註42〕《詩》：「亂離瘼矣。」〔註43〕　退之《原道》：「曰天小者，非天小也。」《晉書・天文志》：「天大而地小。」〔註44〕　宋延清詩：「乘興入幽棲。」〔註45〕　又：「浩渺浸雲根。」〔註46〕　杜詩：「百頃風潭上。」〔註47〕「礬清湖」詳卷二。　杜詩：「決眥入歸鳥。」〔註48〕《史記・司馬相如傳》：「內隱鉅石白沙。」〔註49〕木玄虛《海賦》：「沙石之嶔。」　《詩》：「鳧鷖在涇。」〔註50〕《左傳・僖二十六年》：「野無青草。」《晉書・儒林傳・贊》：「清真守道，抗志柴門。」〔註51〕　溫飛卿《雞鳴埭歌》：「碧樹一聲天下曉。」李詩：「綠楊三月時。」〔註52〕　綦毋孝通：「花路入溪口。」〔註53〕沈休文詩：「夢中不識路。」〔註54〕《唐書・張志和傳》：

〔註39〕《王風・兔爰》。
〔註40〕《逍遙遊》。
〔註41〕卷六十九。
〔註42〕（南齊）虞炎《餞謝文學離夜詩》。
〔註43〕《小雅・四月》。
〔註44〕卷十一。
〔註45〕宋之問《泛鏡湖南溪》。
〔註46〕《登江亭晚望》。
〔註47〕《陪鄭廣文遊何將軍山林十首》其二。
〔註48〕《望嶽》。
〔註49〕卷一百一十七。
〔註50〕《大雅・鳧鷖》。
〔註51〕卷九十一。
〔註52〕《贈錢徵君少陽》。
〔註53〕綦毋潛《春泛若耶溪》。
〔註54〕《別范安成詩》。

「嘗撰《漁歌》。」〔註55〕班叔皮《北征賦》：「飛雲霧之杳杳。」　陸務觀詩：「雲護一天霜。」〔註56〕　王詩：「不辨仙源何處尋。」〔註57〕　《北齊書・樊遜傳》：「昆明池黑，以為燒劫之灰」〔註58〕　扁舟，見《讀西臺記》。　《宋史・劉燁傳》：「築雲莊山房為終老隱居之計。」〔註59〕

　　「從人訪幽棲」，尚非避亂時，故歷寫礬清湖曠奧之景。而「主人柴門開」云云，亦與第三首「居人望帆立」云云閒忙迴別。不然，第三首何以云「依然具盤殽」乎？「定計浮扁舟」則相約避亂也。

## 其二

　　長日頻云亂，臨時信孰傳。愁看小兒女，倉卒恐紛然。緩急知難定，身輕始易全。預將襁褓寄，忍使道途捐。天意添漂泊，孤舟雨不前。途長從妾怨，風急喜兒眠。水市灣頭見，溪門屋後偏。終當淳樸處，不作畏途看。未得更名姓，先教禮數寬。因人拜村叟，自去榜漁船。多累心常苦，遭時轉自憐。干戈猶未作，已自出門難。此首是補敘往礬清湖顛沛之景。分三段，每段八句。首段見當往礬清湖，下兩段言將到礬清湖，一就中途言之，一就己身言之。　緩急難定，干戈未作，皆是亂未作而欲往避語，正與第一首「定計浮扁舟，於焉得終老」相應。○杜詩：「長日容杯酒。」〔註60〕《字典》：「長，常也。」　杜詩：「遙憐小兒女。」〔註61〕　倉卒，見《讀西臺記》。　緩急，見《臨江參軍》。　白詩：「身輕心無繫。」〔註62〕　嵇叔夜詩：「越在襁褓。」〔註63〕　韓詩：「道途綿萬里。」〔註64〕孟詩：「那堪正飄泊。」〔註65〕　杜詩：「老病有孤舟。」〔註66〕按：「天意」二句即《礬清湖詩序》「中流風雨大作，扁舟掀簸」云云也。　杜詩：「不必取長途。」〔註67〕　《後

〔註55〕《新唐書》卷一百九十六《隱逸列傳》。
〔註56〕《登擬峴》。
〔註57〕王維《桃源行》。
〔註58〕卷四五《文苑列傳》。
〔註59〕卷四百一。
〔註60〕《泛江》。
〔註61〕《月夜》。
〔註62〕《對酒示行簡》。
〔註63〕《幽憤詩》。
〔註64〕《答張徹》。
〔註65〕《巴山道中除夜書懷》。
〔註66〕《登岳陽樓》。
〔註67〕《江漢》。

漢書・岑彭傳》:「時天風狂急。」〔註68〕　白詩:「水市通闤闠。」〔註69〕孟詩:「灣頭正堪泊。」〔註70〕　吳立夫詩:「老生力學掩溪門。」〔註71〕　杜詩:「秖疑淳樸處。」〔註72〕　又:「盡室畏途邊。」〔註73〕　《漢書・張良傳》:「乃更名姓,亡匿下邳。」〔註74〕　杜詩:「自識將軍禮數寬。」〔註75　歐陽永叔詩:「予因叩村叟。」〔註76〕　《宋書・朱百年傳》:「輒自榜船。」〔註77〕　嵇叔夜《琴賦》:「寙時俗之多累。」陸士衡詩:「志士多苦心。」　李少卿《答蘇武書》:「遭時不遇。」杜詩:「歸來始自憐。」〔註78〕　張文昌詩:「漸覺出門難。」〔註79〕

## 其三

驟得江頭信,龍關已不守。由來嗤早計,此日盡狂走。老稚爭渡頭,篙師露兩肘。屢喚不肯開,得錢且沽酒。予也倉皇歸,一時攜百口。兩槳速若飛,扁舟戢來久。路近忽又遲,依稀認楊柳。居人望帆立,入門但需帬。依然具盤餐,相依賴親友。卻話來途中,所見俱八九。失散追尋間,啼呼挽兩手。屢休又急步,獨行是衰朽。村女亦何心,插花尚盈首。此首是正序避亂也。分三段。前後兩段各八句,是亂;中一段十句,是避。○《大清一統志》:「龍江關在江寧府西儀鳳門外。」　早計,見《壽王鑑明》。　杜詩:「狂走終奚適。」〔註80〕　張子壽詩:「千艘咽渡頭。」〔註81〕　杜詩:「篙師暗理楫。」〔註82〕又:「衣袖見〔註83〕兩肘。」《括異志》:「道士張酒酒,得錢即沽酒。」　蘇

〔註68〕卷四十七。
〔註69〕《東南行一百韻寄通州元九侍御灃州李十一舍人果州崔二十二使君開州韋大員外庾三十二補闕杜十四拾遺李二十助教員外竇七校書》。
〔註70〕《問舟子》。
〔註71〕吳萊《浦陽十景》其五《月泉春誦》。
〔註72〕《陪鄭廣文遊何將軍山林十首》其六。
〔註73〕《自閬州領妻子卻赴蜀州山行三首》其一。
〔註74〕卷四十。按:早見《史記》卷五十五《留侯世家》。
〔註75〕《嚴公仲夏枉駕草堂兼攜酒饌》。
〔註76〕歐陽修《南獠》。
〔註77〕卷九十三《隱逸列傳》。
〔註78〕《喜達行在所三首》其三。
〔註79〕張籍《早春閒遊》。
〔註80〕《風疾舟中伏枕書懷三十六韻奉呈湖南親友》。
〔註81〕張九齡《候使登石頭驛樓作》。
〔註82〕《水會渡》。
〔註83〕「見」,《述懷一首》作「露」。

詩：「倉皇〔註84〕不負君王志。」　《晉書‧周顗傳》：「以百口累卿。」〔註85〕按：此即詩序中「倉皇攜百口投之」也。　《古樂府》：「艇子打兩槳，催送莫愁來。」〔註86〕王仲宣詩：「擊檝若飛。」〔註87〕　《詩》：「戢其左翼。」〔註88〕注：「戢，斂也。」　淵明《桃花源記》：「忘路之遠近。」按：此即詩序中「榜人不辨水門故處，久之始達」也。《詩》：「楊柳依依。」〔註89〕　居人，見《遇劉雪舫》。　《禮》：「必加帚於箕上。」〔註90〕　《左傳‧僖二十三年》：「乃饋盤飧寘璧焉。」　又，僖五年：「諺所謂輔車相依。」《晉書‧王羲之傳》：「與親友別。」〔註91〕按：此即詩序中「主人開門延宿，雞黍酒漿，將迎灑掃」也。　《漢書‧伍被傳》：「皆以為十八九成。」〔註92〕又，《朱博傳》：「十中八九。」〔註93〕　阮詩：「世世相追尋。」〔註94〕　《漢書‧梁平王傳》：「太后啼謼。」〔註95〕顏師古曰：「謼音火故反。」又，《王莽傳》：「宮人婦女謕謼曰：『當奈何？』」〔註96〕師古曰：「謕，古啼字。」杜牧之詩：「處士拱兩手。」〔註97〕《詩》：「獨行踽踽。」〔註98〕杜詩：「辛苦救衰朽。」〔註99〕　白詩：「至今村女面。」〔註100〕　周美成詞：「好亂插繁花盈首。」〔註101〕

　　　　觀前首「已自出門難」，是出門後語，故有「途長」、「風急」等句，但尚未聞亂，故其行緩；又當尚未到青房家，故云「終當淳樸處」耳。此首「驟得江頭信」，是於中途岸上得之，而「予也倉皇歸」，則婦船而非婦家也。「老稚爭渡」、「篙師沽酒」，皆歸途之所見。幸榜船在先，預為之計，故獨能「樂速若飛」也。

〔註84〕「皇」，《濠州七絕》其五《虞姬墓》作「黃」。

〔註85〕卷六十九。

〔註86〕《莫愁樂》二曲其一。

〔註87〕按：非出王粲詩，出其《為荀彧與孫權檄》，曰：「今皆擊櫂若飛，回柁若環。」

〔註88〕《小雅‧白華》。

〔註89〕《小雅‧采薇》。

〔註90〕《禮記‧曲禮上》。

〔註91〕卷八十。按：早見《世說新語‧言語第二十一》。

〔註92〕卷四十五。

〔註93〕卷八十三。

〔註94〕《詠懷》其二十五。

〔註95〕卷四十七。

〔註96〕卷九十九上。

〔註97〕《洛中送冀處士東遊》。

〔註98〕《唐風‧杕杜》。

〔註99〕《遭田父泥飲美嚴中丞》。

〔註100〕《過昭君村》。

〔註101〕周邦彥《玉燭新》（溪源新臘）。

「居人望帆」，蓋因相約於前，而臨時又預通信息耳。「失散追呼」等六句雖亦敘途中所見，然卻是與青房共話者，故與「老穉爭渡」等句不復，一在目中，一在口中故也。　六首中惟「居人望帆」四句是寔寫依青房兄弟避亂之事，蓋此六首以避亂為主，《礬清湖》詩以青房等為主，命意各有在也。　沈歸愚師《說詩晬語》：「人以忙遽為倉皇，然古人多作『倉黃』。少陵：『誓欲隨君去，形勢反倉黃』；『蒼黃已就長途往，邂逅無端出餞遲。』柳州：『蒼黃見驅逐，誰識死與生？』又云：『數州之犬，蒼黃吠噬。』無作『倉皇』者。『倉皇』二字，應是後人誤用，因倉卒皇遽而連及之也。歐公《伶官傳》則云『倉皇東出』，已屬宋人文集矣。」今按：《梅村集》中如「九原相見痛倉皇」、「萬事倉皇在南渡」，則「黃」與「皇」通用也。又，「倉」亦通「蒼」，「黃」亦通「惶」。仇滄柱注杜詩作「蒼惶已就長途往」，而注引《北山移文》「蒼黃反覆」。然《字典》倉與臟、滄、桑、愴亦通用也。

## 其四

此方容跡便，止為過來稀。一自人爭避，溪山客易知。有心高酒價，無計掩漁扉。已見東郭叟，全家又別移。總無高枕地，祇道故園非。為客貪蝦菜，逢人厭鼓鼙。兵戈千里近，隱遁十年遲。惟羨無家雁，滄江他自飛。此首言避者來而居者又去，是正寫亂字也。分三段，前後兩段各六句，中一段四句。○潘安仁《秋興賦》：「行投趾於容跡兮。」　李巨山詩：「門閑客過稀。」〔註102〕《宋史·蘇軾傳》：「與田父野老相從溪山間。」〔註103〕《梁書·元帝紀》：「長安酒食，於此價高。」〔註104〕　陸務觀詩：「漁扉並水涯。」〔註105〕《唐書·張志和傳》：「兄鶴齡恐其遁世不還，為築室越州東郭。」〔註106〕　《漢書·張良傳》：「君安得高枕而臥。」〔註107〕　杜詩：「蝦菜忘歸范蠡船。」〔註108〕　又：「臨衰厭鼓鼙。」〔註109〕《禮》：「千里而近。」〔註110〕　郭景純詩：「山林隱遯棲。」〔註111〕《詩》：「樂子

〔註102〕李嶠《馬武騎輓歌二首》其一：「門閑過客稀。」另，李端《送少微上人入蜀》：「漫天客過稀。」
〔註103〕卷三百三十八。
〔註104〕卷五。
〔註105〕《蔬圃》。
〔註106〕《新唐書》卷一百九十六《隱逸列傳》。
〔註107〕卷四十。按：早見《史記》卷五十五《留侯世家》。
〔註108〕《贈韋七贊善》。
〔註109〕《秦州雜詩二十首》其十一。
〔註110〕《禮記·王制》。
〔註111〕《遊仙詩十九首》其一。

之無家。」〔註112〕　滄江，見《讀西臺記》。崔國輔詩：「湖裏鴛鴦鳥，雙雙他自飛。」

〔註113〕

# 其五

月出前村白，溪光照澄練。放楫浮中流，臨風浩歌斷。天塹非不
雄，哀哉日荒燕。嗟爾謀國徒，坐失江山半。長年篙起舞，扁舟疾如
箭。可惜兩河士，技擊無人戰。孤篷鐵笛聲，聞之淚流霰。我生亦何
為，遭時涉憂患。昔也遊九州，今來五湖畔。麻鞋習奔走，淪落成愚
賤。此首言在湖歎嗟，是正寫避字也。家國身世，長歌慟哭，兼有之矣。分三段。
一段八句，是悲致亂之人；後兩段各六句，恫撥亂之無人，見遭亂之獨異也。○《詩》：
「月出皓兮。」〔註114〕杜詩：「前村山路險。」〔註115〕　溪光，見《讀西臺記》。
謝玄暉詩：「澄江靜如練。」〔註116〕按：此即詩序中「月出柴門，漁歌四起」云云
也。　《晉書·祖逖傳》：「中流擊楫而誓。」〔註117〕　《楚辭》：「臨風怳兮浩歌。」
〔註118〕　《南史·孔範傳》：「長江天塹。」〔註119〕　顏延年詩：「韜精日沉飲，誰
知非荒宴。」〔註120〕　《詩》：「嗟爾君子。」〔註121〕　《鶴林玉露》：「南唐李後主
於宮中作紅羅亭，四面栽紅梅，欲以豔曲紀之。潘佑應令云：『樓上春寒水四面，桃
李不須誇爛熳，已失了東風一半。』時已失淮南，故佑以詩諫云。」《宋子京筆記》：
「蜀人謂柂師為長年三老。」　《江表傳》：「時東南風急，火急風猛，往船如箭，曹
公退走。」〔註122〕　《爾雅》：「兩河間曰冀州。」　《荀子》：「齊之技擊，不可以遇
魏北〔註123〕之武士。」　皮襲美詩：「孤篷半夜無餘事。」〔註124〕按：朱子有《鐵
笛亭詩序》。《明史·楊維楨傳》：「坐船屋上，吹鐵笛，作《梅花弄》。」〔註125〕　謝

---

〔註112〕《檜風·隰有萇楚》。
〔註113〕《湖南曲》。
〔註114〕《陳風·月出》。
〔註115〕《題張氏隱居二首》其二。
〔註116〕謝朓《晚登三山還望京邑詩》。
〔註117〕卷六十二。
〔註118〕《九歌·少司命》。
〔註119〕卷七十七《恩倖列傳》。
〔註120〕《五君詠五首》其三《劉參軍》。
〔註121〕《小雅·小明》。
〔註122〕《三國志》卷五十四《吳書·周瑜傳》裴松之《注》引。
〔註123〕「北」，《議兵篇第十五》作「氏」。
〔註124〕皮日休《魯望以輪鉤相示緬懷高致因作三篇》其三。
〔註125〕卷二百八十五《文苑列傳》。

玄暉詩：「淚下如流霰。」〔註126〕 《詩》：「我生之後，逢此百憂。」〔註127〕 涉，
經也。枚叔《七發》：「背秋涉冬。」 《晉書・桓玄傳》：「父為九州伯，兒為五湖長。」
〔註128〕句法用之。 杜詩：「麻鞋見天子。」〔註129〕《詩》：「予曰有奔走〔註130〕。」
李詩：「道風未淪落。」〔註131〕蔡文姬詩：「流離成鄙賤。」〔註132〕

## 其六

　　曉起嘩兵至，戈船泊市橋。草草十數人，登岸沽村醪。結束雖非常，
零落無弓刀。使氣搉市翁，怒色殊無聊。不知何將軍，到此貪逍遙。官
軍昔催租，下令嚴秋毫。盡道征夫苦，不惜畊人勞。江東今喪敗，千里
空蕭條。此地村人居，不足容旌旄。君見大敵勇，莫但驚吾曹。此首是避
亂餘波，然亦正見其亂也。與前五首若相接若不相接，有斷雲餘霞之妙。分兩段。前
段十句，寫潰兵之不戢；後段十句，歎糜餉之無益。○《漢書・武帝紀》：「歸義越侯
嚴為戈船將軍。」臣瓚曰：「伍子胥書有戈船，以載干戈，因謂之戈船也。」〔註133〕
杜詩：「泊船悲喜後。」〔註134〕又：「市橋官柳細。」〔註135〕 《詩》：「勞人草草。」
〔註136〕 陸務觀詩：「村醪雜清濁。」〔註137〕 韓詩：「行行事結束。」〔註138〕漢
武帝詔：「蓋有非常之人。」 《禮》：「仲夏行秋令，則草木零落。」〔註139〕 朱慶
餘詩：「家家壁上有弓刀。」〔註140〕 《北史・崔儦傳》：「性兼使氣。」〔註141〕《三
國志・魏武志》：「伯魚三娶孤女，謂之搉婦翁。」〔註142〕 退之《原毀》：「弱者怒

〔註126〕《晚登三山還望京邑詩》。
〔註127〕《王風・兔爰》。
〔註128〕卷九十九。
〔註129〕《述懷一首》。
〔註130〕「走」，《大雅・緜》作「奏」。
〔註131〕《題嵩山逸人元丹丘山居》。
〔註132〕《悲憤詩二章》其一。
〔註133〕卷六。
〔註134〕《喜觀即到復題短篇二首》其一。
〔註135〕《西郊》。
〔註136〕《小雅・巷伯》。
〔註137〕《看花》。
〔註138〕《送侯參謀赴河中幕》。
〔註139〕《月令》。
〔註140〕《自蕭關望臨洮》。
〔註141〕卷二十四。
〔註142〕卷一。

於色矣。」李少卿《答蘇武書》:「益復無聊。」　杜詩:「不知何王殿。」〔註143〕　《詩》:「河上乎逍遙。」〔註144〕　杜詩:「官軍鏟〔註145〕賊壕。」蘇詩:「水中照見催租瘢。」〔註146〕　杜詩:「法令如牛毛。」〔註147〕　《詩》:「誅誅征夫。」〔註148〕　李德新詩:「勸農元本是畊人。」〔註149〕　《史記・項羽紀》:「江東雖小。」〔註150〕　揚子雲《羽獵賦》:「蕭條數千里外。」　薛大拙詩:「瓠懸籬落似村居。」〔註151〕　《詩》:「子子干旌」、「子子干旄。」〔註152〕　《後漢書・光武紀》:「諸部喜曰:『劉將軍生平見小敵怯,今見大敵勇,甚可怪也。』」〔註153〕《晉書》:「王衍曰:『吾曹雖不如古人。』」〔註154〕

**西田詩**梅村《王煙客壽序》〔註155〕:「兵興之後,再辟西田於距城十里之歸村。」又,《歸村躬耕記》:「吾友王煙客太常治西田於歸涇之上,去城西十有二里。」〔註156〕

穿築倦人事,田野得自然。偶來北郭外,學住西溪邊。道大習隱難,地僻起眾傳。而我忽相訪,棹入菰蒲天。落日浮遠樹,桑柘生微煙。徑轉蹊路迷,鳧鴨引我船。香近聞芰荷,臥入花鮮妍。人語出垂柳,曲岸漁槎偏。執手顧而笑,此乃吾西田。長得君輩客,野興同流連。藉草傾一壺,聊以娛餘年。此首是初訪西田。一段八句,點出西田之遊。二段六句,就路說。三段八句,就太常說。○《後漢書・郭鎮傳》:「移穿改築。」〔註157〕陶詩:「野外罕人事。」〔註158〕　又:「復得返自然。」〔註159〕　杜詩:「更尋北郭生。」〔註160〕按:西田

〔註143〕《玉華宮》。

〔註144〕《鄭風・清人》。

〔註145〕「鏟」,《喜聞官軍已臨賊境二十韻》作「擁」。

〔註146〕《五禽言五首並敘》其二。

〔註147〕《述古三首》其二。

〔註148〕《小雅・皇皇者華》。

〔註149〕李頻《五月一日蒙替本官不得隨例入關感懷獻送相公》。

〔註150〕卷七。

〔註151〕薛能《老僧》。

〔註152〕《鄘風・干旄》。兩「干」字,乙本誤作「于」。

〔註153〕卷一上。

〔註154〕卷四十三《王衍傳》。

〔註155〕按:即《王奉常煙客先生七十壽序》。

〔註156〕按:錢謙益《牧齋有學集》卷二十六有《西田記》。

〔註157〕卷七十六。

〔註158〕《歸園田居五首》其二。

〔註159〕《歸園田居五首》其一。

〔註160〕《與李十二白同尋范十隱居》:「更想幽期處,還尋北郭生。」

在太倉西門外。「北郭」字借用廖扶事，如《梅花庵聯句》〔註161〕「北郭餘偕隱」也。　李義山詩：「近郭西溪好。」〔註162〕　杜詩：「道大容無能。」〔註163〕　又：「幽棲地僻經過少。」〔註164〕　菰蒲，見《塗松晚發》。　范彥龍詩：「江干遠樹浮。」〔註165〕　謝玄暉詩：「桑柘起寒煙。」〔註166〕　淵明《桃花源記》：「遂迷，不復得路。」　蘇子由詩：「棹進鳧鴨亂。」〔註167〕《莊子》：「將杖拏而引其船。」〔註168〕　孟詩：「潭香聞芰荷。」〔註169〕　元詩：「佳色有鮮妍。」〔註170〕　梁元帝詩：「垂柳復垂楊。」〔註171〕　魏伯起詩：「添池曲岸平。」〔註172〕段成己詩：「為煩嚴子借魚槎。」〔註173〕　執手，見《贈願雲師》。顧而笑，見《松鼠》。《世說‧排調篇》：「夷甫無君輩客。」　耶律晉卿詩：「白雲陪野興。」〔註174〕　王詩：「藉草飲〔註175〕松屑。」陶詩：「傾壺絕余歷〔註176〕。」《梁書‧忠壯世子傳》：「一壺之酒，足以養性。」〔註177〕　《金史‧徒單克寧傳》：「幸陛下賜以餘年。」〔註178〕

## 其二

到此身世寬，息心事樵牧。舍南一團焦，云以飯黃犢。入門沿長廊，虛堂敞心目。把卷倚新桐，持杯泛南菊。曲處通簾櫳，茶香具含蓄。俄

---

〔註161〕吳偉業《梅花庵同林若撫話雨聯句》。

〔註162〕《西溪》。

〔註163〕《八哀詩》其四《贈太子師汝陽郡王璡》。

〔註164〕《有客》。

〔註165〕范雲《之零陵郡次新亭詩》。

〔註166〕謝朓《宣城郡內登望詩》。

〔註167〕蘇轍《趙少師自南都訪歐陽少師於潁州留西湖久之作詩獻歐陽公》。

〔註168〕《漁父》。

〔註169〕孟浩然《夏日浮舟過陳大水亭》。

〔註170〕元稹《寺院新竹》。

〔註171〕蕭繹《折楊柳》。

〔註172〕魏收《喜雨詩》。

〔註173〕《幽懷用夢庵張丈韻》其三。

〔註174〕耶律楚材《用萬松老人韻作十詩寄鄭景賢》其三。

〔註175〕「飲」，王維《飯覆釜山僧》作「飯」。按：袁宏《採菊詩》：「披榛即澗，藉草依陰。」謝惠連《三月三日曲水集詩》：「解轡偃崇丘，藉草繞迴壑。」王績《被徵謝病》：「藉草邀新友，班荊接故人。」

〔註176〕「歷」，《詠貧士七首》其二作「瀝」。

〔註177〕卷四十四。

〔註178〕卷九十二。

穿密室暗，倐遇清溪綠。碧水開紅蕖，娟娟媚幽獨。有鳥立層波，垂翅清如玉。對此不能去，溪光好留宿。月照寒潭深，經聲入寒竹。徙倚良有悟，閒房道書讀。此首是西田前面中面之景。曰「入門」，曰「曲處」，曰「密室」，曰「清溪」，層次歷歷如畫。○身世，見《贈願雲師》。　《南史·何點傳》：「吾當望岫息心。」〔註179〕■《晉書·宣帝紀》：「樵牧自若。」〔註180〕《王煙客壽序》：「雖居賜第，遊塵寰，屢思從樵牧自放。」　杜詩：「舍南舍北皆春水。」〔註181〕《北齊書·神武紀》：「雖門巷開廣，堂宇崇麗，其本所住團焦，以石堊塗之，留而不毀。」〔註182〕　陸務觀詩：「陂塘晨飯〔註183〕犢。」黃犢，見《壽王鑑明》。　張平子《西京賦》：「長廊廣廡。」　虛堂，見《松鼠》。孫興公《遊天台山賦》：「恣心目之寥朗。」蘇子由詩：「把卷靜中看。」〔註184〕《世說》：「王恭嘗行散至京口射堂，於時清露晨流，新桐初引。」〔註185〕　宋延清詩：「仙杯還泛菊。」〔註186〕杜詩：「南菊再逢人臥病。」〔註187〕　常建詩：「曲徑通幽處。」〔註188〕謝惠連詩：「升月照簾櫳。」〔註189〕　元詩：「夢覺茶香熟。」〔註190〕杜詩：「雷雨蔚含蓄。」〔註191〕　《晉書·鳩摩羅什傳》：「同閉密室。」〔註192〕　李詩：「清溪清我心。」〔註193〕岑參詩：「瓜田傍綠溪。」〔註194〕　梁照明太子詩：「桂檝蘭橈浮碧水。」〔註195〕簡文帝詩：「紅蕖間青瑣。」〔註196〕　鮑詩：「娟娟似蛾眉。」〔註197〕李詩：「浩然媚幽獨。」〔註198〕

〔註179〕卷三十。

〔註180〕卷一。

〔註181〕《客至》。

〔註182〕卷一。

〔註183〕「飯」，《幽居初夏四首》其一作「飲」。

〔註184〕《復病三首》其三。

〔註185〕《賞譽第八》。

〔註186〕宋之問《九日應制得歡字》。

〔註187〕《夜》。

〔註188〕《題破山寺後禪院》。

〔註189〕《七月七日夜詠牛女詩》。

〔註190〕元稹《解秋十首》其六。

〔註191〕《課伐木》。

〔註192〕卷九十五《藝術列傳》。

〔註193〕《清溪行》。

〔註194〕《早秋與諸子登虢州西亭觀眺》。

〔註195〕蕭綱《江南弄三首》其三《採蓮曲》。

〔註196〕蕭綱《蒙華林園戒詩》。

〔註197〕鮑照《玩月城西門廨中詩》。

〔註198〕《尋陽紫極宮感秋作》。

韓憑妻歌：「南山有鳥。」　杜詩：「層波白日〔註199〕中。」　　又：「青冥卻垂翅。」〔註200〕　《詩》：「其人如玉。」〔註201〕　子建《洛神賦》：「悵盤桓而不能去。」　溪光，見《避亂》。許用晦詩：「重此一留宿。」〔註202〕　謝靈運詩：「皎皎寒潭潔。」〔註203〕　馬虞臣詩：「滿山猿鳥會經聲。」〔註204〕鄭守愚詩：「一徑入寒竹。」〔註205〕　司馬長卿《長門賦》：「間徙倚於東廂兮。」　陸士衡詩：「朗月照閒房。」〔註206〕　《後漢書‧西域傳》：「道書之流也。」〔註207〕

## 其三

別業多幽處，探源更不窮。堤沿密筱盡，路細竹扉通。石罅枯泉過，菖蒲間碧叢。一亭壓溪頭，魚藻如遊空。扁舟更不繫，出沒柳陰風。小閣收平蕪，良苗何雍容。此綠詎可畫，變化陰晴中。隔岡見村舍，曲背驅牛翁。苦言官長峻，未敢休微躬。樸陋矜詩書，無乃與我同。日落掩扉去，滿地桃花紅。此首是西田後面之景。曰「一亭」，曰「小閣」，曰「隔岡」，亦層次如畫。○別業，見《遇劉雪舫》。幽處，見前首注。　陸務觀詩：「褰裳探其源。」〔註208〕　劉孝綽詩：「方塘交密筱。」〔註209〕　杜詩：「石古細路行人稀。」〔註210〕祖詠詩：「山蟬噪竹扉。」〔註211〕　王元之詩：「泉乎未遇人，石罅徒流迸。」〔註212〕　《漢書‧耿恭傳‧贊》：「枯泉飛液。」〔註213〕　《本草》：「昌蒲九節，仙家所珍。」梁簡文帝詩：「倒流映碧叢。」〔註214〕　杜詩：「乾坤一草亭。」〔註215〕　《詩》：

〔註199〕「日」，杜甫《天池》作「石」。
〔註200〕《奉贈韋左丞二十二韻》。
〔註201〕《小雅‧白駒》。
〔註202〕許渾《陵陽送客》。
〔註203〕《九日從宋公戲馬臺集送孔令詩》。
〔註204〕馬戴《送僧二首》其二。
〔註205〕鄭谷《張穀田舍》。
〔註206〕陸機《擬明月皎夜光詩》。
〔註207〕卷一百十八。
〔註208〕《龍門洞》。
〔註209〕《陪徐僕射晚宴詩》。
〔註210〕《秋風二首》其二。
〔註211〕《題遠公經臺》。
〔註212〕王禹偁《八絕詩》其一《庶子泉》。
〔註213〕卷四十九。
〔註214〕蕭綱《奉答南平王康齎朱櫻詩》。
〔註215〕《暮春題瀼西新賃草屋五首》其三。

「魚在在藻。」〔註216〕柳子厚《小石潭記》：「潭中魚可百許頭，皆若空遊無所依。」《莊子》：「泛若不繫之舟，虛而遨遊者也。」〔註217〕　謝玄暉詩：「出沒眺樓雉。」〔註218〕杜詩：「官橋帶柳陰。」〔註219〕　《南史‧謝莊傳》：「今之所止，惟在小閣。」〔註220〕高達夫詩：「春色滿平蕪。」〔註221〕　王仲宣詩：「良苗寔已揮。」〔註222〕班孟堅《兩都賦序》：「雍容揄揚。」　《西田記》：「啟東軒則婁江如畫〔註223〕，面北窗則虞山如障，顏之曰垂絲千尺，曰綠畫。」　王詩：「陰晴眾壑殊。」〔註224〕　陸務觀詩：「參差村舍穿林出。」〔註225〕　柳子厚詩：「驅牛向東阡。」〔註226〕　王景元詩：「哀歌送苦言。」〔註227〕杜詩：「徒步翻憂官長怒。」〔註228〕　沈休文詩：「便欲休〔註229〕微躬。」　鮑詩：「日落嶺雲歸。」〔註230〕《梁書‧王錫傳》：「掩扉覃思。」〔註231〕　李長吉詩：「桃花亂落如紅雨。」〔註232〕

　　「陰陽割昏曉」、「陰晴眾壑殊」寫出岱宗、太乙之高大也。「此綠詎可畫」二句亦所謂「狀難寫之景如在目前」者。

## 其四

　　常言愛茅齋，投老纔剪葺。創置依舊圖，新意出彷彿。蒼然一笠寒，能添夕陽色。細影懸晨光，一一清露滴。卞生工丹青，妙手固誰匹。山村貪無人，取意先自適。想象生雲煙，為我開素壁。了了見千峰，可以攜手入。道人十年夢，惆悵平生展。此地足臥遊，不負幽人室。願以求

〔註216〕《小雅‧魚藻》。
〔註217〕《列禦寇》。
〔註218〕謝朓《和王著作融八公山詩》。
〔註219〕《長吟》。
〔註220〕卷二十。
〔註221〕高適《田家春望》。
〔註222〕《從軍詩五首》其一。
〔註223〕「畫」，錢謙益《牧齋有學集》卷二十六《西田記》作「鏡」。
〔註224〕《終南山》。
〔註225〕《新蘺》。
〔註226〕《田家三首》其一。
〔註227〕王微《雜詩二首》其二。
〔註228〕《偪仄行贈畢曜》。
〔註229〕「休」，沈約《遊沈道士館詩》作「息」。
〔註230〕鮑照《日落望江贈荀丞詩》。
〔註231〕卷二十一。
〔註232〕李賀《將進酒》。

**長生，芝草堪採食。**此首是既訪西田，愛而畫之也。分三段。一段八句，言依畫圖而為西田。二段八句，言依西田而為畫圖。三段六句，雙贊西田、畫圖，正是贊西田也。○茅齋，見《松鼠》。 許仲晦詩：「創置〔註233〕舊圖棋勢盡。」《唐書‧徐曠傳》：「乃出新意以折衷。」〔註234〕 謝玄暉詩：「平楚正蒼然。」〔註235〕陸務觀詩：「一簑一笠生涯在。」〔註236〕 《詩》：「度其夕陽。」〔註237〕 江詩：「秋日懸清光。」〔註238〕王文考《景福殿賦》：「晨光內照，流景外延。」 孟詩：「竹露滴清響。」〔註239〕 按：卞生指卞潤甫。俟考。〔註240〕《漢書‧蘇武傳》：「丹青所畫。」〔註241〕 吳子華詩：「飛檄愈風知妙手。」〔註242〕《齊書‧武帝紀》：「英風獨舉，

---

〔註233〕「創置」，許渾《贈茅山高拾遺》作「長覆」。
〔註234〕《新唐書》卷一百九十八《儒學列傳上》。
〔註235〕謝朓《宣城郡內登望詩》。
〔註236〕《北渚》。
〔註237〕《大雅‧公劉》。
〔註238〕江淹《望荊山詩》。
〔註239〕《夏日南亭懷辛大》。
〔註240〕（清）顧文彬《過雲樓書畫記》畫類卷五《卞潤甫壽煙客冊》（清光緒刻本）：《明畫錄》云：「卞文瑜，字潤甫，長洲人。善山水，行筆流暢，位置殊有思致。」此寫青林紅樹，白石清泉，水口礬頭，具見遣意立局之法。或用墨筆作野店山橋，荒村老屋，亦極淡雅雋永。中惟首幅「樹石千年古，巖泉百丈流」及末幅「辛卯中秋寫祝煙翁先生六十初度」，有題署。與畫合裝者，為讀徹僧詩。《明詩綜》云：「讀徹，字蒼雪，呈貢人。居蘇州楞伽之中峰。」詩有小啟，題《奉賀煙翁老居士六秩初度詩十章，忝坿畫葉之尾》，題為太常酒、金谷園、柴桑逕、摩詰畫諸律。詩格清超，妙在無一點酸餡氣。聞蒼雪與卮芷匡云：「結夏東佘白石山房，嘗打松子為糜，陳仲醇作歌紀之。」見《晚香堂集》。今觀是冊，信不食人間煙火矣。
（清）王時敏《王煙客集‧西廬詩草卷上》（民國五年上海蘇新書社蘇州振新書社排印本）：
《潤甫卞翁為余茅庵畫壁，高妙直追董、巨，歌以紀之》
西田九月鯉魚風，門外平疇稏穤紅。叢桂飄香月初下，芙蓉含笑曉煙中。傍溪新縛茅茨角，疎蘿小徑穿寒竹。雨水漣漪夾明鏡，八窗窈窕羅群木。几榻清幽迥絕塵，筆牀茶竈日隨身。釣竿閒插臥房下，滿眼丹黃足暢神。中有二丈雪色壁，細滑好並鵝溪織。勝致欲將妙繪傳，靜對晨昏時拂拭。吳門卞叟適來遊，老筆蒼秀甲九州。見之欣然發元賞，許我潑墨圖丹丘。閉戶解衣恣盤礡，全圖在胸無苦索。掃殘一束紫毫芒，遊如兔起與鶻落。畫成脈正神氣完，北苑釋巨還舊觀。紛紛時輩咸愧伏，流汗低頭不敢看。文沈仙去畫道失，二百年來無此筆。何幸荒村蓬藋間，忽覩煙雲生斗室。自堪垂老筋骨衰，飛驕千峯非昔日。臥遊且學宗少文，不待向平婚嫁畢。
〔註241〕卷五十四。
〔註242〕吳融《病中宜茯苓寄李諫議》。

素王誰匹。」〔註243〕　杜詩：「歸雲擁樹失山村。」〔註244〕　《晉書・張翰轉》：「人生貴適意。」〔註245〕　子建《洛神賦》：「遺情想像。」杜詩：「揮毫落紙如雲煙。」〔註246〕　又：「掛君高堂之素壁。」〔註247〕　了了，見《贈蒼雪》。杜詩：「雷聲忽送千峰雨。」〔註248〕　按：「攜手入」，入畫中也。《智度論》：「得道者名曰道人。」惆悵，見補注。■■■■■■〔註249〕按：此句亦暗用阮孚「一生著幾兩屐」意。《南史・宗炳傳》：「名山恐難遍睹，惟澄懷觀道，臥以遊之。凡所遊履，皆圖之於室。」〔註250〕　《易》：「幽人貞吉。」〔註251〕　許魯齋詩：「服食求長年。」〔註252〕　《宋書・符瑞志》：「芝草，王者慈仁則生食之，令人度世。」〔註253〕

按：梅村每目妓曰：「生如卞生賽，賽妓有畹生」之類，則卞生工丹青，亦可指玉京道人。然玉京傳止云能畫蘭而已。《畫中九有歌》以卞文瑜潤甫為第八，所謂「花龕巨幅千峰稠，小景點出林塘幽」是也。卞生仍指潤甫為允。

**哭志衍**梅村《志衍傳》：「志衍諱繼善，姓吳氏。」《寄園寄所寄》：「成都知縣吳公繼善，太倉人。丁丑進士。」

予始年十四，與君蚤同學。君獨許我文，謂侔古人作。長揖謝時輩，自比管與樂。彊記矜絕倫，讀書取大略。家世攻春秋，訓詁苦穿鑿。君撮諸家長，弗受專門縛。即子之太公，亦未相然諾。高譚群兒驚，健筆小儒作。長途馭二龍，崇霄翔一鶚。遂使天下士，咸奉吾徒約。詞場擅兩吳，《篋衍集》作「添兩吳」，非。相與為掎角。此序己與志衍少同學而長齊名也。志衍之彊記通經用夾序。○阮詩：「昔年十四五。」〔註254〕《志衍傳》：「予年十四識志衍，志衍長於予三歲。」　同學，見《贈蒼雪》。　退之《與李翊書》：「將蘄至

〔註243〕《南齊書》卷三。
〔註244〕《返照》。
〔註245〕卷九十二《文苑列傳》：「人生貴得適志。」按：《世說新語・識鑒第七》：「人生貴得適意爾。」
〔註246〕《飲中八仙歌》。
〔註247〕《戲題畫山水圖歌》。
〔註248〕《即事》。
〔註249〕「惆悵見補注■■■■■」，稿本、天圖本、讀秀本作「張平子詩：路遠莫致倚惆悵」。
〔註250〕卷七十五《隱逸列傳上》。按：早見《宋書》卷九十三《隱逸列傳》。
〔註251〕《履》九二。
〔註252〕不詳。
〔註253〕卷二十九。
〔註254〕《詠懷》其十九。

於古之立言者耶？」 左太沖詩：「長揖歸田廬。」〔註255〕《漢書・寶章傳》：「收進時輩。」〔註256〕 《三國志・諸葛亮傳》：「每自比於管仲、樂毅。」〔註257〕 又，《王粲傳》：「其彊記默識如此。」〔註258〕《漢書・匡衡傳》：「經學絕倫。」〔註259〕《魏略》：「諸葛亮在荊州，與潁川石廣元、徐元直、汝南孟公威等俱遊學，而亮獨觀其大略。」〔註260〕 《志衍傳》：「家本《春秋》，治《三傳》。」 《後漢書・陳元傳》：「元少傳父業，為之訓詁。」〔註261〕《漢書・禮樂志》：「以意穿鑿。」〔註262〕 又，《賈誼傳》：「頗通諸家之書。」〔註263〕 又，《夏侯勝傳》：「從父子建字長卿，自顓門名經。」〔註264〕 《史記・齊世家》：「吾太公望子久矣。」〔註265〕 又，《張耳傳》：「不侵為然諾者也。」〔註266〕馮敬通《與田邑書》：「申眉高談，無愧天下。」〔註267〕《漢書・霍光傳》：「群兒自相貴耳。」〔註268〕 杜詩：「健筆凌鸚鵡。」〔註269〕《夏侯勝傳》：「章句小儒，破碎大道。」〔註270〕 《三國志・劉繇傳》：「馭二龍於長途。」〔註271〕 《漢書・鄒陽傳》：「鷙鳥累百，不如一鶚。」〔註272〕 ■■■■■■■■■■■■■■■■■■■■■〔註273〕 杜詩：「詞場竟疏闊。」〔註274〕按：「兩吳」謂己與志衍也。 揗角，見《臨江參軍》。煌煌張夫子，斯文紹濂洛。五經叩鐘鏞，百家垂矩矱。海內走其門，鞍馬填城郭。雲間數陳夏，餘子多磊

---

〔註255〕《詠史詩八首》其一。
〔註256〕卷五十三。
〔註257〕卷三十五《蜀書五》。
〔註258〕卷二十一。
〔註259〕卷八十一。
〔註260〕《諸葛亮傳》裴注。
〔註261〕卷三十六。
〔註262〕卷二十二。
〔註263〕卷四十八。
〔註264〕卷七十五。
〔註265〕卷三十二。
〔註266〕卷八十九。
〔註267〕《後漢書》卷五十八上《馮衍傳》。
〔註268〕卷六十八。
〔註269〕《奉贈太常張卿二十韻》。
〔註270〕卷七十五。
〔註271〕卷四十九《吳書四》。
〔註272〕卷五十一。
〔註273〕墨丁，稿本、天圖本、讀秀本作「《史記・魯連傳》：『吾乃今日知先生為天下之士也』」。
〔註274〕《八哀詩》 其七《故著作郎貶台州司戶滎陽鄭公虔》。

落。**反騷擬三湘，作賦誇五柞。**此序張西銘主盟復社及一時同社之盛。○《詩》：
「明星煌煌。」〔註275〕《志衍傳》：「天如師以古學振東南，海內能文家聞其風者靡然
而至。」《明史·文苑傳》：「張溥，字天如，太倉人。與同里張采共學齊名，相與復古
學，名其文社曰復社。四方噉名者爭走其門。」〔註276〕　《宋史·道學傳》：「周敦頤，
字茂叔，道州人。以疾求知南康軍，因家廬山蓮花峰下。前有溪合於湓江，取營道所居
濂溪以名之。程顥，字伯淳。世居中山，後從開封徙河南。邵雍，字堯夫。其先范陽人。
三十遊河南，葬其親伊水上，遂為河南人。士之道洛者，有不之公府必之雍。」〔註277〕
《禮》：「善待問者如撞鐘，叩之以小者則小鳴，叩之大者則大鳴。」〔註278〕《廣韻》：
「鏞，大鐘也。」《太史公自序》：「整齊百家雜語。」《離騷》：「求矩矱之所同。」　鮑
詩：「鞍馬光照地。」〔註279〕班孟堅《西都賦》：「闐城溢郭。」《注》：「闐，滿也。與
填同。」　《大清一統志》：「松江府地名雲間。」《明史·陳子龍傳》：「字臥子，松江
華亭人。」〔註280〕《夏允彝傳》：「字彝仲。東林講席盛，蘇州高材生張溥、楊廷樞
等慕之，結文會名復社。允彝與同邑陳子龍、徐孚遠、王光承等亦結幾社相應和。」
〔註281〕　磊落，見《臨江參軍》。　《漢書·揚雄傳》：「往往摭《離騷》文而反之，自
崛山投諸江流以弔屈原，名曰《反離騷》。」〔註282〕《寰宇記》：「湘潭、湘鄉、湘源，
是為三湘。」　揚子雲《長楊賦》：「振師五柞，習馬長楊。」《元和志》：「五柞宮在盩
厔縣東南三十八里。」**君也遊其間，才大資磨斲。詩篇口自哦，書記手頻削。
冠蓋傾東南，虛懷事酬酢。射策長安城，驄馬黃金絡。年少交公卿，才智
森噴薄。**此序志衍入復社及成進士之事。○杜詩：「才大今詩伯。」〔註283〕韓聯句詩：
「左右皆〔註284〕礱斲。」　陸務觀詩：「詩成更自哦。」〔註285〕　《三國志·王粲等
傳》：「元瑜書記翩翩，致足樂也。」〔註286〕《漢書·原涉傳》：「削牘為疏。」〔註287〕

---

〔註275〕《陳風·東門之楊》。
〔註276〕卷二百八十八。
〔註277〕卷四百二十七《道學列傳一》。
〔註278〕《禮記·學記》。
〔註279〕鮑照《詠史詩》。
〔註280〕卷二百七十七。
〔註281〕卷二百七十七。
〔註282〕卷八十七上。
〔註283〕《贈畢四》。
〔註284〕「皆」，《納涼聯句》作「加」。
〔註285〕《燕堂東偏一室頗深暖盡日牢困於吏牘比夜乃得讀書其間戲作三首》其一。
〔註286〕卷二十一。
〔註287〕卷九十二《游俠傳》。

《史記・平準書》：「冠蓋相屬於道。」〔註288〕《易》：「東南得朋。」〔註289〕　杜詩：「虛懷只愛才。」〔註290〕酬酢，見《贈願雲師》。《漢書・匡衡傳》：「射策甲科。」〔註291〕　《後漢書・桓榮傳》：「典舉高第，拜侍御史，常乘驄馬。」〔註292〕鮑詩：「驄馬金絡頭。」〔註293〕　《史記・賈生傳》：「賈生年少。」〔註294〕　杜詩：「噴薄漲巖幽。」〔註295〕**會值里中兒，飛文肆謠詠。要路示指蹤，黨人罹矰繳。君也念急難，疏通暗籌度。陰落其機牙，用意於莫覺。逡巡白衣奏，停止黃門獄。**原注：「叶。」　此序陸文聲等訐奏復社而志衍陰解其禍也。《鑿帨卮談》「哭志衍中序復社之獄」即此。○《漢書・酈食其傳》：「沛公麾下騎士適食其里中子。」〔註296〕又，《高祖紀》：「發沛中兒，得百二十人。」〔註297〕　《後漢書・蔡邕傳》：「程璜使人飛章言邕。」〔註298〕《楚辭》：「謠諑謂予以善淫。」〔註299〕《古詩》：「先據要路津。」〔註300〕《史記・蕭相國世家》：「發縱指示獸處者，人也。」〔註301〕又，《留侯世家》：「雖有矰繳。」〔註302〕黨人，詳《讀史雜詩》第一首。　急難，見《讀西臺記》。　《禮》：「疏通知遠，《書》教也。」〔註303〕　《後漢書・張衡傳》：「其牙機巧製，皆隱在尊中。」〔註304〕　《論衡》：「聖賢下筆造文，用意詳審。」〔註305〕　賈生《過秦論》：「逡巡遁逃而不敢進。」《通典》：「進士科始隋大業中，盛貞觀、永徽之際。其推重謂之白衣卿相，以白衣之士即卿相之資也。」按：「白衣奏」疑志衍於得第後有所奏陳耳。　《後漢書・百官志》：「中宮黃門冗從僕射一人，六百石。」按：此以

〔註288〕卷三十。
〔註289〕《坤》卦辭：「西南得朋，東北喪朋。」
〔註290〕《李鹽鐵二首》。
〔註291〕卷八十一。
〔註292〕卷六十七。
〔註293〕鮑照《代結客少年場行》。
〔註294〕卷八十四。
〔註295〕《奉同郭給事湯東靈湫作》。
〔註296〕卷四十三。按：早見《史記》卷九十七《酈生陸賈列傳》。
〔註297〕卷一下。按：早見《史記》卷八《高祖本紀》。
〔註298〕卷九十下。
〔註299〕《離騷》。
〔註300〕《古詩十九首》其四（今日良宴會）。
〔註301〕卷五十三。
〔註302〕卷五十五。
〔註303〕《禮記・經解》。
〔註304〕卷八十九。
〔註305〕《問孔篇》。

漢黨錮之獄比明復社之獄也。《明史・張溥傳》：「里人陸文聲者，輸貲為監生，求入社不許，采又嘗以事抶之。文聲詣闕言：『溥、采為主盟，倡復社，亂天下。』溫體仁方枋國事，嚴旨窮究不已。至十四年，溥已卒，而事猶未竟。刑部侍郎蔡奕琛坐黨薛國觀繫獄，未知溥卒也，訐溥遙握朝柄，己罪由溥，因言采結黨亂政。詔責溥、采回奏。當是時，體仁已前罷，繼者張至發、薛國觀皆不喜東林。及是，至發、國觀亦相繼罷，而周延儒當國，溥座主也，其獲再相，溥有力焉，故采疏上，事即得解。」〔註306〕《志衍傳》：「其成進士也，會里中兒刊章告密，天如師為所搆，勢張甚，志衍銳身為營救，卒以免。」按：《後漢書》酈炎詩：「終居天下宰，食此萬鍾祿。德音流千載，功名重山嶽。」〔註307〕曹《責躬》詩：「願蒙矢石，建旗東嶽。庶立毫釐，微功自贖。」〔註308〕是「嶽」可叶「獄」。此詩則以「獄」叶「嶽」也。**解褐未赴官，歸來臥林壑。賓客益輻輳，聲華日昭灼。生徒丐譚論，文史供揚搉。貧賤諸故人，慰存饋衣藥。躩履修起居，小心見誠恪。重氣徇長者，往往捐囊橐。**此序志衍歸里後好客論文，篤於故舊之事。○《北史・杜正藏傳》：「後生寶而行之，多資以解褐。」〔註309〕《志衍傳》：「已得慈谿令。母夫人喪，未之任。」　謝靈運詩：「林壑斂暝色。」〔註310〕　《漢書・原涉傳》：「賓客〔註311〕慕之輻輳。」　楊炯詩：「聲華周百億。」〔註312〕《文心雕龍》：「昭灼以述〔註313〕文。」　生徒，見《壽王鑑明》。《漢書・東方朔傳》：「三冬文史足用。」〔註314〕《漢書・序傳》：「揚搉古今。」〔註315〕　《孔叢子》：「子思自齊反衛，衛君館而問曰：『步玉趾而慰存之，願有賜於寡人也。』」〔註316〕《唐書・盧照鄰傳》：「時時供衣藥。」〔註317〕　《晉書・郗超傳》：「王獻之兄弟，自超未亡，常躩履問訊。」〔註318〕《書》：「出入起居。」〔註319〕　張平子《西

〔註306〕卷二百八十八《文苑列傳四》。

〔註307〕卷八十下《文苑列傳下・酈炎》。

〔註308〕曹植詩。

〔註309〕卷二十六。

〔註310〕《石壁精舍還湖中作詩》。

〔註311〕「賓客」，卷九十二《游俠傳》作「衣冠」。

〔註312〕《和旻上人傷果禪師》。

〔註313〕「述」，《頌讚第九》作「送」。

〔註314〕卷六十五。

〔註315〕卷一百下。

〔註316〕《抗志篇》。

〔註317〕《新唐書》卷二百一《文藝列傳上》。

〔註318〕卷六十七。

〔註319〕《尚書・冏》。

京賦》：「輕死重氣，結黨連群。」《史記・衛綰傳》：「綰長者。」〔註320〕 《詩》：「于
橐于囊。」〔註321〕 《志衍傳》：「父黨造門，必躡履問起居。中表故舊及所遊門下
士一旦請緩急，未嘗以不足為解。」君家夙貴盛，朱門飾華桷。壘石開檻軒，
張燈透簾幕。唱曲李延年，俳弄黃幡綽。舞席間毹場，池館花漠漠。兄
弟四五人，會讌騰瓠爵。鹽豉下魚羹，椒蘭糝梟臛。每具十人饌，中廚
炊香稌。客從遠方來，呫嗻辦脾膢。昨宵已中酒，命飲仍大醑。原注：
「叶。」而我過其家，性不勝杯杓。小戶不足斟，引滿狂笑噱。卷波喝遣
觥，射覆猜須著。狎侮座上人，鬥捷貪諧謔。警速誰能酬，自喜看跳躍。
堅坐聽其言，乃獨無差錯。親疏與長幼，語語存斟酌。性厭禮法儒，拘
忌何齷齪。風儀甚瑰偉，衣冠偏落拓。有時不簪巾，散髮忘盥濯。中夜
鬥歌呼，分曹縱蒲博。百萬一擲輸，放意長自若。絕叫忽成盧，眾手忽
斂卻。此敘志衍池館遊讌之盛，又復多才多藝也。而我過其家，堅坐聽其言，用夾序
法。《魏書・馮聿傳》：「君家富貴太盛。」〔註322〕《史記・蔡澤傳》：「而君之祿位貴
盛。」〔註323〕《世說》：「竺法深曰：『君自見其朱門，貧道如遊蓬戶。』」〔註324〕
韓詩：「於此蔭華桷。」〔註325〕 按：「壘石」當如《漢書・韓安國傳》「累石為城」
之「累」。曹詩：「流焱激櫺軒。」〔註326〕 李詩：「張燈宴花池。」〔註327〕簾幕，
見《松鼠》。 《輟耕錄》：「唱曲門戶有小唱、寸唱、慢唱、壇唱。」〔註328〕《史記・
佞幸傳》：「李延年，中山人。善歌。」〔註329〕 《急就篇》：「倡優俳笑。」《漢書・
司馬遷傳》：「固主上所戲弄，倡優畜之。」〔註330〕《樂府雜錄》：「開元中，優人有
黃幡綽、張野狐諸人。」 梁元帝詩：「樹交臨舞席。」〔註331〕《唐國史補》：「憲宗
問趙相宗儒曰：『人言卿在荊州毬場草生，何也？』」〔註332〕 岑參詩：「愛君池館

〔註320〕卷一百零三《萬石張叔列傳》。
〔註321〕《大雅・公劉》。
〔註322〕卷八十三上《列傳外戚上》。
〔註323〕卷七十九。
〔註324〕《言語第二十一》。
〔註325〕《納涼聯句》。
〔註326〕曹植《贈徐幹詩》。
〔註327〕李白《秋夜與劉碭山泛宴喜亭池》。
〔註328〕卷二十七。
〔註329〕卷一百二十五。
〔註330〕卷六十二。
〔註331〕蕭繹《夕出通波閣下觀妓詩》。
〔註332〕卷中。

幽。」〔註333〕謝玄暉詩：「生煙紛漠漠。」〔註334〕　《古樂府》：「兄弟四五人。」
〔註335〕　傅武仲《舞賦》：「騰觚爵之斟酌兮。」　《世說》：「陸機云：『有千里蓴羹，但
未下鹽豉耳。』」〔註336〕　杜牧之《阿房宮賦》：「焚椒蘭也。」崔亭伯《博徒論》：「牛
䐚羊膾，炙鴈煮鳧。」　《南史·劉穆之傳》：「旦輒為十人饌。」〔註337〕　《晉書·陸納
傳》：「勑中廚設精饌。」〔註338〕韓詩：「汲冷積〔註339〕香秔。」　《古詩·飲馬長城窟
行》：「客從遠方來。」　《晉書·石崇傳》：「為客作豆粥，咄嗟便辦。」〔註340〕《詩》：
「嘉殽脾臄。」〔註341〕　《〈漢書·樊噲傳〉注》：「張晏曰：『中酒，酒酣也。』師古曰：
『飲酒之中也，不醉不醒，故謂之中。中音竹仲反。』」〔註342〕　《漢書·郭解傳》：「與
人飲，使之釂。」〔註343〕注：「盡爵曰釂。」　《史記·項羽紀》：「沛公不勝杯杓。」
〔註344〕《志衍傳》：「性好客，日具數人饌，賓至者無貴賤皆與均。」又：「予口不識杯
鎧。」　《延漏錄》：「凡飲，以一人為錄事，以糾坐人，須擇有飲材者。材有三，謂善令、
知音、大戶也。」杜彥之詩：「酒寒無小戶，請酌滿行杯。」〔註345〕　陶詩：「引滿更獻
酬。」〔註346〕《漢書·序傳》：「談笑大噱。」〔註347〕　白詩：「鞍馬呼教住，骰盤喝
遣輸。長驅波卷白，連擲採成盧。」〔註348〕　《漢書·東方朔傳》：「上嘗使諸數家射
覆。」〔註349〕注：「於覆器之下而置諸物，令闇射之，故云射覆。」《史記·高祖紀》：
「因狎侮諸客，遂坐上坐。」〔註350〕　《莊子》：「必將乘人而鬥其捷。」〔註351〕

---

〔註333〕《過王判官西津所居》。
〔註334〕謝朓《遊東田詩》。
〔註335〕《雞鳴》。
〔註336〕《言語第二十一》。
〔註337〕卷十五。按：早見《宋書》卷四十二《劉穆之傳》。
〔註338〕卷七十七。
〔註339〕「積」，《納涼聯句》作「漬」。
〔註340〕卷三十三。
〔註341〕《大雅·行葦》。
〔註342〕卷四十一。
〔註343〕卷九十二《游俠傳》。按：早見《史記》卷一百二十四《遊俠列傳》。
〔註344〕卷七。
〔註345〕杜荀鶴《雪中別詩友》。
〔註346〕《遊斜川》。
〔註347〕卷一百上。
〔註348〕《東南行一百韻寄通州元九侍御澧州李十一舍人果州崔二十二使君開州韋
　　　　大員外庾三十二補闕杜十四拾遺李二十助教員外寶七校書》。
〔註349〕卷六十五。
〔註350〕卷八。
〔註351〕《人間世》。

《晉書・顧愷之傳》：「好諧謔。」〔註352〕 《漢書・竇嬰傳》：「魏其沾沾自喜耳。」〔註353〕《玉篇》：「躍，跳躍也。」 杜詩：「堅坐看君傾。」〔註354〕 《史記・司馬相如傳》：「紛湛湛其差錯兮。」〔註355〕 嵇叔夜《絕交書》：「至為禮法之士所繩，疾之如仇讎。」 《後漢書・方術傳・論》：「使人拘而多忌。」〔註356〕鮑詩：「小人自齷齪。」〔註357〕《志衍傳》：「忼爽曠達，恥為小節苟禮。」 《五代史・劉煦傳》：「為人美風儀。」〔註358〕《晉書・郤詵傳》：「瑰偉倜儻，不拘細行。」《字典》：「瓌同瑰。」 《北史・楊素傳》：「少落拓有大志。」〔註359〕 庾詩：「山巾〔註360〕篸筍皮。」 《後漢書・袁閎傳》：「遂散髮絕世。」〔註361〕韓詩：「鹽濯陶瓦。」〔註362〕《史記・李斯傳》：「而歌呼嗚嗚快耳目者。」〔註363〕 《楚辭》：「分曹並進。」〔註364〕蒱博，見《遇劉雪舫》。 《南史・宋武帝紀》：「劉毅家無擔石之儲，樗蒱一擲百萬。」〔註365〕 杜詩：「放意何自若。」〔註366〕 《晉書・劉毅傳》：「四子俱黑，一子轉躍未定，劉裕厲聲喝之，即成盧焉。」〔註367〕 《後漢書・鮑永傳》：「貴戚且宜斂手，以避二鮑。」〔註368〕《志衍傳》：「樗蒱、六博、彈琴、蹴鞠，無不畢解。」又：「白擲劇飲，與人決度，不勝不止。」男兒須作健，清談兼馬矟。犯雪披輕衫，笑予爾何弱。嘗登黃山巔，飛步臨峭崿。下有萬仞潭，徒侶愁失腳。搔首凌雲煙，翹足傲衡霍。顧予石城頭，橫覽浮大白。原注：「叶。」慷慨天下事，風塵慘河朔。諸將擁重兵，養寇飽鹵掠。背後若有節，此輩急斬斮。自請五千騎，一舉殲首惡。餘黨皆吾人，散使歸耕穡。即今

---

〔註352〕卷九十二《文苑列傳》。
〔註353〕卷五十二。按：早見《史記》卷一百零七《魏其武安侯列傳》。
〔註354〕《季秋蘇五弟纓江樓夜宴崔十三評事韋少府侄三首》其一。
〔註355〕卷一百一十七。
〔註356〕卷八十二上。
〔註357〕鮑照《代放歌行》。
〔註358〕《新五代史》卷五十五。
〔註359〕卷四十一。
〔註360〕「巾」，乙本作「申」。庾信《入道士館詩》原作「巾」。
〔註361〕卷七十五。
〔註362〕《元和聖德詩》。
〔註363〕卷八十七。
〔註364〕《招魂》。
〔註365〕卷一《宋本紀上》。按：早見《宋書》卷二《武帝本紀上》。
〔註366〕《過郭代公故宅》。
〔註367〕卷八十五。
〔註368〕卷二十九。

朝政亂，舉錯混清濁。君父切邊疆，群臣私帷幄。當官不彈治，何以司
封駁。對仗劾三公，正色吐謇諤。此序志衍之意氣過人，有澄清宇宙之志也。
而「笑予爾何弱」、「顧予石城頭」，又以己夾序。○《古企喻歌》：「男兒欲作健。」《南
史·柳世隆傳》：「嘗自云：『馬稍第一，清談第二。』」〔註369〕　韓詩：「犯雪過西
華。」〔註370〕白詩：「輕衫細馬春年少。」〔註371〕《一統志》：「黃山在徽州府歙
縣西北。」《志衍傳》：「嘗遊黃山，凌躐險絕，同遊者不能從焉。」　孫興公《遊天
台山賦》：「陟峭崿之崢嶸。」《宋史·章惇傳》：「潭下臨絕壁萬仞。」〔註372〕《寰
宇記》：「黃山高一千七十丈，豐樂水出焉。」　失腳，見《贈願雲師》。《詩》：「搔
首踟躕。」〔註373〕高義方詩：「抗志凌雲。」〔註374〕《後漢書·陳球傳》：「天下
太平，可翹足而待。」〔註375〕郭景純《江賦》：「衡霍磊落以連鎮。」《一統志》：
「石頭城在上元縣西石頭山後。建安十六年，孫權徙治秣陵。明年，城石頭。」《說
苑》：「魏文侯與大夫飲，使公乘不仁為觴政，曰：『飲不盡者，浮以大白。』」〔註376〕
《珊瑚詩話》：「飲酒痛醲，謂之舉白。」〔註377〕《冷齋夜話》：「卷白波，酒令名，
起於東漢擒白波賊。」〔註378〕按：白叶音薄。《詩》：「裳裳者華，或黃或白。我覯
之子，乘其四駱。」〔註379〕《唐書·杜甫傳》〔註380〕：「慷慨懷古，人莫測也。」
又：「好論天下大事，高而不切。」　杜詩：「河朔風塵起。」〔註381〕《史記·淮陰
侯傳》：「諸將易得耳。」〔註382〕《後漢書·獻帝紀》：「州郡各擁重〔註383〕兵。」

〔註369〕卷三十八。按：早見《南齊書》卷二十四《柳世隆傳》。
〔註370〕《縣齋有懷》。
〔註371〕《二月二日》。
〔註372〕卷四百七十一《姦臣列傳一》。
〔註373〕《邶風·靜女》。
〔註374〕按：（東漢）高彪《清誡》：「抗志凌雲煙。」
〔註375〕卷五十六。按：《史記》卷八《高祖本紀》：「大臣內叛，諸侯外反，亡可翹足
　　　　而待也。」
〔註376〕《善說篇》。
〔註377〕（宋）張表臣《珊瑚鉤詩話》卷二。
〔註378〕按：《演繁露》卷十二《卷白波》：「飲酒卷白波，唐李濟翁《資暇錄》謂漢時嘗
　　　　擒白波賊，人所共快，故以為酒令。《晏公類要》六十五卷《白集》詩云：『長驅
　　　　波卷白，連擷採成。』盧注曰：『骰盤、卷白波、莫走鞍馬，皆當時酒令名。』」
〔註379〕《小雅·裳裳者華》。
〔註380〕《新唐書》卷二百一《文藝列傳上》。
〔註381〕《壯遊》。
〔註382〕卷九十二。
〔註383〕「重」，《後漢書》卷九作「彊」。

《宋史·陳過庭傳》:「致寇者蔡京,養寇者王黼。」〔註384〕韓聯句詩:「將軍禁虜掠。」〔註385〕 《周禮·地官》:「凡通達於天下者,必有節以傳輔之。」《明史·輿服志》:「洪武十五年,制使節黃色三簷寶蓋,長二尺,黃紗袋籠之。又製丹漆架一,以節置其上。」〔註386〕 《晉書·衛瓘傳》:「便皆斬斫。」〔註387〕蔡氏《書傳》:「斫,斫也。」 《後漢書·臧宮傳》:「願得五十騎以立功。」〔註388〕 《史記·留侯世家》:「一舉千里。」〔註389〕《公羊傳》:「虞首惡也。」〔註390〕《三國志·呂蒙傳》:「誅其首惡,餘皆釋放,復為平民。」〔註391〕《唐書·裴度傳》:「元惡已擒,人皆吾人也。」〔註392〕 韓詩:「終當返耕穫。」〔註393〕 杜詩:「窮年守邊疆。」〔註394〕《明史·流賊傳·論》:「帷幄無良、平之謀。」〔註395〕 《左傳·文十六年》:「當官而行,何強之有?」《漢書·張敞傳》:「且當以柱後惠文彈治之耳。」注:「秦時獄法吏冠柱後惠文。」〔註396〕 王守溪《震澤長語》:「給事中雖七品,而有封駁之權。」 《唐書·王義方傳》:「即具法冠對仗,叱義府下。」〔註397〕又,《宗楚客傳》:「故事,大臣為御史對仗彈劾,必趨出,立朝堂待罪。」〔註398〕 《書》:「正色率下。」〔註399〕《後漢書·陳蕃傳》:「謇愕之操,華首彌固。」〔註400〕注:「愕同諤。」又,《戴憑傳》:「臣無謇諤之節,而有狂瞽之言。」〔註401〕此志竟迍邅,天道何窮剝。六載養丘園,一官落邛筰。大盜竊江黃,凶徒塞荊鄂。間道攜妻孥,改途走蠻貉。瘴黑箐林行,颶作瀘溪泊。驛路出桄榔,候吏疑猿玃。歇鞍到平地,倏逢錦城

---

〔註384〕卷三百五十三。
〔註385〕《晚秋郾城夜會聯句》。
〔註386〕卷六十八。
〔註387〕卷三十六。
〔註388〕卷四十八。
〔註389〕卷五十五。
〔註390〕僖公二年。
〔註391〕卷五十四。
〔註392〕《新唐書》卷一百七十三。
〔註393〕《晚秋郾城夜會聯句》。
〔註394〕《夏夜歎》。
〔註395〕卷三百九。
〔註396〕卷七十六。按:「注」字衍。此乃《漢書》原文,非注。
〔註397〕《新唐書》卷一百一十二。
〔註398〕《新唐書》卷一百零九。
〔註399〕《畢命》。
〔註400〕卷六十六。
〔註401〕卷七十九上《儒林列傳上》。

樂。問士先嚴楊，恤民及程卓。白鹽古戍烽，赤甲嚴關柝。集作「赤腳」。
今從《篋衍集》作「甲」。　此序志衍值寇亂之時為成都令也。○杜詩：「此意竟蕭條。」
〔註402〕迢遭，見《贈願雲師》。　《周易本義》：「剝，落也。」　《易》：「賁于丘園。」
〔註403〕《左傳·襄三年》：「建一官而三物成。」《史記·司馬相如傳》：「邛笮之君長。」
〔註404〕按：《漢書·地理志》：越巂郡有邛都、定笮、笮秦、大笮等縣。今屬邛州。《明
史·地理志》：「邛州東北距布政司三百里。」《莊子》：「大盜不止。」〔註405〕按：江，
九江府。黃，黃州府。《地理通釋》：「漢九江郡本在江北，而今所謂江州者，寔武昌郡
之柴桑縣。後以江北之潯陽並柴桑而立郡，又自江北徙治江南，以故江南得有潯陽之名，
後又因潯陽改為江州，寔非古江州地也。」　《梁書·王僧辯傳》：「景悉凶徒水步繼淮
〔註406〕。」按：荊，荊州府。鄂，武昌府。　《史記·淮陰侯傳》：「從間道萆山而望趙
軍。」〔註407〕《抱朴子》：「猶不失正而改途焉。」〔註408〕《周禮》：「四夷八蠻，七
閩九貉。」　柳子厚詩：「桂嶺瘴來雲似墨。」〔註409〕　東坡有《颶風賦》。《一統志》：
「寧遠府箐口堡在鹽源縣東十里，明鹽井衛。瀘川驛在西昌縣東南五里，明建昌衛。
瀘津關在會理州東南，為南蠻要路，明會川衛。」　《文選·蜀都賦》注：「桄榔，樹名
也。木中有屑，如麵可食。」　《後漢書·王霸傳》：「候吏果妄語也。」〔註410〕《說
文》：「玃，大母猿也。」《中華古今注》：「猿五百年化為玃。」　李詩：「歇鞍憩古木。」
〔註411〕杜詩：「日腳下平地。」〔註412〕　李詩：「錦城雖云樂。」〔註413〕《元和郡
國志》：「錦城在成都縣南十里，故錦官城也。」《志衍傳》：「其後乃得蜀之成都。成都
在萬里外，又荊襄陷沒，江鄂道斷，復改途出宜春，道酉陽，涉黔江而入蜀。」　《中
說》：「吾得從嚴、揚游泳以卒世，何患乎僻？」〔註414〕按：嚴、揚：嚴遵、揚雄。
程、卓：程鄭、卓王孫也。皆蜀人。　《一統志》：「白鹽山在夔州府奉節縣東。」王

〔註402〕《奉贈韋左丞二十二韻》。
〔註403〕《賁》六五。
〔註404〕卷一百一十七。
〔註405〕《胠篋》。
〔註406〕「淮」，《梁書》卷四十五作「進」。
〔註407〕卷九十二。
〔註408〕《抱朴子外篇·廣譬卷第三十九》。
〔註409〕《別舍弟宗一》。
〔註410〕卷二十。
〔註411〕《秋日魯郡堯祠亭上宴別杜補闕范侍御》。
〔註412〕《羌村》其一。
〔註413〕《蜀道難》。
〔註414〕《事君篇》。

詩：「野花開古戍。」〔註415〕《一統志》：「赤甲山在奉節縣東。」杜詩：「赤甲白鹽俱刺天。」〔註416〕**再拜蜀王書，流涕傾葵藿。請府發千金，三軍賜醼醱醨。賓旅給犀渠，叟兵配驪駱。此地俯中原，巨靈司鎖鑰。水櫃扼涪江，石門防劍閣。**此序志衍因寇亂而上書蜀王也。○按：蜀王，至澍也。《漢書·王式傳》：「未嘗不流涕為王深陳之也。」〔註417〕《三國志·曹植傳》：「葵藿之傾葉，太陽雖不為之回光，然向之者誠也。」〔註418〕 韓聯句詩：「匜海醼醨。」〔註419〕《國語》：「奉文犀之渠。」注：「甲也。」《山海經》：「犀渠出釐山，如牛，蒼身，其音如嬰兒，是食人。」《後漢書·劉焉傳》：「遣叟兵五千助之。」注：「漢世謂蜀為叟。」韓聯句詩：「長河浴驪駱。」〔註420〕 張平子《西京賦》：「巨靈贔屭。」注：「巨靈，河神也。」《宋史·寇準傳》：「朝廷以北門鎖鑰，非準不可。」〔註421〕 又，《太祖紀》：「建隆二年二月，幸城南觀修水匱。」〔註422〕按：《一統志》：「鐵櫃山在涪州北。」又：「大江入涪州界，又九十里至州城北，涪陵江自南來注之。」 左太沖《蜀都賦》：「緣以劍閣，阻以石門。」注：「石門，谷名。」《水經注》：「小劍戍北去大劍三十里，連山絕險，飛閣相通，故謂之劍閣也。」**我謀適不用，岷峨氣蕭索。黑山起張燕，青城突莊蹻。積甲峨眉平，飲馬瞿塘涸。生民為菹醢，醜類恣唵嚼。徒行值虎豹，同事皆燕雀。孤城遂摧陷，狂刀乃屠膊。**《篋衍集》作「犴刃」。 此序蜀王不從志衍之計，以致成都破而志衍死也。○《左傳·文十三年》：「吾謀適不用也。」《齊書·孔稚圭傳》：「徵犀印於岷峨。」文通《別賦》：「秋日蕭索。」《志衍傳》：「即日啟蜀王，請發帑金為備御計，王郄不應。」《綏寇紀略》：「成都令吳繼善闓達有謀，見賊據秦揉楚，而北都之問不至，痛哭於蜀王之朝，以書諫。終弗從。五月而審知國信。七月而夔門傳賊，遽至成都，一日數驚，夜呼曰闖至矣。明日，又呼曰獻至矣。王不知所為謀，以其宮人遁於荒，富家亦從孥以出。劉之渤持不可，乃已。八月四日，獻忠傳城下，王始出其金，懸之市，購戰守者，莫應。賊攻圍三日夜，以巨礮穴城東北阰而震之，

---

〔註415〕王維《送李太守赴上洛》。
〔註416〕《夔州歌十絕句》其四。
〔註417〕卷八十八《儒林傳》。
〔註418〕卷十九。
〔註419〕韓愈《晚秋郾城夜會聯句》，「海」下脫「賜」字。
〔註420〕《晚秋郾城夜會聯句》。
〔註421〕按：實出（宋）李燾《續資治通鑑長編》卷七十。
〔註422〕卷一。

城崩，遂乘以入。王遇害，之渤罵賊死，繼善闔門死者三十六人。」〔註423〕　《三國志》：「張燕，常山真定人也。合聚少年為群盜，眾至百萬，號曰黑山。」〔註424〕　《一統志》：「青城山在成都府灌縣西南。」《史記・西南夷傳》：「始楚威王時，使將軍莊蹻將兵循江上，掠巴蜀、黔中以西。會秦擊奪楚巴、黔中郡，道塞不通，因以其眾王滇。」〔註425〕　《後漢書・劉盆子傳》：「積兵甲宜陽城西，與熊耳山齊。」〔註426〕《一統志》：「峨眉在嘉定府峨眉縣，有大峨、中峨、小峨三山。」　《古樂府》有《飲馬長城窟行》。《一統志》：「瞿塘峽在夔州府奉節縣東。」　張平子《七辯》：「嘉肴雜醢，三臡七菹。」《〈周禮・天官・醢人〉注》：「臡亦醢也。有骨為臡，無骨為醢。」臡音泥。　《詩》：「執訊獲醜。」〔註427〕韓詩：「逆族相啗嚼。」〔註428〕　《史記・陳涉世家》：「燕雀安知鴻鵠之志哉！」〔註429〕　杜詩：「孤城隱霧深。」〔註430〕《南史・宋武帝紀》：「軍中多萬鈞神弩，所至無不摧陷。」〔註431〕**有子踰十齡，艱難勅顧託。閤門竟同殉，覆卵無完殼。一弟漏刃歸，兩踝見芒屬。三峽奔荊門，魚龍食魂魄。**原注：「叶。」**夢斷落滄江，毋乃遭搏攫。郫筒千日酒，泉路無寂寞。**此序志衍之閤門殉義，惟一弟得生還也。○《志衍傳》：「有子曰孫慈，賊將憐而匿之，後亦遇害。」《北史・元冑傳》：「隋文帝初被召入，將受顧託。」〔註432〕　《晉書・平原王幹傳》：「合門堙滅。」〔註433〕　《後漢書・孔融傳》：「安有巢毀而卵不破乎？」〔註434〕　《魏書・刁雙傳》：「我兄弟屠滅已盡，惟我一身，漏刃相託。」〔註435〕《志衍傳》：「越三年，其弟事衍徒跣萬里，望家而哭曰：『吾兄以甲申十一月二十五日遇害，罵不絕口，賊臠而割之。一門四十餘人，同日並命。』」《晉書・孫拯傳》：「兩踝骨見。」〔註436〕芒屬，見《贈願雲師》。　王少伯詩：「行到荊門上三

〔註423〕卷八。
〔註424〕卷八。
〔註425〕卷一百一十六。
〔註426〕卷十一。
〔註427〕《小雅・出車》。
〔註428〕《晚秋郾城夜會聯句》。
〔註429〕卷四十八。
〔註430〕《野望》。
〔註431〕卷一。按：早見《宋書》卷二《武帝本紀上》。
〔註432〕卷七十三。
〔註433〕卷三十八。
〔註434〕卷一百。按：《世說新語・言語第二十一》：「大人豈見覆巢之下復有完卵乎？」
〔註435〕卷三十八。
〔註436〕卷五十四。

峽。」〔註437〕按：夔之三峽，奉節縣則瞿塘峽、南鄉峽、巫山縣則巫峽也。重慶府亦有三峽，與此不同。荊門州，明初屬荊州府，後屬承天府，今屬安陸府。 按：「魚龍食魂魄」三句即「水深波瀾闊，無使蛟龍得」〔註438〕之意。《左傳疏》：「附形之靈為魄，附氣之神為魂。」按：落魄之魄，他各切，音託，在藥韻。魂魄之魄，普伯切，音拍，在陌韻。今以他各通普伯，故曰叶。 滄江，見《讀西臺記》。《禮·儒行》疏：「以腳取之謂之攫，以翼取之謂之搏。」《成都古今記》：「郫人刳竹之大者，傾春釀於筒，苞以藕絲，蔽以蕉葉，信宿馨達於林外，然後斷之以獻，俗號郫筒酒。」《珊瑚詩話》：「酒有若下，謂烏程也；千日，中山也。」〔註439〕 陸士翳：「杜詩：『寂寞身後事。』」〔註440〕追計平生歡，一一猶如昨。壁間所懸琴，臨行彈別鶴。玉子文楸枰，尚記爭殘著。百架藏圖書，千金入卷〔註441〕握。刻意工丹青，雲山共綿邈。篋中白團扇，玉墜魚瀺灂。阿兄風流盡，萬事俱零落。我欲收君骨，茫茫隔山嶽。此從志衍既死以後而追憶生前，不勝人琴之慟也。「阿兄」四句呼而哭之。○《史記·張耳陳餘傳》：「如平生歡。」〔註442〕 何仲言詩：「念別猶如昨。」〔註443〕 梅村《贈琴者王生序》：「往時予兄志衍能詩文，善書畫，奕棋居能品。」《琴操》：「商陵牧子取妻五年無子，父兄欲為改娶。牧子援琴鼓之，以舒憤懣，曰《別鶴操》。」《杜陽雜編》：「大中中，日本國王子來朝，出楸玉局冷暖玉棋子。」圖書，見《松鼠》。 按：詞人以千金比書畫者多矣，皆起於《史記·呂不韋傳》「有能增損一字者予千金」。《後漢書·張堪傳》：「捲握之物，足富十世。」〔註444〕 丹青，見《西田》詩。 李頎詩：「雲山況是客中過。」〔註445〕《晉書·天文志》：「年代綿邈。」〔註446〕 班婕妤《團扇詩》：「棄捐篋笥中。」 嵇叔夜詩：「魚龍瀺灂。」〔註447〕《南齊書·張緒傳》：「從弟融齎酒於緒靈前，酌飲慟哭，曰：『阿兄風流頓盡。』」〔註448〕

---

〔註437〕王昌齡《盧溪主人》。
〔註438〕杜甫《夢李白二首》其一。
〔註439〕《珊瑚鉤詩話》卷三。
〔註440〕《夢李白二首》其二。
〔註441〕「卷」，四庫本《梅村集》作「拳」。
〔註442〕卷八十九。
〔註443〕何遜《寄江州褚諮議詩》。
〔註444〕卷三十一。
〔註445〕《送魏萬之京》。
〔註446〕卷十一。
〔註447〕《四言贈兄秀才入軍詩》。
〔註448〕卷三十三。

曹詩：「零落歸山丘。」〔註449〕　收骨，見《臨江參軍》。　杜詩：「明日隔山嶽，世事兩茫茫。」〔註450〕後來識死事，良史曾誰確。此詩傳巴中，磨崖書卓犖。石剝蒼藤纏，姓氏猶捫摸。庶幾千載後，悲風入寥廓。此序作詩表揚死事之意。○《國語》：「以死勤事則祀之。」《左傳·昭十二年》：「是良史也。」《一統志》：「四川表。漢巴郡，重慶府；巴西郡，保寧府；巴東郡，夔州府。」《墨池編》：「唐元結作《中興頌》，顏真卿書，勒於浯溪崖石，名摩崖碑。」左太沖詩：「卓犖觀群書。」〔註451〕　《說文》：「剝，裂也。」《增韻》：「剝，脫也。」杜詩：「古木蒼藤日月昏。」〔註452〕　王詩：「絕壁免捫摸。」〔註453〕　《古詩》：「白楊多悲風。」〔註454〕揚子雲《甘泉賦》：「閌閬閬其寥廓兮。」

　　　　按：志衍之死，《明史》及《大清一統志》俱不載。《寄園寄所寄》書其殉寇，亦從略焉。〔註455〕而梅村此詩表揚推闡，不遺餘力。又有《送志衍入蜀》、《題

〔註449〕曹植《箜篌引》。

〔註450〕《贈衛八處士》。

〔註451〕左思《詠史詩八首》其一。

〔註452〕《白帝》。

〔註453〕《燕子龕禪師》。

〔註454〕《古詩十九首》其十四（去者日以疏）。

〔註455〕（清）鄒漪《啟禎野乘一集》卷十二《吳成都傳》（民國二十五年故宮博物院排印本）：

公名繼善，字志衍，南直太倉人也。中崇禎丁丑進士，授慈谿知縣。丁母艱，未之任。壬午服闋，補成都。成都在萬里外，時荊、襄陷沒，江、鄂道斷，賓客逡巡勸少留。公謂此君命也，人臣守官，其敢以利害辭。乃歷艱險入蜀，即日啟蜀王，請發帑金為備禦計。當時蜀事已棘，而藩府金繒積者數百萬，王恪不應。公貽書吳太史偉業，謂事必不可為，誓必死於此。甲申城陷，公被賊執，罵不絕口，臠而割之。配周氏，子孫慈，俱同殉。僕五郎者，幸免矣，奪曰：「吾主與主母已死，義不忍獨生。」亦慷慨罵賊，盡於主側，一門死者四十餘人，時十一月二十五日也。公博聞辨智，風流警速，於書一覽輒記，下筆灑灑數千言。家本《春秋》，治《三傳》，通《史》、《漢》諸大家，繼又出入齊、梁。工詩歌，善尺牘，尤愛圖繪，有元人風。下至樗蒲六博，彈琴蹴踘，無不畢解。當是時，張公溥以古學振東南，海內文士，絡繹奔赴。公性好客，日具數人饌，賓至如歸。每三爵後，詞辨鋒起，雜以諧謔，輒屈其坐。與同宗偉業、克孝、國傑等以文行相砥礪。生平負志節，急人患難。其成進士也，會里中兒刊章告密，溥為所搆，勢張甚，公獨銳身為營救，卒以免。家居侍太公疾，視湯藥，浣廁牏，衣不解帶者數十日。父既歿，哭泣喪葬，備物盡志，人稱曰孝。事長兄，待二弟友，無間言。伉爽曠達，不拘小節。嘗遊黃山，凌絕頂，慨然長嘯，謂：「今天下將亂，大丈夫習勞苦，任艱難，為國家驅馳奔走，有如此遊矣。」其銳志強濟如此。公死無子，國傑經紀其喪，以少子主其祀。

論曰：當燕京既沒，聞先生痛哭上書，即藩邸亦心動，而文武大吏無一人肯辦賊。劍門、夔峽之險，皆已失守，而後驅數千之卒，阻五丈之城，以當百萬之強寇，雖智勇無所施矣。設令公護親藩，竄山谷，屏跡蠻獠間，亦可圖全。而公顧喋血自誓，與此城為存亡，終至骨肉葅醢，妻兒橫分，以報所受，豈不難哉！

（清）汪有典《前明忠義別傳》卷二十三《吳大尹傳》（清道光二十五年墨花齋活字本）：

公諱繼善，字志衍，太倉人，崇禎丁丑進士。生平負志節，急人患難。鄉先生張公溥，宿學老儒，為里中兒所搆，勢張甚，公銳身營救，卒以免。大司馬馮公元颺聞而嚴重之，願與交。已得慈谿令司馬，其邑人益相引重，而長安名公卿爭揖公矣。丁內艱，未之任。嘗遊黃山，凌躐絕險，慨然曰：「今天下將亂，大丈夫習勞苦，任艱難，為國家驅馳奔走，有如此遊矣。」已而得蜀之成都。成都在萬里外，又荊襄陷沒，江鄂道斷，賓客逡巡勸少雷。公曰：「吾既受命矣，人臣守官，其敢以利害辭？且今日何樂土之有？」召所與遊，置酒張樂，引滿訣別。當是時，蜀事孔棘，文武大吏無一人肯辦賊，劍門、夔峽諸險皆已失，而蜀府金繒累數百萬，悋弗用。公痛哭於王之朝，以書諫王曰：「高皇帝眾建藩輔，棊置繡錯，數年以來，踣命亡氏，失其國家。此數王者，非真有敗道失德見絕於天也，直以擁富貴之質，狃便安之計，為賊所利而不思自全，此非殿下前車之鑒乎？今楚氛日惡，秦關失守，曹、闖、徭、黃陸梁左右，殿下付之悠悠而不恤。夫全蜀之險，在邊不在腹，若設重戍於夔關、劍閣，誠足自固，否則黃牛、白帝亦屬彝庚，黑水、陽平更多岐徑，乃欲坐守門廷，謂為設險，不可解者一也。往者蘭酋撲滅，獻賊逃遁，正以蘭兵力有虧，獻地利不習。今者荊、襄撤其藩籬，秦、隴寒其唇齒，揣量賊情，益無瞻忌。而欲援引前事，冀幸將來，不可斛者二也。至於錦城之固，不及秦關；白水之險，寧踰湘、漢。此可恃以無虞，彼何為而失守？且城如孤注，救援先窮，時及嚴冬，長驅尤易。累卵不足踰其危，厝火不足明其急，而猶事泄泄以幸苟免，不可解者三也。為殿下計，宜召境內令官，諮諏謀議，發帑金以贍戍卒，散朽粟以慰饑氓，出明禁以絕廝養蒼頭，躅積逋以免流離溝瘠，募民兵以守隘，結蟄目以資援。政教內修，聲勢旁震，則則易危為安，轉禍為福。苟或不然，蜀事誠莫知所終矣。竊為殿下危之。」王見書太切，不無動。特以祖宗之法，不典兵，不與民事，不敢有所為。公再三告以高皇之制於諸王，寄以討賊，委之保邦。萬一不戒，以至失守，王縱不愛身，獨不恤國家，不念祖宗乎？終弗從。公撫膺歎曰：「事不可為，吾死此矣！」遂喋血自誓。居無何，成都陷，罵不絕口，賊臠而割之。一門四十餘人，同日並命。友人季曾、貫亦與焉。家人五郎者免矣，奮曰：「吾主與主母死矣，義不忍獨生！」慷慨詈賊而死。

外史氏曰：嗚呼！明之末造，賊勢燎原，帑乏瓊林之聚，兵多祈父之呼，諸藩坐擁重貲，不顧縣官之急，卒亦陷亡，為賊所有，豈不重可歎哉！楚府之亡也，賀公逢聖請貨金贍軍，王不予。既陷，賊取宮中積金百餘萬，輦載數百車，不盡秦之俘也。天寒冰結，不肯人給一棉衣，福府謹錄鑰牡，坐視軍民枵腹死賊手，而王卒為賊醢。今蜀亦然，豈所謂金注者昏歟？抑鬼瞷其室，入固莫如何歟？何其愚也！尤侗為太倉沈公雲祚傳，其論曰：獻賊破蜀

時，有成都令雲祚，同里人，賊脅之降，陞為禮部尚書。既以郊天文失格，復殺之，闔家殲焉。其指蓋謂公也。予按：吳偉業並鄒漪所為公傳，具載死事明白，而偉業《綏寇紀略》所云降賊為禮部尚書，郊天祝版不敬，杖之百，闔門自經者，為南充江鼎鎮，則非公可知，且非太倉人無疑矣。然陳鼎所為沈雲祚傳，末載同時死難者，如巡撫龍文光、總兵劉佳胤、御史劉之渤、推官劉士斗、長史鄭安民、教諭姚思孝、太常卿尹伸、給事中吳宇英、雲南按察使莊祖誥、東流知縣乾日貞、工部主事蔡如蕙、禮部員外李含乙、進士王起莪、舉人江龍騰、郫令趙嘉煒諸人，言之詳矣，而獨不及公，何歟？豈兵燹之餘，傳聞異辭歟？抑君子之死王事，其姓名之存殘，有幸不幸歟？予故附著於此，以俟考焉。

（清）婁東無名氏《研堂見聞雜記》（清宣統三年商務印書館排印痛史本）：張獻忠之破蜀也，赤地千里，殺戮無孑遺，至塞井夷灶，焚屋伐木，蠶叢數百縣，無一草一樹雞犬存者。積屍至與峨眉齊，流血川江，數百里不絕。方其下成都也，吾婁吳志衍〔名繼善〕為成都令，沈岱來〔名雲禮〕為華陽令，前任州守劉瞻父〔名士斗〕為司理。既將諸官殺之，而獨以劉、吳賢聲大著，賊欲活之。劉公終不屈，死之。而吳公則勉就官，慕其文，纏驟升為吏部尚書。一旦，獻忠於成都僭帝位，使吳為郊天文。吳雖就官，心終不平，於文中連用銅馬、黃巾等事。獻忠怒，立誅醢之。夫人、一子皆被殺。吳，丁丑進士，善文章，滷篤著鄉黨，人皆愛慕之。當其萬里就官，有愛之者，謂宜單車行。其夫人不謂是也，迺同行。獻賊至成都，弟士衍欲挈倥先逸，而夫人曰：「此吾一塊肉，必不以付他人。」後士衍竟間關得遁歸，而夫人與子俱不免。吳為若敖鬼。嗟乎！同時被難者，有季子恕先、黃子錫侯。恕先以理訟往，錫侯以授書往，皆血化遊魂，身膏野草。悲夫！劉公士斗，辛未進士，廣東南海人。任吾婁二年，廉明仁恕，為立州以來第一人。失意於郡，推官周之夔訐之，罷官。解任日，州士民為之罷市，有愁歎者，有涕泣者，有憤憤不平者。其去也，千萬人至以石塞門，攀號不得出。後以聽按公之處分也，復還婁，千萬人自玉峰迎之，皆執香前導，蟻簇歡呼，如赤子之望見慈母。嗟乎！吾婁雖薄俗，然即此可見天理之在人心，公道之不泯，亦為開州以來第一盛舉。後終迫於上官之議，將周之夔兩罷之。顛躓既久，復起為成都司理，而遭賊手。雖遊魂不歸，而忠貞之氣，廉明之名，與吳、蜀兩邦同為千古。唐世楨者，吳興巨族，兄弟皆成進士。江南破，世楨以青衿弟子走浙、閩間，從唐藩起義，建牙兩粵。後大兵長驅入，唐藩失守，而嶺以東西亦建瓴破。公束身走歸，不入吳興，竟詣土御史，罵其背國。土愛之，發之郡侯，郡侯亦笑受其罵。申之兵道趙，其所罵如前，趙亦不為忤。巡撫盧傳方鎮婁東，即以申之按公。而公既入，挺立不為跪，指發吐罵，戟手頓足不休。按公怒，斧斷其齒，血肉狼藉，口內喃喃不絕。隨曳之儀門外，痛決四十，筋肉皆斷，無一語號呼，惟罵聲而已。杖畢，奄然如盡，舁出而終。是日觀者千百，無不淚涔涔交睫，惟有扼腕撫膺，長歎不置。嗟乎！忠臣烈士，不出於縉紳，而出於一青衿弟子；不出於食祿大臣，而出於偏藩幾日之薄官。其為明朝結三百年之報，惟公一人矣。獨撫道諸公，雖不能憂視之，猶能作一劉荊州，而按公獨甘為黃祖。嗟嗟！禰衡而下，千載遂有兩人，而黃祖之狂駿，按臣直一人收之矣。

志衍所畫山水》、《觀蜀鵑啼劇詩》，皆徘徊往復，情見乎辭。《綏寇紀略》所載綦詳，幾欲補史家之缺矣。同時華陽知縣沈雲祚亦太倉人，先死難。史志並載之。梅村詩中竟未詠及，何歟？「即子之太公，亦未相然諾」，驟閱之頗以為異，然細繹之，是暗用《漢書・劉歆傳》耳。「宣帝時，詔向受《穀梁春秋》，大明習。及歆校秘書，見古文《春秋左氏傳》，歆大好之。父子俱好。歆以為左丘明好惡與聖人同，親見夫子，而公羊、穀梁在七十子後，傳聞之與親見之，其詳略不同。歆數以難向，向不能非間也，然猶自持其穀梁義。」〔註456〕此詩從「家世攻《春秋》」說下，正與《向歆傳》合。「而未相然諾」即「數以難向，猶自持義」云耳。梅村豈以子戲父者？　沈受宏，字臺臣。《贈吳事衍》詩：「先生延陵老子孫，婁江科第推高門。名流冠蓋世雖換，豪士風流今尚存。憶昔從兄宦錦水，芒鞋繭足荊棘裏。百口長悲殉亂離，一身何幸還鄉里。草堂絲管秋風寒，譜出新聲行路難。共傳顧曲周公瑾，誰識哀時庾子山。三十年來頭已白，蕭然放散江湖客。博場酒社共追歡，畫筆棋枰兼負癖。西南近日羽書傳，重見公孫躍馬年。人間多少滄桑事，付與先生一醉眠。」〔註457〕此即志衍之弟漏刃而歸者也。按：《太倉州志》：「徐繼善志衍，本姓吳，丁丑進士。許國傑人嘏，本姓吳，繼善弟。」　予既以

（清）戴笠、吳殳《懷陵流寇始終錄》卷十八（清初錢氏述古堂鈔本）：
甲子，成都大雷電，雨如注，守陴者不能立。獻賊以重慶法攻城西北堅。錦江樓崩，灌縣水至，城已陷。蜀王率宮眷投井。巡撫龍又光、總兵劉佳胤投浣花溪死。巡按刻之渤被執，罵賊，射祚殺之。推官劉士斗、成都知縣吳繼善、華陽知縣沈雲祚皆降賊死。
（清）李馥榮《灩澦囊》卷二（清道光二十七年退思軒刻本）：
賊趨簡州，所經郡縣，僅餘空城。簡州知州奔成都告急。初，蜀王聞重慶陷，欲奔滇黔，巡按劉之勃諫止。茲聞賊至，籌於眾官，查清內外，所有鎮元營，威武營，倭陝教官營，指揮千百戶屯兵，及劉佳允，楊展所領廣元營兵，尚不滿萬。乃命修補城，差人決灌縣堰，注錦江以溢濠。發帑金二萬給兵。是日，大風雷雨，壞王寢宮。時獻賊所過城池村舍，雞犬不留。既至成都，結二十餘營，遣賊說降。龍文光，劉之勃，劉佳允斬之。獻賊四面攻城，城堅，銃炮矢石俱下。賊退而復前，楊展引兵出擊，擒斬二十餘人，收兵入城。繼而再戰，賊再敗。自是堅閉城門不出，炮聲震聞數百里。賊見城堅，乃驅被擄之民，負棺板，自被於江樓下，挖城跟為洞，納火藥，置引線外，用土敷平。須臾，火發城崩，聲響如雷，煙霧迷天，瓦石亂飛，城裂十餘丈。賊蜂擁登城，蜀王及宮眷投社壇井中死。龍文光、總兵劉佳允死於浣花溪。推官劉士斗、華陽令沈雲祚被執不屈，罵賊死。成都令吳繼善受偽職，旋以郊天祀版不敬，闔門被殺。

〔註456〕《漢書》卷三十六《楚元王傳》附劉歆傳。
〔註457〕按：詩載沈德潛《清詩別裁集》卷二十。

《陳蕃傳》之「謇愕」注「謇諤」矣，偶讀顧亭林《與彥和甥書》，節錄之，以資談柄：「《楚辭・離騷》：『余固知謇謇之為患兮，忍而不能捨也。』此『謇』字之所出也。《史記・商君傳》：『千人之諾諾，不如一士之諤諤。武王諤諤以昌，殷紂墨墨以亡。』此『諤』字之所出也。」　「玉墜魚瀺灂」與《宮扇》詩「玉墜雙魚泣漢家」引用略同。按：李絢《戎幕閒談》：「李迪於地上見一玉魚。」《西湖志》、《錢塘遺事》：「高宗嘗宴大臣，忽見張循王持一扇，有玉海兒扇墜。」皆唐宋之事，並與詩意不合，俟再考。　　按：尤展成《明史擬稿・沈雲祚傳・論》曰：「吾聞獻賊破蜀時，有成都令某，雲祚同里人也。賊脅之降，升為禮部尚書。既以郊天祭文失格，復殺之，闔家殲焉。」傳聞異辭，附錄於此。

**閬州行**原注：贈楊學博爾緒。　《大清一統志》：「四川保寧府，唐先天二年曰閬州。」《禮》：「君子之學也博。」〔註458〕按：近世稱廣文為學博，蓋本於《通典》「唐府郡置經學博士」。又按：《一統志》：「楊繼生，字爾敘，閬州人。順治初由進士知福建連江縣。丙申寇至，城陷，繼生死之。妻劉氏同日殉節。」若爾敘即爾緒，則是爾緒官閩越，與詩中「老親」「遷官向閩越」不合。〔註459〕《鎮洋縣志》：「廣文楊繼生，蜀人，年少領鄉薦，遊京師。國初，秉鐸吾州。是時蜀方亂，楊之妻子皆在蜀，已無可奈何矣。而妻之盛泰昭方釋褐，令陝之略陽。略陽，故蜀之襟喉。楊以杯酒屬之曰：『倘至彼中得吾家消息，勿靳片鴻。』盛領之。赴任後，偶以事出，見一婦人匍匐道左。物色之，果楊先生婦也。即飛書廣文，婦則齧落二指，作書裹之以寄。楊得之慟，即以金授來足，使其僦車南下。會南宮期近，楊束裝且北。舟至京口，有舟欻然而南，

---

〔註458〕　《儒行》。
〔註459〕　按：程穆衡《吳梅村詩箋》卷三《閬州行》引《州乘備採》：「楊繼生，字爾緒，四川保寧府人。父芳，以南部縣籍中崇禎辛未進士，官福建，故得免於蜀亂。繼生由舉人，順治二年來任吾州學正，後陞福建連江縣知縣。初涖任，海賊犯連江，繼生拒守甚力，城陷不屈死。」
　　又，《梅村家藏稿》卷三十二《楊氏遺宗錄序》：
　　余年家閬州，楊君爾緒諱繼生，以鄉貢士司教吾州，集州之子弟於明倫堂，而告之曰：「爾亦知徼福於天者之厚乎？而不思愛敬禮讓以報之也。生長江南，不見兵革，於於而居，衎衎而食，乃猶箕帚詬語，擾鋤德色，競其刀，雖而棄其姻戚，是因生蕃齒殖，狃安蹈習，以為固然，而不知其德也。余蜀人也，家門崩析，絓禍於賊，蓋顛白刃，罹矢鏑，無可紀極，而破骸折骨，何所求索？惟有西望長號，頓首於邑而已。求如諸生，恩相援而愛相恤，以恬嬉乎故國，又胡可得耶？」於是聞者色動，或為之泣下，皆知有楊先生之教云。踰五年，楊君遷去為連江令，出其《亂後遺宗錄》授余曰：「其為我序之。閬州為蜀之西門，踔遠險固，其民得以保涪江，走棧道，在今日猶為完郡，其中賊禍也。以視全川，不及十五六，而楊氏之宗所及已如此。嗚呼！何其酷也。」

詢之則楊夫人也。相失十餘年，而猝遇於兩舟之偶觸，於是相持大慟，謝諸同行者。偕夫人而南，自此亦不復應公車。」據《縣志》所載，與梅村詩合。然爾敘以進士令連江，則非不應公車者矣。丙申為順治十三年。此詩蓋作於丙申以前。爾敘官廣文時。「同年翁」指爾敘之父，「官閩越」亦指爾敘之父，「君為愛子」則指爾敘而言也。《縣志》因爾敘於赴公車時遇劉而返，故以「不復應公車」作點染耳。

四坐且勿喧，聽吾歌閬州。閬州天下勝，十二錦屏樓。歌舞巴渝盛，江山士女遊。六句從閬州說起。「士女」字暗引楊、劉，在有意無意之間。○陸士衡詩：「四坐並清聽，聽我歌吳趨。」〔註460〕鮑詩：「四坐且莫喧，聽我堂上歌。」〔註461〕杜詩：「閬州城南天下稀。」〔註462〕《一統志》：「閬中山在閬中縣南，一名錦屏山。又閬苑在閬中縣西，故城內中有五城。唐宋德之為守，又建碧玉樓於西城之西南隅，亦名十二樓。」《後漢書·西南夷傳》：「閬中有渝水，其人多居水左右。俗喜歌舞，高祖觀之，乃命樂人習之，所謂巴渝舞也。」〔註463〕《詩》：「維士與女。」〔註464〕我有同年翁，閬中舊鄉縣。送客蒼溪船，讀書玉臺觀。忽乘相如車，謂受文翁薦。從爾緒父說起。○《摭言》：「俱捷謂之同年。」《三國志·盧毓傳》：「帝以譙舊鄉。」〔註465〕杜詩：「送客蒼溪縣。」〔註466〕《一統志》：「蒼溪縣在保寧府西北四十里。」杜詩：「讀書雲閣觀。」〔註467〕《一統志》：「玉臺觀在閬中縣北玉台山上，唐滕王元嬰建。」《成都記》：「司馬相如初西去，過昇仙橋，題柱曰：『不乘高車駟馬，不過此橋。』」《漢書·循吏傳》：「文翁，廬江舒人也。景帝末，為蜀郡守。選郡縣小吏開敏有材者，詣京師，受業博士。用次察舉，官有至郡守刺史者。」〔註468〕《戒菴漫筆》：「文翁名黨字仲翁。」遊宦非不歸，十載成都亂。只君為愛子，相思不相見。相見隔長安，干戈徒步難。金牛盤七阪，鐵馬斷千山。八句言蜀中亂而長安隔，是楊與劉別之由。○《史記·張蒼傳》：「韋玄成復自遊宦而起。」〔註469〕《一統志》：「成都府，四川布政司治。」《左傳·

---

〔註460〕陸機《吳趨行》。
〔註461〕鮑照《代堂上歌行》。
〔註462〕《閬水歌》。
〔註463〕卷八十六。
〔註464〕《鄭風·溱洧》。
〔註465〕卷二十二。
〔註466〕《放船》。
〔註467〕《送竇九歸成都》。
〔註468〕卷八十九。
〔註469〕卷九十六。

宣二年》:「趙盾請以括為公族,曰:『君姬氏之愛子也。』」　范彥龍詩:「如何有所思,而無相見時。」〔註470〕　《一統志》:「長安故城在今西安府長安縣西北。」《漢書‧公孫弘傳》:「起徒步,數年至宰相。」〔註471〕　《一統志》:「五丁山在漢中府寧羌州東北四十里,其峽曰五丁峽,亦曰金牛峽。」又:「七盤嶺在保寧府廣元縣北一百七十里,與陝西寧羌州接界。」　陸佐公《石闕銘》:「鐵馬千群。」千山,見《贈願雲師》。**敢辭道路艱,早向妻兒訣。一身上鳥道,全家傍虎穴。君自為尊章,豈得顧妻子。分攜各努力,妾當為君死。**八句是訣別正面,見劉能相夫以孝也。○諸葛孔明帖:「師徒遠涉,道路甚艱。」　韓詩:「妻兒恐我生悵望。」〔註472〕　《南中八志》:「鳥道四百里,以其險絕,特上有飛鳥之道耳。」虎穴,出《後漢書‧班超傳》。王詩:「虎穴傍簷楹。」〔註473〕　《漢書‧廣川王傳》:「背尊章,漂以忽。」〔註474〕師古曰:「尊章謂舅姑也。」章同嫜。　《漢書‧郅都傳》:「終不顧妻子矣。」〔註475〕　分攜,見《贈願雲師》。李少卿詩:「努力崇明德。」〔註476〕　喬知之詩:「一代紅顏為君盡。」〔註477〕**淒淒復切切,苦語不能答。好寄武昌書,莫買秦淮姜。巴水急若箭,巴船去如葉。兩岸蒼崖高,孤帆望中沒。**八句是訣別餘情,見其悵望之久也。○歐陽永叔《秋聲賦》:「淒淒切切。」　苦語,見《贈願雲師》。　《一統志》:「武昌府,湖北布政使司治。」又:「秦淮源自溧水縣,北經上元縣東南,入通濟門,橫貫江寧府城中,西出江寧縣三山水門,又西北入大江。」《晉陽秋》:「秦時所鑿,故曰秦淮。」　《一統志》:「巴江源出陝西南鄭縣南之大巴嶺,南流入保寧府界。」李詩:「巴水急如箭,巴船去若飛。」〔註478〕白詩:「波上一葉舟。」〔註479〕　蒼崖,見《臨江參軍》。　陳伯玉詩:「孤帆出霧中。」〔註480〕**二月到漢口,三月下揚州。揚州花月地,烽火似邊頭。驛路逢老親,遷官向閩越。謂逼公車期,盍看長安月。再拜**

〔註470〕范雲《有所思》。
〔註471〕卷五十八。
〔註472〕《贈劉師服》。
〔註473〕《遊感化寺》。
〔註474〕「漂」,《漢書》卷五十三作「嫖」。
〔註475〕卷九十《酷吏傳》。按:早見《史記》卷一百二十二《酷吏列傳》。
〔註476〕《李陵錄別詩二十一首》其二(攜手上河梁)。
〔註477〕《綠珠篇》。
〔註478〕《巴女詞》。
〔註479〕《泛春池》。
〔註480〕陳子昂《白帝城懷古》。

**不忍去，趣使嚴裝發。河山一朝異，復作它鄉別。** 十二句言爾緒棄家尋親，又奉親命赴京，適逢世變也。○《一統志》：「漢口渡在漢陽府漢陽縣東北。」 又：「揚州在江蘇布政司西北四百四十五里。」李詩：「煙花三月下揚州。」〔註481〕 杜詩：「花月窮遊宴。」〔註482〕 又：「烽火連三月。」〔註483〕又：「邊頭公卿仍獨驕。」〔註484〕 李詩：「驛路西連蜀北門。」〔註485〕岑參詩：「高堂有老親。」〔註486〕遷官，見《臨江參軍》。《史記‧韓長孺傳》：「閩越東越相攻。」〔註487〕《後漢書‧丁鴻傳》註：「公車，署名。諸待詔者，皆居以待命。」〔註488〕王詩：「薦士滿公車。」〔註489〕 白詩：「為問長安月。」〔註490〕 《後漢書‧清河王慶傳》：「常夜分嚴裝。」〔註491〕 《史記‧商君傳》：「秦據河山之固。」〔註492〕陶詩：「忽值山河改。」〔註493〕 庾詩：「到在他鄉別。」〔註494〕**別後竟何如，飄零少定居。愁中鄉信斷，不敢望來書。盡道是葭萌，殺人滿川陸。積屍峨嵋平，千村惟鬼哭。**

八句言音書斷絕，正是「它鄉別」之苦境，而以「盡道是」引起下文「客有自秦關」，「殺人」、「鬼哭」又引起下文「骨肉拋棄」、「彼蒼何酷」等語。○飄零，見《遇劉雪舫》。《詩》：「豈敢定居。」〔註495〕 杜詩：「兵甲少來書。」〔註496〕 《一統志》：「葭萌廢縣在保寧府昭化縣南。」 陸士衡詩：「川陸殊塗軌。」〔註497〕 峨嵋，見《哭志衍》。 杜詩：「千村萬落生荊杞。」〔註498〕《漢書‧天文志》：「鬼哭若謼。」〔註499〕

---

〔註481〕《黃鶴樓送孟浩然之廣陵》。

〔註482〕《贈特進汝陽王二十韻》。

〔註483〕《春望》。

〔註484〕《嚴氏溪放歌行》。

〔註485〕不詳。

〔註486〕《送楊瑗尉南海》。

〔註487〕卷一百八。

〔註488〕卷三十七。

〔註489〕《上張令公》。

〔註490〕《山中問月》。

〔註491〕卷八十五《章帝八王傳》。

〔註492〕卷六十八。

〔註493〕《擬古九首》其九。

〔註494〕《和侃法師三絕詩》其三。

〔註495〕《小雅‧采薇》。

〔註496〕《中宵》。

〔註497〕陸機《豫章行》。

〔註498〕《兵車行》。

〔註499〕卷二十六。

客有自秦關，傳言且悲喜。來時聞君婦，貞心視江水。江水流不極，猿聲哀豈聞。將書封斷指，血淚染羅裙。八句於客言中旁寫劉之貞，於書中正寫劉之貞，是作詩本意歸重處。○張茂先詩：「鳳起出秦關。」〔註 500〕《禮》：「妥而後傳言。」〔註 501〕杜詩：「泊船悲喜後。」〔註 502〕　何敬祖《遊仙詩》：「志士懷貞心。」《左傳·僖二十四年》：「所不與舅氏同心者，有如白水。」《楚辭》：「使江水兮安流。」〔註 503〕　《詩》：「豈曰不極。」〔註 504〕　張道濟詩：「古戍猿夜哀。」〔註 505〕　《唐書·張巡傳》：「因拔佩刀斷指。」〔註 506〕　陸士衡詩：「血淚彷徨。」〔註 507〕白詩：「與君南宅染羅裙。」〔註 508〕**五內為崩摧，買舟急迎取。相逢惟一慟，不料吾見汝。拭眼問舅姑，雲山復何處。淚盡日南天，死生不相遇。**八句言楊與劉亂後相見，而劉以不見舅姑為恨也。○蔡文姬詩〔註 509〕：「見此崩五內。」又：「胸臆為摧敗。」　朱子詩：「買舟至西郭。」〔註 510〕《古詩》：「還必相迎取。」〔註 511〕　《樂府》有《相逢行》。《晉書·王戎傳》：「若使一慟能傷人，濬沖不免滅性之譏也。」〔註 512〕　按：「拭眼」如《公羊傳》「反袂拭面」之「拭」。杜詩：「雖無舅姑事。」〔註 513〕　雲山，見《哭志衍》。　李詩：「淚盡日南珠。」〔註 514〕《一統志》：「交趾、日南、九真即今安南國地。」宋延清詩：「雲斷日南天。」〔註 515〕**汝有親弟兄，提攜思共濟。姊妹四五人，扶持結衣袂。懷裏孤雛癡，啼呼不知避。失散倉皇間，骨肉都拋棄。**八句言劉以不見骨肉為恨也。先舅姑，次洗滌，次姊妹，次孤雛，立言有體，合上段「相逢惟一慟」六句，

〔註 500〕張華《簫史曲》。
〔註 501〕《儀禮·士相見禮》。
〔註 502〕《喜觀即到復題短篇二首》其一。
〔註 503〕《九歌·湘君》。
〔註 504〕《大雅·瞻卬》。
〔註 505〕按：張說《岳州別梁六入朝》：「近洲朝鷺集，古戍夜猿哀。」
〔註 506〕《新唐書》卷一百九十二《忠義列傳中》。
〔註 507〕陸機《與弟清河雲詩十章》。
〔註 508〕白居易《春池上戲贈李郎中》。
〔註 509〕《悲憤詩二章》其一。
〔註 510〕《自溪口買舟至順昌示同行者》。
〔註 511〕《孔雀東南飛》。
〔註 512〕卷四十三。按：《世說新語·德行》：「若使一慟果能傷人，濬沖必不免滅性之譏。」
〔註 513〕《牽牛織女》，「舅姑」作「姑舅」。
〔註 514〕《見京兆韋參軍量移東陽二首》其一。
〔註 515〕宋之問《渡吳江別王長史》。

俱是劉語。○《史記‧張儀傳》:「而親昆弟。」〔註516〕《漢書‧韓安國傳》:「雖有親兄。」〔註517〕《古焦仲卿妻詩》:「我有親父兄。」 《禮》:「長者與之提攜。」〔註518〕《國語》:「千人共濟而已。」杜詩:「路難思共濟。」〔註519〕 《爾雅》:「男子謂女子,先生為姊,後生為妹。」《禮》:「或先或後,而敬扶持之。」〔註520〕魏文帝詩:「妻子牽衣袂。」〔註521〕 《古樂府》:「孤雛攀樹鳴。」〔註522〕 倉皇,見《避亂》。 《禮》:「骨肉之親無絕也。」〔註523〕**悠悠彼蒼天,於人抑何酷。城中十萬戶,白骨滿崖谷。官軍收成都,千里見榛莽。設官尹猿猱,半以飼豺虎。尚道是閬州,此地差安堵。民少官則多,莫恤蜀人苦。**此段因爾緒之骨肉抛棄而並悲全蜀也,點出閬州,暗引下段,令人不覺。○《詩》:「悠悠蒼天。」〔註524〕 杜詩:「城中十萬戶。」〔註525〕 白骨,出《國語》。王仲宣詩:「白骨蔽平原。」〔註526〕《唐書‧韋皋傳》:「墜死崖穀不可計。」〔註527〕 杜有《聞官軍收河南河北》詩。 《唐書‧馬燧傳》:「命除榛莽。」〔註528〕 猿猱,見《松鼠》攀援注。 《詩》:「投諸豺虎。」〔註529〕 《史記‧田單傳》:「令安堵。」〔註530〕 《隋書‧楊尚希傳》:「所謂民少官多,十羊九牧。」〔註531〕**淒涼漢祖廟,寂寞滕王臺。子規叫夜月,城郭生蒿萊。只有嘉陵江,江聲自浩浩。我欲竟此曲,流涕不復道。**此段從全蜀歸到閬州,所以謂之「閬州行」也,與起處一段相應。○李詩:「覽古情淒涼。」〔註532〕《一統志》:「漢高帝廟在閬中縣南十數里。」 又:「滕王亭在閬中北玉台山上,唐滕王元嬰建。」 李詩:「惟

---

〔註516〕卷七十。
〔註517〕卷五十二。按:早見《史記》卷一百零八《韓長孺列傳》。
〔註518〕《禮記‧曲禮上》。
〔註519〕《解憂》。
〔註520〕《禮記‧內則》。
〔註521〕曹丕《見挽船士兄弟辭別詩》。
〔註522〕傅玄《放歌行》。
〔註523〕《禮記‧文王世子》。
〔註524〕《王風‧黍離》。
〔註525〕《水檻遣心》其一。
〔註526〕王粲《七哀詩三首》其一。
〔註527〕《新唐書》卷一百五十八。
〔註528〕《新唐書》卷一百五十五。
〔註529〕《小雅‧巷伯》。
〔註530〕卷八十二。
〔註531〕卷四十六。
〔註532〕《留別曹南群官之江南》。

有〔註533〕子規啼夜月。」　阮詩：「賢者處蒿萊。」〔註534〕　《一統志》：「嘉陵江在保寧府城東南。」　《書》：「浩浩滔天。」〔註535〕　宋子侯《董嬌嬈詩》：「吾欲竟此曲。」

　　《古詩廬江小吏》一首序述各人語氣，有焦仲卿語，有仲卿妻語，有仲卿母語，有仲卿妻母語，有仲卿妻兄語，有縣令語，有主簿語，有府君語，有作詩者自己語，沓雜淋漓，或繁或簡，或因其繁而更繁之，或因其簡而更簡之，水復山重，曲折入妙，此古詩中創格也。梅村此詩略仿其意，如「君自為尊章」至「莫買秦淮妾」，爾緒妻語也；「謂逼公車期，蚤看長安月」，爾緒父語也；「愁中鄉信斷，不敢望來書」，爾緒語也；「盡道是葭萌」四句，旁觀傳聞語也；「來時聞君婦，貞心視江水」，客語也；「五內為崩摧，買舟急迎取」，又爾緒；自「相逢惟一慟」至「骨肉都拋棄」，又爾緒妻語；而「四坐且勿喧」一段、「我有同年翁」一段、「悠悠彼蒼天」一段、「淒涼漢祖廟」一段，又前後俱作自己語；淋漓曲折，幾欲與《廬江》一首相似。惟《廬江》詩明點出「府吏謂新婦」、「新婦謂府吏」等名目，而此詩只於暗中換卻語氣，為不同耳。至前用閬州山水起，後用閬州城江結，將許多人語氣收入煙雲縹緲之中，如畫家山水人物有攢簇團結處，而必於上面側面空留餘地，或以微煙淡墨拂之，更覺通幅生動，杳然無盡，「別有天地非人間」也。尤展成謂梅村畫亦成家，吾讀此詩益信。　此詩以表揚爾緒妻之貞孝為主。前半篇「分攜各努力，妾當為君死」二句是眼目，後半篇「來時聞君婦，貞心視江水」二句是眼目，而統納於「我有同年翁，閬中舊鄉縣」二句之中，故以「閬州行」名篇。　「殺人滿川陸」、「白骨滿崖谷」等語故相犯複，此體亦《廬江小吏》詩有之。　詩中兩用「長安」字，「相見隔長安」指西安府，「蚤看長安月」以比京師也。　《避亂》詩「已見東郭叟，全家又別移」，此詩「尚道是閬州，此地差安堵」，皆加一倍寫法。

**讀端清鄭世子傳**《明史·諸王世表》：「端清世子載堉，恭嫡一子。嘉靖二十五年，封世子。萬曆三十三年，讓爵載璽，詔載堉及子翊錫準以世子世孫祿終身，其子孫仍封東垣王，以接見濆之統。」《池北偶談》：「鄭端清世子讓國，自稱道人，造精舍懷慶郭外居之。」〔註536〕

　　昭代無遺憾，萬事光史冊。惜哉金川門，神聖有慚德。天誘其子孫，

---

〔註533〕「惟有」，《蜀道難》作「又聞」。
〔註534〕阮籍《詠懷》其六十。
〔註535〕《堯典》。
〔註536〕卷二十五《鄭端清世子》。

救之以讓國。賢如鄭世子，宗盟堪表率。首段以成祖之爭襯出世子之讓。○
褚希明詩：「聲華滿昭代。」〔註537〕杜詩：「毫髮無遺憾。」〔註538〕　《明史·惠
帝紀》：「建文四年六月乙丑，燕兵犯金川門，都城陷。」〔註539〕　《書》：「惟有慚
德。」〔註540〕　《左傳·成十三年》：「天誘其衷。」　又，僖八年：「能以國讓，仁
孰大焉。」　《明史·諸王傳》：「鄭靖王瞻埈，仁宗第二子。子簡王祁鍈嗣。祁鍈有
子十人。世子見滋，次孟津王見濚，次東垣王見濆。見濚母有寵於祁鍈，規奪嫡，
不得，竊世子金冊以去。祁鍈索之急，因怨不復朝，所為益不法。祁鍈言之憲宗，
革為庶人。及康王薨，無子，見濚子祐橏應及，以前罪廢，乃立東垣王子祐橏。至
是祐橏求復郡王爵，怨厚烷不為奏，乘帝怒，撺厚烷四十罪，以叛逆告。詔駙馬中
官即訊。還報反無驗，削爵，錮之鳳陽。隆慶元年復王爵。世子載堉篤學有至性，
痛父非罪見繫，築土室宮門外，席槁獨處者十九年。厚烷還邸，始入宮。萬曆十九
年，厚烷薨。載堉曰：「鄭宗之序，盟津為長。前王見濚，既錫諡復爵矣，爵宜歸盟
津。」後累疏懇辭。禮臣言：「載堉雖深執讓節，然嗣鄭王已三世，無中更理，宜以
載堉子翊錫嗣。」載堉執奏如初，乃以祐橏之孫載璽嗣。」〔註541〕　《左傳·隱十
一年》：「周之宗盟。」《後漢書·何武傳》：「一方表率也。」〔註542〕當璧辭真王，
累疏誠懇惻。天子詔勿許，流涕守所執。敝屣視千乘，謝之以長揖。灑
掃覃懷宮，躬迓新王入。夷齊既死後，曠代仍間出。此段敘讓國之事。○
《左傳·昭十三年》：「楚共王寵子五人，祈請神擇於五人者，使主社稷，乃遍以璧
見於群望曰：『當璧而拜者，神所立也。』乃埋璧於太室之庭，使五人齋而長入拜。」
《史記·淮陰侯傳》：「大丈夫定諸侯，即為真王耳。」〔註543〕　《後漢書·樂恢傳》：
「聖人懇惻，不虛言也。」〔註544〕　《南史·何點傳》：「點累涕泣，求執本志。」
〔註545〕　《說文》：「謝，辭去也。」本作「誺」。長揖，見《哭志衍》。　《書》：「覃
懷底績。」〔註546〕《一統志》：「懷慶府，《禹貢》冀州覃懷之域。」　《漢書·鄯善

---

〔註537〕褚亮《傷始平李少府正己》。
〔註538〕《敬贈鄭諫議十韻》。
〔註539〕卷四《恭閔帝本紀》。
〔註540〕《仲虺之誥》。
〔註541〕卷一百十九《諸王列傳四》。
〔註542〕按：《何武傳》見《漢書》卷八十六，原作「一州表率也」。另，《漢書》卷七
　　　　十六《韓延壽傳》「幸得備位，為郡表率。」
〔註543〕卷九十二。
〔註544〕卷七十三。
〔註545〕卷三十。
〔註546〕《禹貢》。

國傳》：「漢遣使詔新王，令入朝。」〔註547〕　《雞肋編》：「伯夷姓墨名允，一名元，字公信，叔齊名智，字公達。夷、齊，謚也。」　徐孝穆啟：「自東京晚世，曠代無聞。」〔註548〕杜詩：「異才應間出。」〔註549〕**築屋蘇門山，深心事經術。明興二百年，廟樂猶得失。以之輯群書，十載成卷帙。候氣推黃鍾，考風定六律。嶰谷當南山，伐竹製琴瑟。**集作「代」，非。**為圖獻太常，作之文世室。遂使溱洧間，一洗萬古習。**此段序其讓國後考定樂律之事。因讓國而後能著書，則寫著書仍是寫讓國也。○元裕之詩：「築屋山四繞。」〔註550〕《一統志》：「蘇門山在衛輝府輝縣西北七里。」　顏延年詩：「深心託毫素。」〔註551〕《漢書·蕭望之傳》：「望之大臣通經術。」〔註552〕　按：「二百年」以洪武至萬曆言之，舉成數也。《揮麈錄》：「置之館閣，使修群書，廣其卷帙。」〔註553〕《明史·天文志》：「二十三年，鄭世子載堉進《聖壽萬年曆》、《律曆融通》二書。」〔註554〕又，《樂志》：「神宗時，鄭世子載堉著《律呂精義》、《律學新說》、《樂舞全譜》共〔註555〕若干卷，具表進獻。」又，《藝文志》：「朱載堉《樂律全書》四十卷、《樂和聲大成樂舞圖說》一卷。」〔註556〕《五代史·司天考》：「測圭箭以候氣。」〔註557〕《漢書·律曆志》：「黃者，中之色，君之服也。鐘者，種也。陽氣施種於黃泉，孳萌萬物，為六氣元也。」〔註558〕　按：「考風」猶省風也。《左傳·昭二十一年》：「天子省風以作樂。」《書》：「予欲聞六律五聲八音，在治忽。」〔註559〕　《漢書·律曆志》：「伶倫取嶰谷之竹，斷兩節間而吹之，以為黃鍾之宮。」〔註560〕　又，《公孫賀傳》：「南山之竹不足受我辭。」〔註561〕馬季長《長笛賦》：「羌人伐竹未及已。」《詩》：「爰伐琴瑟。」〔註562〕　《明史·禮志》：「凡

---

〔註547〕卷九十六上《西域傳上》。
〔註548〕《謝敕賜祀三皇五帝餘饌啟》。
〔註549〕《奉贈鮮于京兆二十韻》。
〔註550〕《虞鄉麻長官成趣園二首》其一。
〔註551〕顏延之《五君詠五首》其五《向常侍》。
〔註552〕卷七十八。按：《史記》卷五十八《梁孝王世家》：「帝召袁盎諸大臣通經術者。」
〔註553〕卷五。
〔註554〕卷三十一。
〔註555〕按：見萬斯同《明史》卷六十一《樂志》。「共」，乙本作「其」。
〔註556〕卷九十六。
〔註557〕《新五代史》卷五十八。按：早見《舊五代史》卷一百四十《曆志》。
〔註558〕卷二十一上。
〔註559〕《益稷》。
〔註560〕卷二十一上。
〔註561〕卷六十六。
〔註562〕《鄘風·定之方中》。

祀事皆領於太常寺，而屬於禮部。」〔註563〕 《禮》：「魯公之廟，文世室也。」〔註564〕
《明史‧禮志》：「嘉靖十四年正月，諭閣臣：『今議建文祖廟為世室，則皇考世廟字當
避。』張孚敬言：『文世室宜稱太宗廟。』從之。」〔註565〕 《一統志》：「溱水在密縣
東北，流經新鄭縣西北，又南流合洧水。」《水經》：「洧水出河南密縣西南馬嶺山。」
杜詩：「一洗萬古凡馬空。」〔註566〕 **我行漳河南，懷古思遺澤。好學漢東平，
高風吳泰伯。道傍立豐碑，讓爵存月日。彼為一卷書，能輕萬家邑。大
雅欽遺風，誠哉不可及。** 此段敘景慕之意。「好學」、「高風」二語似將著書讓國
雙贊，然「彼為一卷書，能輕萬家邑」仍跟讓國說下，故知此詩當以讓國為主。○《一
統志》：「漳水有二。濁漳水自山西平順縣經林縣北，又東至涉縣東南。清漳水自山西
黎城縣經涉縣南，有東南與濁漳水合流，入直隸成安縣界。」 李詩：「懷古欽英風。」
〔註567〕《顏氏家訓》：「死則遺其澤。」〔註568〕 《後漢書‧光武十王傳》：「東平憲
王蒼少好經書。」〔註569〕 《舊唐書‧明皇紀》：「高風順時。」〔註570〕 《吳越春
秋》：「太子發立，追封太伯於吳。」 豐碑，見《讀西臺記》。 《漢書‧師丹傳》：
「復曾不能牢讓爵位。」〔註571〕 《法言》：「一卷之書，不勝異說焉。」〔註572〕
杜詩：「小邑猶藏萬家室。」〔註573〕 《漢書‧景十三王傳》：「夫惟大雅，卓爾不
群，河間獻王近之矣。」〔註574〕又，《賈誼傳》：「遺風餘俗，尚猶未改。」〔註575〕

---

〔註563〕卷四十七《禮一》。
〔註564〕《禮記‧明堂位》。
〔註565〕卷五十一《禮五》。
〔註566〕《丹青引贈曹將軍霸》。
〔註567〕《經下邳圯橋懷張子房》。
〔註568〕《名實篇第十》。
〔註569〕卷四十二。
〔註570〕《舊唐書》卷八。
〔註571〕卷八十六。
〔註572〕《學行》。
〔註573〕《憶昔二首》其二。
〔註574〕卷五十三。
〔註575〕卷四十八。

# 吳詩補注

脱稿後，得之郵筒所寄及續有見聞者，仿仇注杜詩之例，輯為補注如左，而辯證及更訂者亦並見焉。乾隆遊兆沿灘孟陬，黎城靳榮藩。

## 卷一

### 贈蒼雪

**講室**張如哉曰：「裴景仁《前秦記》：『苻堅就宋氏家立講室書堂。』」**玄圃**《南齊書·文惠太子傳》：「太子與竟陵王子良俱好釋氏，開拓玄圃園與臺城北墅等，其中樓觀塔宇多聚奇石，妙極山水。」**答疑**趙邠卿《孟子題辭》：「難疑答問。」《南史·周宏正傳》：「宏正啟《周易》疑義凡五十條，又請釋乾《《二繫，復詔答之。」**道路多豺虎**子山《哀江南賦》：「路交橫於豺虎。」**洱水與蒼山，佛教之齊魯**程迂亭《箋》：「陳鼎《滇黔紀遊》：『點蒼山一名靈鷲，梵語耆闍崛，列剎相望，在天竺幅員之內，為阿育王故封，曾建八萬四千塔。大理塔基數百，皆其舊址。唐乾德二年，詔沙門三百人入天竺求舍利及梵書，至開寶九年始歸，其紀錄行程，曰巍峰，曰雞足山，曰憂波掬多石室，曰王舍城，曰鷲峰，曰阿難半身舍利塔，曰畢羅鉢窟。以今考之，皆大理古蹟也。』」

### 塗松晚發

**人語**盧允言詩：「舟人夜語覺潮生。」**披衣**魏文帝詩：「披衣起徬徨。」**居然**詳《過玉京道人墓》。

## 毛子晉齋中讀吳匏菴手抄西臺慟哭記

奇書《北史‧酈道元傳》:「歷覽奇書。」〔註1〕南宋詳《觀王石谷山水圖》。婦翁為神仙《梅磵詩話》:「永嘉徐照題子陵釣臺詩云:『梅福神仙者,新知是婦翁。』子陵為梅公婿,傳記不載,詩必有所本。」幕府從羈僕張如哉曰:「幕府即《慟哭記》中『宰相開府南服』,指文山。從羈僕,即『余以布衣從戎』,指皋羽也。」君存《史記‧袁盎傳》:「社稷臣,主存與存。」翟公湛家族翟公,字借用《史記‧汲鄭傳‧贊》。又,《漢書‧翟方進傳》:「父翟公。」張如哉曰:「按:《漢書》:方進字子威。少子義字文仲。舉兵滅族者,文仲,非子威也。文舉誤用子威字耳。《集覽》引之,非是。劉孝標《廣絕交論》:『勢殉荊卿湛七族。』」故人《後漢書‧逸民傳》:「太史奏客星犯帝座甚急,帝笑曰:『朕故人嚴子陵共臥耳。』」顛蹷《仙傳拾遺》:「帝乃使使者勅猛獸發聲,帝登時顛蹷掩耳,振動不能自止。」配食《漢書‧外戚傳》:「以李夫人配食。」

## 壽王鑑明五十

愁苦李少卿《答蘇武書》:「獨坐愁苦。」全家李義山詩:「許掾全家道氣濃。」

## 松鼠

頹瓦李孔集曰:「張文潛詩:『破瓦頹垣良可悲。』」悚惕悚應作悚,《廣韻》:「息拱切,音聳。」《說文》:「懼也。」悚與悚同音策。倒靡《說文》:「擁抱也。」迅躡揚子《方言》:「躡,登也。」《宋書‧高祖紀》:「追躡不速,逆黨必聚。」廻顧蔡伯喈詩:「回顧生碧色。」慘裂杜詩:「兩株慘裂苔蘚皮。」空腹出《晉書‧周顗傳》。歐陽永叔詩:「燒出空槎腹。」殘身《史記‧豫讓傳》:「何必殘身苦形。」屈指五六年《漢書‧陳湯傳》:「詘指計其日。」《書》:「或五六年。」漿炙陸士衡《百年歌》:「清酒漿炙奈樂何。」櫺戶《說文》:「櫺,楯間子也。」張平子《西京賦》:「伏櫺檻而俯聽。」薛綜《注》:「櫺檻,臺上欄也。」勇夫《書》:「仡仡勇夫。」比讀莊生書《廣韻》:「比,近也。」《晉書‧隱逸傳》:「宋纖曰:『德非莊生,才非干木,何敢稽停明命。』」愚公《說苑》:「齊桓公獵,逐鹿,入山谷中,見父老,問此何谷。曰:『愚公谷。畜牸牛子,大,賣之,買駒。少年曰:牛不能生馬。遂持駒去。旁人聞以為愚,因以之名谷。』」張如哉曰:「此條較北山愚公為切。」鄰家《戰國策》:「出語鄰家。」於己何得失杜詩:「蟲難於人何厚薄。」又:「難蟲得失無了時。」○按:陳其年有《見烏為狸奴所攫食用梅村松鼠韻》詩。

## 吳門遇劉雪舫

上意《漢書·魏相傳》：「甚稱上意。」三十庫《宋書·食貨志》：「元豐初，乃更景福殿庫名，自製詩以揭之，凡三十二庫。」朝諸陵《唐六典》：「凡朔望元正冬至寒食，皆修享於諸陵。」流落阮元瑜詩：「流落恒苦心。」名花王詩：「名花是長卿。」路傍杜詩：「不如棄路旁。」感歎增傷心高達夫詩：「以茲感歎辭舊遊。」《書》：「民罔不盡傷心。」沉淪《晉書·禮志》：「沉淪寂寞。」

## 臨江參軍程迓亭曰：「《梅村詩話》題下有『行』字，無『投身感』至『性不敢量臣力』二句。」

鷹隼伏指爪古諺：將飛者翼伏，將奮者足跼，將噬者爪縮，將文者且樸。歡謔按：沈休文《與約法師書》：「用為歡謔，其事未遠。」在唐句之前。羽書杜詩：「征西車馬羽書遲。」樞曹《遼史·百官志》：「漢人樞密院，本兵部之職。」主上《漢書·司馬遷傳》：「以廣主上之意。」四野《勅勒歌》：「天似穹廬，籠蓋四野。」紙墨陶《飲酒詩·序》：「紙墨遂多。」掩面顧渠清曰：「掩面出《左傳·哀十六年》。」鼓聲哀常建詩：「軍敗鼓聲死。」引義太激昂，見者憂讒疾《後漢書·袁安傳》引《義雅》：「正可謂王臣之烈。」程迓亭《箋》：「《梅村詩話》：賈莊前數曰：『督師聞起潛兵在近，約之合軍，竟拔營夜遁；用無援，故敗。』詔詰督師死狀，機部直以實對。慈谿馮鄴仙得其書，謂余曰：『此疏入，機部死矣！』為定數語。機部聞之，則大恨。先是，嗣昌遣部役張姓者偵賈莊，其人談盧公死狀，流涕動色。嗣昌榜之，楚毒備至，口無改辭；遂以考死。於是機部貽書馬與余曰：『高監一段，竟為刪卻，後世謂伯祥不及一部役耶！』然機部亦竟以是得免。」按：此部役，史作俞振龍。陳鼎《東林列傳》：「俞業販貂鼠，人呼俞貂鼠焉。」再訪征東宅《詩話》：「機部自盧公死，益無聊生。已而過宜興，訪盧公子孫，再放舟婁中，與天如師及余會飲十日，嘉定程孟陽為畫髯參軍圖，余得臨江參軍一章。」無愧辭《左傳·襄二十七年》：「祝史陳信於鬼神，無愧辭。」大義《左傳·僖二二十五年》：「諸侯信之，且大義也。」

## 贈願雲師

雲門具和尚梅村《具德塔銘》：「師歸隱雲門山中。」《一統志》：「雲門寺在紹興府會稽縣雲門山。」惟出世大事《傳燈錄》：「弘忍自碓房召慧能，告曰：『諸佛出世為一大事。』」真實《魏書·釋老志》：「諸佛法身有二種義：一者真實，二者權應。」貽書《隋書·刑罰志》：「既鑄刑辟，叔向貽書。」○達人張如哉曰：「出《左傳·昭

七年》。此借用，如《莊子》之達生。」**白社**蔚州李棠蔭尚木曰：「白蓮社在九江府德化縣東南二十里東林寺左，精舍猶存。」**匡床**《爾雅·釋詁》：「匡，方也。」

## 避亂

始憂天地小杜詩：「如覺天地窄。」**煙清**戴幼公《宮詞》：「香瓢金屋篆煙清。」**不擾**《左傳·襄四年》：「德用不擾。」○**妾怨**蔡璟詩：「妾怨高樓積年歲。」**兒眠**天倉錢敬熙巘堂曰：「范致能《竹枝歌》：『背上兒眠上山去。』」**自憐**《楚辭》：「惆悵兮而私自憐。」○**驟得江頭信**《楚辭》：「時不可乎驟得。」杜有《哀江頭》詩。**龍關**文通《齊高祖誄》：「鴈海龍關，亦柔好音。」**依稀**顏延年《為齊景陵王世子臨會稽表》：「實依稀於河上。」**依然**朱超道詩：「悵望轉依然。」○**易知**《古詩》：「君家誠易知。」**無計詳**《後東皋歌》。**全家又別移**許仲晦詩：「全家南渡遠。」**為客**杜詩：「醉裏從為客。」**十年遲**元裕之詩：「相從何止十年遲。」**謀國**《後漢書·馮岑賈傳·贊》：「遠圖謀國。」○**曉起譁兵至**陳剛中詩：「曉起候鐘聲。」《書》：「人無譁。」蘇子由詩：「空聽吏兵譁。」**草草十數人**白詩：「草草十餘人。」**登岸**《詩》：「誕先登于岸。」

## 西田詩

習隱孔德璋《北山移文》：「習隱南郭。」○**徙倚**《楚辭》：「步徙倚而遙思兮。」○**樸陋**《宋史·周陳國公主傳》：「李瑋尚主。瑋樸陋，與主積不相能。」《字典》：「樸與樸同。」○**卜生程**《箋》：「煙客《西廬詩草》云：『潤甫卜翁為余茅菴畫壁，高妙直追董、巨，歌以紀之。』」○**想像**《楚辭》：「思故舊以想像兮。」**惆悵**《楚辭》：「惆悵兮而私自憐。」**長生**《老子》：「長生久視之道。」

## 哭志衍

即子之太公程《箋》：「《輟耕錄》：『今人謂曾祖父曰太公，此益相承之謬，當稱祖父為是。《後漢·李固傳》曰：太公以來云云。《注》：太公謂祖父郜。按：此太公指其祖吳鸞也。』程穆衡《婁東耆舊傳》：「鸞幼從王偉受《春秋》，抗師座，與弟子剖析疑義，成進士者六七輩。」**餘子**《禰衡別傳》：「餘子碌碌。」**才智**《梁書·沈約傳》：「今日才智縱橫，可謂明識。」**解褐**《晉書·樂志》：「解褐衿天維。」**往往出**《史記·五帝紀》。**跳躍**《唐書·韓愈傳》：「跳躍叫呼。」**橫賢**《楚辭》：「覽冀州兮有餘，橫四海兮焉窮。」**背後若有節**《南史·王敬則傳》：「見背後有節，便言應得殺人。」**天道何窮剝**徐孝穆《與楊僕射書》：「天道窮剝，鍾亂本朝。」**驛路**詳《閬

州行》。**嚴關**太倉錢元熙吉亭曰：「陳叔達詩：『嚴關猶未遂，此夕待晨雞。』」**賓旅**「賓」字疑作「竇」。竇音悰。詳《送志衍入蜀》。**岷峨氣蕭索**杜詩：「岷峨氣悽愴。」**同事**《南史・楊公則傳》：「要與同事。」**屠膊**顧渠清曰：「《周禮・地官》：『凡屠者斂其皮角筋入於王府。』《左傳・成二年》：『殺而膊諸城上。』《注》：『膊，磔也。』」**夢斷**柳子厚詩：「一聲夢斷楚江曲。」**一一**《韓非子》：「一一而聽之。」**殘著**秦少游詞：「翻身整頓著殘棋。」**刻意**《莊子》：「刻意尚行。」**綿邈**邈，莫角切。**玉墜**按：墜，扇餙，如張昱《宮詞》「尋出塗金香墜子」之墜。別詳《宮扇》補注。**寥廓**《楚辭》：「上寥廓而無天。」

## 閬州行

　　**兩岸**庾詩：「寒沙兩岸白。」**望中**周美成詞：「望中地遠天闊。」**趣**同促。**別後竟何如**李少卿《答蘇武書》：「與子別後，益復無聊。」《古〔註2〕詩》：「書中竟何如。」**愁中鄉信斷**杜詩：「何得愁中卻盡生。」岑參詩：「見雁思鄉信。」**來時聞君婦，貞心視江水**鮑詩：「來時聞君婦閨中，孀居獨宿有貞心。」**啼呼**見《避亂》。**何酷**《梁書・武帝紀・贊》：「嗚呼！天道何其酷焉。」**江聲**詳《送穆苑先》。

## 讀端清鄭世子傳

　　**懷古**張平子《東京賦》：「慨長思而懷古。」**累**《爾雅》：「重厓，岸。」《注》：「兩厓累者為岸。」《疏》：「言兩厓相重累者，亦名岸也。」別詳《雁門尚書行》補注。**迓**《說文》：「迓，相逆也。」

---

〔註2〕「古」，乙本誤作「占」。

# 吳詩集覽　卷二上

黎城靳榮藩介人輯

## 五言古詩二之上

**讀史雜詩**《宋史‧吳玠傳》：「玠善讀史。」〔註1〕《文選》有王仲宣、劉公幹、魏文帝、曹子建《雜詩》。

　　東漢昔雲季，黃門擅權勢。積忿召外兵，癰決身亦斃。雖自撥本根，庶幾蕩殘穢。誰云承敝起，仍出刑餘裔。孟德沾丐養，門資列朝貴。憑藉盜弄兵，豈曰唯才智。追王故長秋，無鬚而配帝。鉤黨諸名賢，子孫為皁隸。此詩刺阮大鍼也。說附後。○李詩：「漢道昔雲季。」〔註2〕《後漢書‧宦者傳》：「自明帝以後迄乎延平，中常侍至有十人，小黃門二十人。其後孫程定立順之功，曹騰參建桓之策，中外服從，上下屏氣，漢之綱紀大亂矣。」〔註3〕《韓非子》：「權勢不可以借人。」〔註4〕《南史‧焦度傳》：「周彥與度俱在郢州。度積忿，呵責彥。」〔註5〕《後漢書‧何進傳》：「袁紹等為畫策，多召四方猛將及諸豪傑，使並引兵內〔註6〕京城，以脅太后。遂西召前將軍董卓屯關中上林苑。紹遂閉北宮門，勒兵捕宦者，無少長皆殺之。」　又，《董卓傳》：「潰癰雖痛，勝於內食。」〔註7〕《詩》：

---

〔註1〕卷三百六十六。
〔註2〕《讀諸葛武侯傳書懷贈長安崔少府叔封昆季》。另，盧照鄰《詠史四首》其二：「大漢昔雲季。」
〔註3〕卷一百八。
〔註4〕《內儲說下‧六微第三十一》。
〔註5〕卷四十六。
〔註6〕「內」，《後漢書》卷六十九作「向」。
〔註7〕卷一百二。

「本實先撥。」〔註8〕《左傳・文七年》：「若去之，則本根無所庇廕矣。」 班孟堅《東都賦》：「於是百姓滌瑕蕩穢。」 《史記・項羽紀》：「何敝之承。」〔註9〕 《漢書・司馬遷傳》：「刑餘之人，無所比數。」〔註10〕 《三國志・魏武志》：「姓曹，諱操，字孟德。」〔註11〕《後漢書・袁紹傳》：「司空曹操祖父騰，故中常侍。父嵩，乞匄攜養。」〔註12〕《唐書・杜甫傳》：「沾丐後人多矣。」〔註13〕 《北史・蘇綽傳》：「夫門資者，乃先世之爵祿，無妨子孫之愚瞽。」〔註14〕《齊書・王秀之傳》：「未嘗一詣朝貴。」〔註15〕 《晉書・劉毅傳》：「謝混憑藉世資。」〔註16〕《漢書・龔遂傳》：「使陛下赤子盜弄陛下之兵於潢池中耳。」〔註17〕 李詩：「豈曰非知勇。」〔註18〕《後漢書・宦者傳》：「曹騰，字季興。為小黃門，遷中常侍、大長秋，加位特進。騰卒，養子嵩嗣。」〔註19〕《宋書・禮志》：「魏明帝太和三年六月，又追尊高祖大長秋曰高皇。」〔註20〕 《後漢書・何進傳》：「或有無鬚而誤死者。」〔註21〕《易》：「殷薦之上帝，以配祖考。」〔註22〕 《後漢書・靈帝紀》：「制詔州郡大舉鉤黨。」〔註23〕又，《馮衍傳》：「樹名賢之良佐。」〔註24〕 《三國志・鄧艾傳》：「子孫為萌隸。」〔註25〕《左傳・昭三年》：「欒、郤、胥、原、續、慶、伯，降在皁隸。」

明莊烈誅客、魏，定逆案，是「蕩殘穢」也。而閹孽阮大鋮肆毒南京，卒以覆國，詩當為此作乎？「誰云承敝起，仍出刑餘裔」，恫乎其言之矣。詳《讀史雜感》等首。 《明史・顧憲成傳》：「無錫故有東林書院，宋楊時講道處也。憲

---

〔註8〕《大雅・蕩》。
〔註9〕卷七。
〔註10〕卷六十二。
〔註11〕卷一。
〔註12〕卷七十四上。
〔註13〕《新唐書》卷二百一《文藝列傳上》。
〔註14〕卷六十三。
〔註15〕《南齊書》卷四十六，作「未嘗詣一朝貴」。
〔註16〕卷八十五。按：《南齊書》卷四十四《徐孝嗣傳》：「徐孝嗣憑藉世資。」
〔註17〕卷八十九《循吏傳》。
〔註18〕《經下邳圯橋懷張子房》。
〔註19〕卷七十八。
〔註20〕卷十六。
〔註21〕卷六十九。
〔註22〕《豫・大象》。
〔註23〕卷八。
〔註24〕卷五十八上。
〔註25〕卷二十八。

成與弟允成倡修之。講習之餘，往往諷議朝政，裁量人物。朝士慕其風者遙相應和，由是東林名大著，而忌者亦多。比憲成沒，攻者猶未止。凡救李〔註26〕三才者、爭辛亥京察者、衛國本者、發韓敬科場弊者、請行勘熊廷弼者、抗論張差梃擊者、最後爭移宮紅丸者、忤魏忠賢者，率指目〔註27〕為東林，抨擊無虛日，借魏忠賢毒燄，一網盡去之，殺戮禁錮，善類一空。崇禎立，始漸收用，而朋黨勢已成，小人卒大熾，禍中於國，迄明亡而後已。」〔註28〕按：此詩「鉤黨名賢」比東林也。東林雖不盡為名賢，而名賢較多。閹人熾，東林戮，而流賊浸盛，於是督師總理者不過以楊嗣昌、陳奇瑜等為極選。至於熊文燦、丁啟睿之徒，愈卑卑不足道。其可以任閫寄者，皆盡於宦官閹黨之手，故流賊之所殺者多庸人，而閹黨之所殺者皆忠臣烈士也。烈士既盡，遂無足禦李自成、張獻忠者。故明之天下，李自成亡之，寔附魏忠賢亡之也。梅村目擊大鋮之禍，是以獨有顯刺耳。或疑定逆案者王永光，而永光與正人為讎，則此詩似刺永光。然永光用事在崇禎間，而詩云「身亦斃」，即指莊烈末年事，故「承敝起」仍以刺懷寧為允。

# 其二

商君刑師傅，徙木見威約。范叔誣涇陽，折脅吐謇諤。地疏主恩深，法輕主權削。苟非用刻深，何以膺付託。功成或倖退，禍至終難度。屈伸變化間，即事多斟酌。談笑遷種人，吾思王景略。此詩刺薛韓城也。說附後。○《史記・商君傳》〔註29〕：「名鞅，姓公孫氏。太子犯法，刑其傅公子虔，黥其師公孫賈。」　又：「立三丈之木於國都市南門，募民有能徙置北門者予十金。」《漢書・司馬遷傳》：「積威約之漸也。」〔註30〕　《史記・范睢傳》：「字叔。齊襄王聞睢辯口，乃使人賜睢金十斤及牛酒。須賈知之，以為睢持魏國陰事告齊，故得此饋。既歸，以告魏相。大怒，使舍人笞擊睢，折脅摺齒。秦昭王使謁者王稽於魏，載范睢入秦。而涇陽君、高陵君皆昭王■〔註31〕同母弟也。范睢得見於離宮，逐涇陽君於關外。」〔註32〕　謇諤，見《哭志衍》。　按：「地疏」句承「范叔」說下，用《睢傳》

〔註26〕「李」，乙本誤作「季」。
〔註27〕「目」，乙本誤作「日」。
〔註28〕卷二百三十一。
〔註29〕卷六十八。
〔註30〕卷六十二。
〔註31〕墨丁，讀秀本作空格。
〔註32〕卷七十九。

－151－

「交疏言深」字法。「法輕」句承「商君」說下,用《李斯傳》「惟明主為能深督輕罪」意。《史記・李斯傳》:「法令誅罰,日益刻深。」〔註33〕 諸葛孔明《出師表》:「恐託付不效。」《史記・蔡澤傳》:「夫四時之序,成功者去。」〔註34〕按:「功成倖退」用《蔡澤傳》「應候因謝病,請歸相印」。「禍至」句用《商君傳》「秦惠王車裂商君以殉也」。 沈休文詩:「即事既多美。」〔註35〕斟酌,見《哭志衍》。《後漢書・光武紀》:「徙其種人於江夏。」〔註36〕 《晉書・載記》:「王猛,字景略,北海劇人也。」〔註37〕

　　《明史》:「薛國觀,韓城人。為人陰鷙谿刻。溫體仁因其素仇東林,密薦於帝,大用之。國觀得志,一踵體仁所為,導帝以深刻。帝初頗信響之,久而覺其奸,遂及於禍。崇禎十三年,奪職,放歸。袁愷再疏,發其納賄諸事。遣使逮之。明年七月入都。國觀自謂必不死。八月初八日夕,監刑者至門,猶鼾睡。及聞詔使皆緋衣,蹴然曰:『吾死矣!』乃就縊。」〔註38〕詩中「膺付託」者,膺體仁之付託也。「功成倖退」指奪職放歸時。「禍至難度」指入都就縊時。按:《姦臣傳》:「體仁佯引疾,得旨,竟放歸。時十年六月也。」〔註39〕「功成或倖退」,似於體仁為切。然酙全首語義,蓋為韓城作耳。《晉書・載記〔註40〕・苻堅傳》〔註41〕:「堅之分氐戶於諸鎮也,趙整因侍,援琴而歌〔註42〕曰:『遠徙種人留鮮卑,一旦緩急語阿誰!』堅笑而不納。」又:「以王猛為侍中、中書令〔註43〕。其特進強德,苻健妻弟也,豪橫,為百姓患。猛捕殺之,陳屍於市。數旬間,貴戚強豪誅死者二十餘人。百僚震肅,豪右屏氣,風化大行。」又,《王猛傳》:「猛疾篤,堅問後事。猛曰:『鮮卑、羌虜,我之仇也,終為人患,宜漸除之,以便社稷。』」又,《堅傳》:「慕容沖進逼長安。堅怒曰:『吾不用王景略之言,使白虜敢至於此。』」張如哉曰:「按:鮮卑謂慕容垂,羌虜謂姚萇。王猛相秦,與商君、范叔之相秦,其刻深亦略同,而猛之策鮮卑、羌虜,獨計及後患,則與烏程、

〔註33〕卷八十七。
〔註34〕卷七十九。
〔註35〕沈約《遊鍾山詩應西陽王教》其三。
〔註36〕卷一上。
〔註37〕卷一百十四《苻堅載記下》。
〔註38〕萬斯同《明史》卷二百五十三。
〔註39〕卷三百八。
〔註40〕「記」,讀秀本作墨丁。
〔註41〕卷一百十四。
〔註42〕「歌」,讀秀本作墨丁。
〔註43〕「令」,讀秀本作墨丁。

韓城之玩寇弗除大相懸殊，所謂『屈伸變化間，即事多斟酌』也。『談笑遷種人』，
即用『堅笑而不納』意。『吾思王景略』即『恨不用王景略之言』意。」

## 其三

　　蕭何虛上坐，故侯城門東。曹參避正堂，屈己事蓋公。咄咄兩布衣，
不仕隆準翁。其術總黃老，閱世浮沉中。所以輔兩人，俱以功名終。出處
雖有異，道義將毋同。何必致兩生，彼哉叔孫通。此詩刺薦舉遺逸者不如蕭、
曹，俾遂本志也。○《漢書·蕭何傳》：「召平者，故秦東陵侯。秦破，為布衣，貧，種
瓜長安城東，瓜美，故世謂『東陵瓜』，從邵平始也。何從其計，上說。」〔註44〕　又，
《曹參傳》：「聞膠西有蓋公，善治黃老言，使人厚幣請之。蓋公為言治道貴清靜而民自
定。參於是避正堂，舍蓋公焉。」〔註45〕《正韻》：「蓋，古沓切。」　《後漢書·嚴光
傳》：「咄咄子陵，不能相助為理耶？」〔註46〕《史記·留侯世家》：「此乃布衣之極。」
〔註47〕　《漢書·高祖紀》：「隆準而龍顏。」注：「應劭曰：『隆，高也。』李斐曰：『準，
鼻也。』」〔註48〕　《史記·申不害傳》：「學本黃老。」〔註49〕　陸士衡《歎逝賦》：「人
閱人而成世。」《詩》：「載沉載浮。」〔註50〕　《漢書·蕭曹傳·贊》：「淮陰、黥布等已
滅，惟何、參擅功名。」〔註51〕　將毋同，見《贈蒼雪》。　《漢書·叔孫通傳》：「使徵
魯諸生三十餘人。魯有兩生不肯行，曰：『公所事者且十主。往矣，毋污我！』」〔註52〕
　　此七十字，卻聘書也。吾於此悲其志焉。

## 其四

　　竇融昔布衣，任俠家扶風。翟公初舉事，海內知其忠。融也受漢恩，
大義宜相從。低頭就新莽，顧入其軍中。轉戰槐里下，盡力為摧鋒。後
來擁眾降，仍以當時功。忝竊居河西，蜀漢方相攻。一朝決大計，佐命
蕭曹同。吁嗟翟太守，為漢傾其宗。劉氏已再興，白骨無人封。徒令千

<hr>

〔註44〕卷三十九。按：早見《史記》卷五十三《蕭相國世家》。
〔註45〕卷三十九。按：早見《史記》卷五十四《曹相國世家》。
〔註46〕卷八十三《逸民列傳》。
〔註47〕卷五十五。
〔註48〕卷一上。
〔註49〕卷六十三。
〔註50〕《小雅·菁菁者莪》。
〔註51〕卷三十九。
〔註52〕卷四十三。按：早見《史記》卷九十九《叔孫通列傳》。

**載後，流涕平陵東。**此詩刺降將，弔國殤也。○《後漢書・竇融傳》：「字周公，扶風平陵人也。王莽居攝中，為強弩將軍司馬，東擊翟義，還攻槐里，以軍功封建武男。出入貴戚，連結閭里豪傑，以任俠為名。及漢兵起，融復從王邑敗於昆陽下。莽敗，融以軍降更始。及更始敗，融與梁統等計議，乃推融行河西五郡大將軍事。先是，帝聞河西完富，地接隴、蜀，常欲招之以逼囂、述，賜融璽書曰：『今益州有公孫子陽，天水有隗將軍，方蜀漢相攻，權在將軍，舉足左右，便有輕重。』車駕西征隗囂，引見融等，待以殊禮。帝高融功，封融為安豐侯。」〔註53〕按：《融本傳》：「高祖父嘗為張掖太守，從祖父為護羌校尉，從弟亦為武威太守」，所謂「融也受漢恩，大義宜相從」也。　又，《梁鴻傳》：「毋乃欲低頭就之乎？」〔註54〕《漢書・王莽傳》：「定有天下之號曰新。」〔註55〕　《隋書・孫晟傳》：「轉戰六十餘里。」〔註56〕　《大清一統志》：「槐里故城在西安府興平縣東南。」《史記・萬石君傳》：「願盡力。」〔註57〕《宋書・武帝紀》：「摧鋒萬里。」〔註58〕　《後漢書・岑彭傳》：「時田戎擁眾夷陵。」〔註59〕《晉書・羊祜傳》：「臣忝竊雖久。」〔註60〕　《後漢書・竇武傳》：「宜速斷大計。」〔註61〕　又，《二十八將傳・論》〔註62〕：「稱為佐命。」又：「高祖悉用蕭曹故人。」《漢書・翟方進傳》：「少子曰義，為弘農太守，遷河內太守、青州牧。徙為東郡太守。王莽居攝，義心惡之，遂與東郡都尉劉宇、嚴鄉侯劉信、信弟武平侯劉璜結謀，立信為天子。於是吏士精銳遂功圍義於圉城，破之。至固始界中捕得義，尸磔陳都市。夷滅三族，誅及種嗣，皆同坑葬。」〔註63〕　《晉書・溫嶠傳》：「班彪識劉氏之復興。」〔註64〕　白骨，見《閬州行》。《易》：「不封不樹。」〔註65〕《古歌》：「平陵東，松柏桐，不知何人劫義公。」〔註66〕注：「《平陵東》，翟義門人所作。」

---

〔註53〕卷五十三。
〔註54〕卷一百十三《逸民列傳》。
〔註55〕卷九十九上。
〔註56〕卷五十一。
〔註57〕卷一百三。
〔註58〕按：出《梁書》卷二《武帝本紀中》。
〔註59〕卷四十七。
〔註60〕卷三十四。
〔註61〕卷九十九。
〔註62〕卷五十二。
〔註63〕卷八十四。
〔註64〕卷六十七。
〔註65〕《繫辭下》。
〔註66〕《平陵東》。

按：《明史·流賊傳》：「李自成兄子過改名錦，偕諸帥奉高氏降於總督何騰蛟。時唐王立於閩，賜錦名赤心，封高氏忠義夫人。」〔註67〕而赤心又曾封興國侯，此固不足道。鄭芝龍、孫可望之徒擁眾降附，得邀封爵，而一時號召烏合者多赤族以死。此《榮蚗卮談》所以許梅村為詩史也。然《明史》於死事諸臣皆許為立傳，填海移山，各村其志。本朝之表章節義，真曠古所希聞者。教忠之法，可以訓示萬世矣。

# 又詠古

浹旬至臺司，三日遍華省。慈明與中郎，豈不念朝菌。王良御奔車，勢逼崦嵫景。急策度太行，馬足殆而騁。富貴若歲時，過則生災疢。草木冬先榮，經春輒凋殞。桓桓梁將軍，赫赫蕭京尹。一朝遇蹉跌，未得全要領。人生百年內，飽食與美寢。毋以藜藿糲，羨彼鐘與鼎。毋以毛褐敝，羨彼紈與錦。進固非伊周，退亦無箕潁。薄祿從下僚，末俗居中品。寂寥子雲戟，從容步兵飲。太沖詠史，大半述懷。此亦梅村述懷之作也。○《左傳·宣九年》：「浹辰之間，楚克三都。」注：「浹辰，周匝十二日也。」按：「浹旬」如《劉子》「滿旬而後〔註68〕至。」《後漢書·荀爽傳》：「字慈明。自被徵命及登臺司，九十五日。」〔註69〕　又，《蔡邕傳》：「初平元年，拜左中郎將。三日之間，周歷三臺。」〔註70〕潘安仁《秋興賦》：「獨展轉於華省。」　《莊子》：「朝菌不知晦朔。」〔註71〕　《韓子》：「奔車之上無仲尼。」〔註72〕　《淮南子》：「日入崦嵫。」〔註73〕《古八變歌》：「浮雲多暮色，似從崦嵫來。」　《戰國策》：「驥之齒至矣，服鹽車而上太行。」　《大清一統志》：「太行山在澤州府鳳臺縣南，南跨河南河內縣界，東北接陵川、壺關、平順、潞城、黎城、武鄉、遼州、和順、樂平、平定諸州縣界。」　子建《洛神賦》：「車殆馬煩。」　楊子幼《報孫會宗書》：「歲時伏臘。」　《居易錄》：「今京師臘月即賣牡丹、梅花、緋桃、探春諸花，皆貯暖室，以火烘之，所謂堂花，又名唐花是也。按：《漢書·召信臣傳》：『信臣為少府大官園，種冬生蔥韭菜茹，覆以

---

〔註67〕卷三百九。

〔註68〕「後」，《劉子·貴速第四十三》作「取」。

〔註69〕卷六十二。

〔註70〕卷九十下。

〔註71〕《逍遙遊》。

〔註72〕《觀行第二十四》。

〔註73〕按：《離騷》：「吾令羲和弭節兮，望崦嵫而勿迫。」王逸注：「崦嵫，日所入山也。」

屋廡，晝夜難蘊火，待溫氣乃生。』唐人詩『內園分得溫湯水，二月中旬已進瓜』，蓋漢、唐以來皆然。」〔註74〕《香祖筆記》：「宋時武林馬塍藏花之法，紙糊密室，鑿地作坎，覆竹置花其上，糞土以牛溲硫黃，然後置沸湯於坎中，候湯氣薰蒸則扇之，經宿則花放。今京師園丁亦然。」〔註75〕《魏書·崔光傳》：「蒸氣鬱長，非有根種，柔脆之質，凋殞速易。」〔註76〕 杜詩：「桓桓陳將軍。」〔註77〕《後漢書·梁冀傳》：「質帝目冀曰：『此跋扈將軍也。』延熹二年，冀及妻壽皆自殺。」〔註78〕儲光羲詩：「忽見梁將軍，乘車出宛洛。」〔註79〕 《漢書·蕭望之傳》：「字長倩，東海蘭陵人也。為左馮翊三年，京師稱之。望之有罪死。」〔註80〕杜詩：「赫赫蕭京兆。」〔註81〕 《漢書·陳遵傳》：「不敢差跌。」〔註82〕 《禮》：「是全要領以從先大夫於九京也。」〔註83〕 《漢書·張良傳》：「人生一世間。」〔註84〕楊處道詩：「共幸百年身。」〔註85〕 東方曼倩《誡子詩》：「飽食安步，以仕代農。」徐夤詩：「寒益輕裯饒美寢。」〔註86〕 《高士傳》：「子貢相衛，排藜藿來見原憲。」 王子安《滕王閣序》：「鐘鳴鼎食之家。」 子建《七啟》：「予好毛褐，未暇此服也。」 《唐書·張易之傳》：「傅朱粉，衣紈錦。」〔註87〕 《高士傳》：「許由，字武仲，仲陽城槐里人也。耕於中嶽潁水之陽、箕山之下。」 杜詩：「累奏資薄祿。」〔註88〕左太沖詩：「英俊沉下僚。」〔註89〕 《漢書·朱博傳》：「今末俗之弊，政事煩多。」〔註90〕《晉書·劉毅傳》：「上品無寒門，下品無勢族。」〔註91〕《小學》：「中品之人，教

---

〔註74〕卷三十三。

〔註75〕卷三。

〔註76〕卷六十七。

〔註77〕《北征》。

〔註78〕卷三十四。

〔註79〕《田家雜興八首》其五。

〔註80〕卷七十八。

〔註81〕《遣興五首》其三。

〔註82〕卷九十二《游俠傳》。

〔註83〕《禮記·檀弓下》。

〔註84〕按：出《漢書》卷三十三《魏豹傳》。早見《史記》卷五十五《留侯世家》。

〔註85〕楊素《贈薛播州詩》其四。

〔註86〕《自詠十韻》。

〔註87〕《新唐書》卷一百四。

〔註88〕《客堂》。

〔註89〕《詠史詩八首》其二。

〔註90〕卷八十三。

〔註91〕卷四十五。

然後善。」　盧昇之詩：「寂寂寥寥揚子居。」〔註92〕《漢書・揚雄傳》：「字子雲，蜀郡成都人也。」〔註93〕子建《與楊德祖書》：「昔揚子雲先朝執戟之臣耳。」　《世說》：「步兵校尉缺，廚中有貯酒數百斛，阮籍乃求為步兵校尉。」〔註94〕

《宋書・樂志》引曹孟德《塘上行》：「莫用豪賢故，棄捐素所愛。莫用魚肉貴，棄捐蔥與薤。莫用麻枲賤，棄捐菅與蒯。」此「毋以藜藿」四句句法之所出也。然曹詩亦本於《左傳》「雖有絲麻，無棄菅蒯。雖有姬姜，無棄蕉萃」。《後漢書》：「趙岐，字邠卿。遺令勑兄子曰：『大丈夫生世，遁無箕山之操，仕無伊、呂之勳，天不我與，復何言哉！可立一員石於吾墓前，刻之曰：漢有逸人，姓趙名嘉。有志無時，命也奈何！』」〔註95〕梅村遺命，墓立圓石，題以詩人，與邠卿略同。「進非伊周」二語亦非邠卿，然詩人、逸人似同而異，可以悲吳之遇矣。

# 其二

西州杜伯山，北海鄭康成。季孟將舉事，本初方用兵。脫身有追騎，輿疾猶從征。何胤絕婚宦，遁跡東籬門。受逼崔慧景，語默難為情。網疏免刑戮，大道全身名。時命苟不佑，千載無完人。入山山易淺，飲水水不清。一身累妻子，動足皆荊榛。自非焦孝先，何以逃風塵。庶幾詹尹卜，足保幽人貞。此詩見逃名之難由於家累也。「時命不佑」二句憮乎言之。○《後漢書・杜林傳》：「字伯山，扶風茂陵人也。隗囂素聞林誌節，乃出令曰：『杜伯山今且從師友之位。』林雖拘於囂，而終不屈節。建武六年，弟成物故，囂乃聽林持喪東歸。既遣而悔，追，令刺客楊賢於隴坻遮殺之。賢乃歎曰：『我雖小人，何忍殺義士。』因亡去。光武聞林已還，問以經書故舊及西州事，甚悅之。」〔註96〕　又，《鄭玄傳》：「字康成，北海高密人也。大將軍袁紹總兵冀州，遣使要玄。玄乃以病自乞還家。寢疾。時袁紹與曹操相拒於官渡，令其子譚遣使逼玄隨軍。不得已，載病到元城縣，疾篤不進，其年六月卒。」〔註97〕　又，《隗囂傳》：「字季孟，天水成紀人也。季父崔及上邽人楊廣以為舉事宜立主，以一眾心，咸謂囂素有名，遂共推以為上將軍。」〔註98〕　又，《袁紹傳》：

〔註92〕盧照鄰《長安古意》。

〔註93〕卷八十七上。

〔註94〕《任誕第二十三》。

〔註95〕卷六十四。

〔註96〕卷五十七。

〔註97〕卷三十五。

〔註98〕卷四十三。

「字本初。」〔註99〕《詩》:「踴躍用兵。」〔註100〕 《漢書·卜式傳》:「脫身出。」〔註101〕《史記·李將軍傳》:「射殺追騎,以故得脫。」〔註102〕 《北史·于栗磾傳》:「帝輿疾討之。」〔註103〕張見賾詩:「劍客遠從征。」〔註104〕 《南史·何胤傳》:「字子季。」〔註105〕說附後。 《南齊書·崔慧景傳》:「字君山,清河東武城人也。」〔註106〕 杜詩:「恭惟漢網疏。」〔註107〕 《孔叢子》:「孔子歌:大道隱兮禮為基。」〔註108〕《世說》:「石崇曰:『士當令聲名俱泰。』」〔註109〕 時命,見《讀西臺記》。《漢書·張耳傳》:「身無完者。」〔註110〕 《後漢書·蔡邕傳》:「遂將攜家屬,逃入深山。」〔註111〕崔禮仙詩:「避世嫌山淺。」〔註112〕 《亢倉子》:「水至清者,土滑之,故不得清。」 《周書·衛剌王直傳》:「一身尚不自容。」〔註113〕 李詩:「戰國多荊榛。」〔註114〕 焦孝先,說附後。 風塵,見《哭志衍》。 《楚辭》:「屈原既放,三年不得復見,乃往見太卜鄭詹尹。」〔註115〕 《易》:「幽人貞吉。」〔註116〕

　　按:《南史·周顒傳》:「何胤亦精信佛法,無妻。」〔註117〕《南齊書·何求傳》:「初,求母王氏為父所害,求兄弟以此無宦情。」〔註118〕然《南史·胤傳》:「妻江氏夢神告曰:『汝夫壽盡,既有至德,應獲延期,爾當代之』」〔註119〕,則後雖無妻,而始非絕婚者也。「仕齊為建安太守。歷黃門侍郎、太子中庶子、

---

〔註99〕卷七十四上。按:早見《三國志》卷六《袁紹傳》。
〔註100〕《邶風·擊鼓》。
〔註101〕卷五十八。按:早見《史記》卷三十《平準書》。
〔註102〕卷一百九。
〔註103〕卷二十三。
〔註104〕張正見《度關山》。
〔註105〕卷三十。
〔註106〕卷五十一。
〔註107〕《秋日荊南送石首薛明府辭滿告別奉寄薛尚書頌德敍懷斐然之作三十韻》。
〔註108〕《記問第五》。
〔註109〕按:出《晉書》卷三十三《石崇傳》。
〔註110〕卷三十二。
〔註111〕卷九十下。
〔註112〕崔塗《樵者》。
〔註113〕卷十三。
〔註114〕《古風》其一。
〔註115〕《卜居》。
〔註116〕《履》九二。
〔註117〕卷三十四。按:早見《南齊書》卷四十一《周顒傳》。
〔註118〕卷五十四《高逸列傳》。
〔註119〕卷三十。

國子祭酒、中書令」，則後雖棲遯，而始非絕宦者也。而《何點傳》「感家禍，欲絕昏宦。尚之強為娶琅邪王氏。禮畢，將親迎，點累涕泣，求執本志，遂得罷。宋太始末，徵為太子洗馬，齊初累徵中書侍郎、太子中庶子，並不就。從弟遁以東籬門園居之。老又娶魯國孔嗣女，嗣亦隱者。點雖昏，亦不與妻相見，築別室以處之。永元中，崔惠景圍城。惠景性好佛義，乃慕交點，點不顧之。至是乃逼召點，點裂裙為袴，往赴其軍，終日談說，不及軍事。其語默之跡如此。惠景平後，東昏大怒，欲誅之。蕭暢謂茹法珍曰：『點若不誘賊共講，未必可量。』東昏乃止。」〔註120〕是詩中「胤」字當作「點」，蓋鈔輯者傳寫之訛耳。　《神仙傳》：「焦先生者，字孝然，河東人也。」《高士傳》：「焦先，字孝然。或言生漢末。及魏受禪，結草為廬於河之湄，獨止其中，冬夏袒不著衣，臥不設席又無蓐，以身親土。或數日一食，目不與女子迕視，口未嘗言。後野火燒其廬，先因露寢。冬大雪至，先祖臥不移。後百餘歲卒。」《三國志注》引《魏略》亦曰「先字孝然」〔註121〕。按：邊韶、毛玠、葛元皆字孝先而非焦氏，則「先」字當亦「然」字之訛耳。

## 其三

古來有烈士，軹里與易水。慶卿雖不成，其事已並美。專諸弒王僚，朱亥殺晉鄙。惜哉博浪椎，何如圯橋屨。公孫擅西蜀，可謂得士死。連刺兩大將，探囊取物耳。皆從百萬軍，夜半入帳裏。匕首中要害，絕跡復千里。若論劍術精，前人莫能比。胡使名弗傳，無以著青史。誰修俠客傳，闕疑存二子。此詩即太史公傳刺客之意。○《韓子》：「古之烈士，進不臣君，退不為家。」〔註122〕《史記·刺客傳》：「聶政者，軹深井里人也。」〔註123〕《綱目質寔》：「漢置軹縣，屬河內郡，今名軹村，故城在懷慶府濟源縣南一十三里。」《刺客傳》：「荊軻者，衛人也。衛人謂之慶卿。高漸離擊筑，荊卿和而歌，曰：『風蕭蕭兮易水寒，壯士一去兮不復還！』」〔註124〕易水，詳《琵琶行》。　李詩：「報韓雖不成。」〔註125〕　《刺客傳》：「專諸者，吳堂邑人也。伍子胥知公子光之欲殺

〔註120〕《南史》卷三十。
〔註121〕《魏志》卷十一《焦先傳》。
〔註122〕《忠孝第五十一》。
〔註123〕卷八十六。
〔註124〕卷八十六。
〔註125〕《經下邳圯橋懷張子房》。

吳王僚，乃進專諸於公子光。佯為足疾，入窟室中，使專諸置匕首魚炙之腹中而進之。既〔註126〕至王前，專諸擘魚，因以匕首刺王僚，王僚立死。」〔註127〕 《史記·信陵君傳》：「朱亥袖四十斤鐵椎，椎殺晉鄙。」〔註128〕 又，《留侯世家》：「得力士，為鐵椎重百二十斤。良與客狙擊秦皇帝博浪沙中，誤中副車。良嘗閒從容步遊下邳圯上，有一老父，衣褐，至良所，直墮其履圯下，顧謂良曰：『孺子，下取履！』良愕然。下取履。父曰：『履我！』良業為取履，因長跪履之。父以足受，笑而去。出一編書，曰：『讀此則為王者師矣。』」〔註129〕 《後漢書·公孫述傳》：「述字子陽，扶風茂陵人也。自立為蜀王，都成都。中郎將來歙急攻王元、環安，安使刺客殺歙；述復令刺殺岑彭〔註130〕。」〔註131〕 《漢書·田儋〔註132〕傳》：「於是乃知田橫兄弟能得士也。」又，《司馬〔註133〕遷傳》：「能得人之死力。」〔註134〕 《五代史·南唐世家》：「李谷曰：『中國用吾為相，取江南如探囊取物耳。』」〔註135〕 《史記·周勃世家》：「吾嘗將百萬軍。」〔註136〕 夜半，見《臨江參軍》。 《綱目集覽》：「匕首，尺八短劍也。其頭類匕，故名。」《後漢書·來歙傳》：「自書表曰：『臣夜人定後，為何人所賊傷，中臣要害。』」〔註137〕 子建《與楊脩書》：「飛軒絕跡，一舉千里。」《刺客傳》：「魯句踐已聞荊軻之刺秦王，私曰：『嗟〔註138〕乎！惜哉！其不講於刺劍之術也！』」〔註139〕 李詩：「青史舊名傳。」〔註140〕 按：《史記》有《刺客》、《游俠傳》，《漢書》有《游俠傳》，而范書無之，則闕疑者不止此二子也。

## 其四

　　高密未佐命，早共京師遊。弱冠拜司徒，杖策功名收。靈臺畫少年，

〔註126〕「既」，讀秀本作墨丁。
〔註127〕卷八十六。
〔註128〕卷七十七。
〔註129〕卷五十五。
〔註130〕「岑彭」，讀秀本作墨丁。
〔註131〕卷四十三。
〔註132〕「儋」，乙本誤作「擔」。《漢書》卷三十三原作「儋」。
〔註133〕「司馬」，讀秀本作墨丁。
〔註134〕卷六十二。
〔註135〕《新五代史》卷六十二。
〔註136〕卷五十七。
〔註137〕卷四十五。
〔註138〕「嗟」，讀秀本作墨丁。
〔註139〕卷八十六。
〔註140〕《過四皓墓》。

「靈」應作「雲」。萬古誰能儔。興王諸〔註141〕將相，足使風雲羞。鄧芝遇先主，七十才封侯。位至大將〔註142〕軍，矍鑠高春秋。英雄初未遇，垂老猶窮愁。祖孫漢功臣，年齒胡不侔。我讀新野傳，慷慨思炎劉。此詩刺南都勳臣之無人也。說附後。○佐命，見《讀史雜詩》。　《後漢書·鄧禹傳》：「字仲華，南陽新野人也。受業長安。時光武亦遊學京師，遂相親附。聞〔註143〕光武安集河北，即杖策北渡，追及于鄴。光武即位於鄗，使使者持節拜禹為大司徒。禹時年二十四，封為酇侯。天下平定，封禹為高密侯。」　《禮》：「二十曰弱冠。」〔註144〕　《後漢書·二十八將傳》：「永平中，顯宗追感前世功臣，乃圖畫二十八將於南宮雲臺，其外又有王常、李通、竇融、卓茂，合三十二人。以太傅高密侯鄧禹為首。」〔註145〕　陶詩：「光氣難與儔。」〔註146〕　《晉書·劉隗刁協傳》：「劉刁亮直，志奉興王。」〔註147〕　《二十八將傳·論》：「咸能感會風雲。」《南齊書·王融傳》：「融自恃人地，三十內望為公輔。直中書省，夜歎曰：『鄧禹笑人。』」〔註148〕《蜀志·鄧芝傳》：「字伯苗，義陽新野人，漢司徒禹之後也。益州從事張裕善相，謂芝曰：『君年過七十，位至大將軍，封侯。』」〔註149〕按：芝封陽武亭侯。　《三國志》：《蜀先主志》第二。　《後漢書·馬援傳》：「帝笑曰：『矍鑠哉，是翁也！』」〔註150〕《新序》：「楚丘先生行年七十，孟嘗曰：『先生老矣，春秋高矣。』」　《人物志》：「草之精秀者為英，獸之特群者為雄。」〔註151〕　蔡伯喈《房楨碩碑》：「享年垂老。」《史記·虞卿傳》：「虞卿非窮愁，亦不能著書以自見於後世云。」〔註152〕　《後漢書·順帝紀》：「若顏淵子奇，不拘年齒。」〔註153〕　慷慨，見《哭志衍》。《後漢書·班超傳·贊》：「定遠慷慨。」〔註154〕傅若金詩：「龍德奮炎劉。」〔註155〕

〔註141〕「興王諸」，讀秀本作墨丁。
〔註142〕「至大將」，讀秀本作墨丁。
〔註143〕「聞」，乙本誤作「問」。《後漢書》卷四十六原作「聞」。
〔註144〕《禮記·曲禮上》。
〔註145〕卷五十二。
〔註146〕《讀山海經十三首》其三。
〔註147〕卷六十九。
〔註148〕卷四十七。
〔註149〕卷四十五《蜀書十五》。
〔註150〕卷五十四。
〔註151〕《英雄第八》。
〔註152〕卷七十六。
〔註153〕卷六。
〔註154〕卷七十七。
〔註155〕《歌風臺》。

按：《史可法傳》：「誠意伯劉孔昭以張慎言舉吳甡，譁殿上，拔刀逐慎言。」〔註156〕又，《姜曰廣傳》：「士英挾擁戴功，內結勳臣朱國弼、劉孔昭、趙之龍，外連諸鎮劉澤清、劉良佐等，謀擅朝權。」〔註157〕又，《姦臣傳》：「廷推閣臣，劉孔昭攘臂欲得之，可法折以勳臣無入閣例，孔昭乃訟言：『我不可，士英何不可？』於是進士英東閣大學士。大清兵已破揚州，逼京城，孔昭斬關遁。」〔註158〕而見於梅村詩者，保國公之生降、中山公子之被辱。求如常延麟之灌園終老者且未易多覯，明之勳裔何足算也。借鄧氏以興感，蓋憮乎其言之矣。

# 其五

遭時固不易，推心尤獨難。景略王佐才，臣主真交歡。天意不佑秦，中道奪之年。苻堅有大度，豁達知名賢。獨斷未為失，興毀寧非天。賊莨寔弒君，聞者為衝冠。鎮惡丞相孫，流落來江南。西伐功冠軍，力戰收長安。手劍縛姚泓，俘之出潼關。張良為劉氏，雅志在報韓。能以家國恥，詘申兩主間。其地皆西秦，功亦堪比肩。區區一李方，報恩何足言。此詩刺孫可望也。說附後。○遭時，見《避亂》。曹詩：「為君既不易，為臣良獨難。」〔註159〕《後漢書・光武帝紀》：「蕭王推赤心置人腹中。」〔註160〕王景略，見《讀史雜詩》。《晉書・載記・苻堅傳》：「王猛、呂婆樓、強汪、梁平老等並有王佐之才。」〔註161〕《五代史・宦者傳》：「張承業曰：『豈不臣主俱榮哉？』」〔註162〕王子淵《聖主得賢臣頌》：「上下俱欲歡然交欣。」《晉書・載記・王猛傳》：「苻堅將有大志，聞猛名，遣呂婆樓招之，一見便若平生。若玄德之遇孔明也。死時年五十一。堅哭之慟。謂太子宏曰：『天不欲使吾平一六合邪？何奪吾景略之速也！』」〔註163〕又，《苻堅傳》：「權翼進曰：『陛下宏達大度，善馭英豪。』」〔註164〕又：「堅曰：『所謂築室於道，沮計萬端，吾當內斷於心矣。』」〔註165〕又：「堅曰：『吾

---

〔註156〕卷二百七十四。
〔註157〕卷二百七十四。
〔註158〕卷三百八。
〔註159〕曹植《怨歌行》。
〔註160〕卷一上。
〔註161〕卷一百十三。
〔註162〕卷三十八。
〔註163〕卷一百十四。
〔註164〕卷一百十三。
〔註165〕卷一百十四。

精兵若獸，利器如霜，而衄於烏合疲鈍之賊，豈非天也！』」〔註166〕　又，《姚萇傳》：「苻堅以萇為揚武將軍。」〔註167〕又，《苻堅傳》：「堅至五將山，姚萇遣將軍吳忠圍之。執堅以歸新平，幽之於別室。萇乃縊堅於新平佛寺中。」〔註168〕　《史記・刺客傳》：「髮盡上衝冠。」〔註169〕　《南史・王鎮惡傳》：「祖猛，仕苻堅，任兼將相。年十三而苻氏敗，寓食黽池人李方家，謂方曰：『當厚相報。』方曰：『君丞相孫，人材如此，何患不富貴，至時願見用為本縣令足矣。』」〔註170〕　流落，見《遇劉雪舫》。　《漢書・霍去病傳》：「去病再冠軍。」〔註171〕　《王鎮惡傳》：「身先士卒，即陷長安城。入關之功，鎮惡為首。」〔註172〕　《公羊傳》：「曹子手劍而從之。」〔註173〕《通鑑》：「泓將妻子群臣詣鎮惡，壘門請降，鎮惡以屬吏。」〔註174〕　《大清一統志》：「潼關在華州華陰縣東北四十里。」《史記・留侯世家》：「張良者，其先韓人也。秦滅韓。悉以家財求〔註175〕刺秦王，為韓報仇，以大父、父五世相韓故。」又，《呂后紀》：「軍中皆左襢為劉氏。」〔註176〕　《晉書・謝安傳》：「雅志未就。」〔註177〕　按：「家國恥」，秦滅韓國之恥也。大父開地相韓昭侯、宣惠王、襄哀王，父平相釐王、悼惠王，而韓破，家之恥也。　按：「詘申兩主間」，「兩主」，沛公、項羽也。《史記》：「良數以太公兵法說沛公，沛公善之，常用其策。良說項梁曰：『君已立楚後，而韓諸公子橫陽君成賢，可立為王，益樹黨。』項梁使良求韓成，立為韓王。」〔註178〕是其「申」也。「項羽至鴻門下，欲擊沛公，項伯乃夜馳入沛公軍，私見張良，欲與俱去。良曰：『臣為韓王送沛公，今事有急，亡去不義。』乃具以語沛公。項王竟不肯遣韓王，乃以為侯，又殺之彭城。」是其「詘」也。句法則仿光武謂馬援：「卿邀遊二帝間。」《後漢書・耿弇傳》：「此皆齊之西界，功足相方方。」〔註179〕《晏子》：

---

〔註166〕卷一百十四。
〔註167〕卷一百十六。
〔註168〕卷一百十四。
〔註169〕卷八十六。
〔註170〕卷十六。按：早見《宋書》卷四十五《王鎮惡傳》。
〔註171〕卷一百一十一。
〔註172〕《南史》卷十六。
〔註173〕莊公十三年。
〔註174〕卷一百十八《晉紀四十》。
〔註175〕《史記》卷五十五此處有「客」字。
〔註176〕卷九。
〔註177〕卷七十九。
〔註178〕《史記》卷五十五《留侯世家》。
〔註179〕卷四十九。按：衍一「方」字。

「比肩繼踵而至。」《左傳‧襄十七年》:「子罕曰:『宋國區區。』」《王鎮惡傳》:「進次黽池,造故人李方家。升堂見母,厚加酬賚,即授方黽池令。」〔註180〕《後漢書‧吳良傳》:「報恩之義,莫大薦士。」〔註181〕

　　按:「西秦」,於時事無可考據。而《明史‧嚴起恒傳》:「孫可望據雲南,遣使乞封王,起恒恃不可。後胡執恭矯詔封為秦王,可望知其偽,遣使求真封,起恒又持不可,可望大怒。」〔註182〕又,《楊畏知傳》:「孫可望等入雲南,據會城。畏知責以不得仍用偽西年號,可望許諾。時永明王已稱號於肇慶,而詔令不至。前御史臨安任僎議尊可望為國主,以干支紀年,鑄興朝通寶錢。畏知憤甚,可望數欲殺之。胡執恭者,慶國公陳邦傅中軍也,守泗城。城與雲南接,欲自結可望,言於邦傅,先矯命封可望秦王。可望大喜。遣使至梧州,廷臣始知矯詔事。文安侯馬吉翔請封可望澂江王,使者言,非『秦』不敢奉命。大兵破廣州、桂林,王走南寧。事急,遣編修劉茝封可望冀王,可望仍不受。乃真封可望秦王。」〔註183〕又,《傳》:「馬吉翔、龐天壽諂事可望。前御史任僎、中書方於宣勸可望設內閣九卿科道官,改印文為八疊,盡易其舊,立太廟,定朝儀,擬改國號,日夕謀篡位。」〔註184〕以此徵之,可望之謀禪代、謀篡位也,與莨同;其挾封秦王,與莨自稱大將軍、大單于、萬年秦王、僭即皇帝位於長安,國號大秦同。惟《明史》載大兵臨緬甸,緬甸人以由榔父子送軍前,死於雲南,似可望無姚莨之弒意。由榔播遷域外,寔由可望逼脅,故日就死地。而可望於大清順治十二年為李定國所敗,挈妻子赴長沙大軍前降。梅村為可望作誅心之論,比之於弒。而於「其地皆西秦」句略為點破,兼惜起恒、畏知等之子孫無有如鎮惡、留侯其人者,手誅可望之罪耳。敢以質之博聞者。　　按:《雲南通志》:「孫可望敗回貴州,倉皇出走,至長沙,乞降於經略閣部洪承疇,詔封義王。」並與《明史》合。惟記可望之降在十四年耳。

## 其六

宜城酒家保,北海賣餅師。千金懸賞購,萬里刊章追。途窮變名姓,勢急投親知。漢法重亡命,保舍加誅巵。破家相存濟,百口同安危。虞卿捐相印,恨未脫魏齊。惜哉燕太子,流涕樊於期。瀨水一女子,魯國

〔註180〕《南史》卷十六。
〔註181〕卷二十七。
〔註182〕卷二百七十九。
〔註183〕卷二百七十九。
〔註184〕卷二百七十九。

－164－

一小兒。今也無其人，已矣其安歸。廣柳可以置，置當猛虎蹊。複壁可以藏，藏憂黠鼠窺。古道不可作，太息將何為。此詩見避地甚難，即陶靖節作《桃花源記》之意。「今也無其人，見矣其安歸」，是點名本意處。○《大清一統志》：「宜城故城在今襄陽府宜城縣南。」《後漢書·杜根傳》：「根以安帝年長，宜親政事，上書直諫。太后大怒，收執根等，令盛以縑囊，於殿上撲殺之。既而載出城外，根得蘇。太后使人檢視，根遂詐死三日，目生蛆，因得逃竄，為宜城山中酒家保。」〔註185〕　又，《趙岐傳》：「字邠卿，京兆長陵人也。恥疾宦官。中常侍唐衡兄玹收岐家屬宗親，陷以重法，盡殺之。岐遂逃難四方。自匿姓名，賣餅北海市中。」〔註186〕　又，《黨錮傳·序》：「或有逃遁不獲，皆懸金購募。」〔註187〕　謝玄暉詩：「浩蕩別親知。」〔註188〕　漢法，字出《漢書·灌夫傳》。〔註189〕《史記索隱》：「逃匿則削除名籍，故以逃為亡命。」〔註190〕　按：《周禮·地官》：「五家為比，使之相保。」則保舍猶比舍也。「比舍」字出《晉書·畢卓傳》。《玉篇》：「尼，古文夷也。」　《後漢書·張儉傳》：「破家相容。」〔註191〕《北史·房景伯傳》：「存濟甚眾。」〔註192〕　《趙岐傳》：「安丘孫嵩密問岐曰：『視子非賣餅者。我北海孫賓石，闔門百口，孰能相濟。』」〔註193〕　《史記·范睢傳》：「魏齊夜亡出，見趙相虞卿。虞卿度趙王終不可說，乃解其相印，與魏齊亡，間行，欲因信陵君以走楚。魏齊聞信陵君之初難見之，怒而自剄。」〔註194〕　又，《刺客傳》：「秦將樊於期得罪於秦王，亡之燕，太子受而舍之。荊軻遂私見樊於期曰：『願得將軍之首以獻秦王，臣左手把其袖，右手揕其胸。』樊於期偏袒搤捥而進，遂自剄。太子聞之，馳往，伏屍

---

〔註185〕卷八十七。

〔註186〕卷六十四。

〔註187〕卷九十七。

〔註188〕謝朓《和王著作融八公山詩》。

〔註189〕按：《史記》卷五十八《梁孝王世家》：「漢法之約。」卷五十九《五宗世家》：「奉漢法以治」、「相、二千石欲奉漢法以治。」卷一百零四《田叔列傳》：「是漢法不行也。」卷一百一十三《李將軍列傳》：「漢法，博望侯留遲後期。」卷一百一十三《南越列傳》：「懼入見要用漢法」、「用漢法，比內諸侯。」卷一百一十八《淮南衡山列傳》：「不用漢法。」兩見。《卷一百二十二 酷吏列傳》：「竇太后乃竟中都以漢法。」

〔註190〕卷二十二《張耳列傳第二十九》。

〔註191〕卷九十七《黨錮列傳》。

〔註192〕按：卷三十九，出《房景遠傳》，非《房景伯傳》。按：早見《魏書》卷四十三《房景遠傳》。

〔註193〕卷六十四。

〔註194〕卷七十九。

而哭。」〔註195〕 《越絕書》：「子胥遂行至溧陽界中，見一女子擊絮於瀨水之中。子胥曰：『豈可得託食乎？』女子曰：『諾。』子胥食已去，謂女子曰：『掩爾壺漿，毋令之露。』女子曰：『諾。』子胥行五步，還顧女子，自縱於瀨水之中而死。」〔註196〕 《後漢書・孔融傳》：「山陽張儉為中常侍侯覽所怨，覽為刊章下州郡，以名捕儉。儉與融兄褒有舊，抵於褒，不遇。時融年十六，儉少之而不告。融見其有窘色，謂曰：『兄雖在外，吾獨不能為君主邪？』因留舍之。後事泄，國相以下，密就掩捕，儉得脫走，遂並收褒、融送獄。詔書竟坐褒焉。」〔註197〕按：孔融，魯國男子，見《楊彪傳》。「大兒孔文舉，小兒楊德祖」，見《禰衡傳》。今云「魯國一小兒」，其事則張儉之事，而合用《彪傳》、《衡傳》中語，且因「融年十六，儉少之」，故借用「小兒」字也。 《史記・季布傳》：「季布匿濮陽周氏。乃髡鉗季布，衣褐〔註198〕衣，置廣柳車中，並與其家僮數十人，之魯朱家所賣之。」〔註199〕 陸士衡《猛虎行》：「饑食猛虎窟。」 《趙岐傳》：「藏岐復壁中數〔註200〕年。」 子瞻有《黠鼠賦》。 曹詩：「太息將何為。」〔註201〕

　　《三國志》：「王昶戒子書：『北海徐偉長有所是非，則託古人以見其意，當時無所褒貶。』」〔註202〕裴《注》：「寄旨古人，無傷當時。」梅村《讀史》諸首為得之矣。

**遇南廂園叟感賦**按：「北廂南向，南廂北向」，見《唐書・禮樂志》。然詩中所詠是監冑講肆之地，非宗廟昭穆之位也。詳補注。■■■■■■■■■■■〔註203〕《江南通志》：「順治九年，總督馬國柱奏改南京國子監為江寧府學。」

　　寒潮衝廢壘，火雲燒赤岡。四月到金陵，十日行大航。平生遊宦地，蹤跡都遺忘。此六句是重到金陵，以「遊宦地」正映下文「故基」，以「都遺忘」反映下文「思量」也。○寒潮，見《塗松晚發》。 《大清一統志》：「賀若弼壘在上元縣北二十里。韓擒虎壘在上元縣西四里。」蘇詩：「廢壘無人顧。」〔註204〕 白詩：「火

〔註195〕卷八十六。
〔註196〕卷一。
〔註197〕卷七十。
〔註198〕「褐」，讀秀本作墨丁。
〔註199〕卷一百。
〔註200〕「數」，讀秀本作墨丁。
〔註201〕曹植《贈白馬王彪詩》。
〔註202〕卷二十七《王昶傳》。
〔註203〕「詳補注■■■■■■■■■■■」，稿本、天圖本、讀秀本作「太倉程穆衡迂亭曰：『國子監之南廂房』」。
〔註204〕《東坡八首》其一。

雲燒棧熱。」〔註205〕《一統志》:「赤石磯在江寧縣東南城外長河,東來有赤石枕中流,居人競種石榴,每盛夏時,緣堤燦若霞錦。」　又:「江寧府。五代楊吳武義二年,改曰金陵府。」　又:「朱雀航在江寧縣南,《通志》謂之南航,又曰大航。今聚寶門內鎮淮橋是其遺址。」　遊宦,見《閩州行》。　《梁書·劉杳傳》:「每有遺忘,皆訪問焉。」〔註206〕**道遇一園叟,問我來何方。猶然認舊役,即事堪心傷。開門延我坐,破壁低圍牆。卻指灌莽中,此即為南廂。衙舍成丘墟,佃種輸租糧。謀生改衣食,感舊存園莊。艱難守茲土,不敢之他鄉。**此十四句是遇舊役而指舊署,蓋南廂僅見有園,舊役已成為叟,叟因守其園而不去也。　按:梅村遷南京國子監司業。園叟即舊役,蓋庶人在官,曾執役於監中者耳。○杜詩:「怡然敬父執,問我來何方。」〔註207〕　《魏書·崔浩傳》:「令復舊役,非無用也。」〔註208〕　即事,見《讀史雜詩》。　蘇詩:「破牆圍古屋。」〔註209〕　明遠《蕪城賦》:「灌莽杳而無際。」　《後漢書·公孫述傳》:「城邑丘墟。」〔註210〕　《字典》:「佃,代耕農也。」《後漢書·趙岐傳》:「即表遣岐使荊州督租糧。」　楊誠齋詩:「萬方口業拙謀生。」〔註211〕　《文選》有曹顏遠《感舊詩》。　潘安仁《西征賦》:「美哉,邈乎茲土之舊也。」**我因訪故基,步步添思量。面水背蒼崖,中為所居堂。四海羅生徒,六館登文章。松檜皆十圍,鐘笠聲鏘鏘。百頃搖澄潭,夾岸栽垂楊。池上臨華軒,菡萏吹芬芳。譚笑盡貴遊,花月傾壺觴。其南有一亭,梧竹生微涼。**此一段是因園叟所指而感遊宦地之蹤跡也。「我因訪故基」二句開下文七段。堂館、軒亭,南廂之勝地;十圍、百頃,南廂之佳景。蓋思量前此之南廂耳。○溫飛卿詩:「故基摧壞牆。」〔註212〕　陶詩:「步步尋往跡。」〔註213〕白詩:「無復心思量。」〔註214〕　杜詩:「層軒皆面水。」〔註215〕潘安仁《西征賦》:「面終南而

---

〔註205〕《別行簡》。
〔註206〕卷五十《文學列傳下》。
〔註207〕《贈衛八處士》。
〔註208〕卷三十五。
〔註209〕《鳳翔八觀》其七《李氏園》。
〔註210〕卷四十三。
〔註211〕《初夏即事》。
〔註212〕溫庭筠《鴻臚寺有開元中錫宴堂樓臺池沼雅為勝絕荒涼遺址僅有存者偶成四十韻》。
〔註213〕《還舊居》。
〔註214〕《飽食閒坐》。
〔註215〕《懷錦水居止二首》其二。

背雲陽。」蒼崖，見《臨江參軍》。 杜詩：「遂空所坐堂。」〔註216〕 生徒，見《壽王鑑明》。 《明史‧選舉志》：「分六堂以館諸生，曰率性、修道、誠心、正誼、崇志、廣業。」〔註217〕 《詩》：「檜楫松舟。」〔註218〕裴說詩：「松檜君山迥。」〔註219〕《晉書‧桓溫傳》：「所種柳皆已十圍。」〔註220〕 《詩》：「鍾鼓喤喤 磬筦鏘鏘。」〔註221〕 百頃，見《避亂》。沈雲卿詩：「碧水澄潭映遠空。」〔註222〕 淵明《桃花源記》：「夾岸數百步，中無雜樹。」梁元帝詩：「垂柳覆垂楊。」〔註223〕 王景元詩：「常想憑華軒。」〔註224〕 陸士衡《草木疏》：「未發為菡萏，已發為芙蕖。」韓詩：「幽桂乃芬芳。」〔註225〕 《周禮‧地官》：「凡國之貴游子弟學焉。」 花月，見《閬州行》。淵明《歸去來辭》：「傾壺觴以自酌。」 杜詩：「乾坤一草亭。」〔註226〕王龜齡詩：「斷送春光絮一亭。」〔註227〕詳補注。■■■■■■■■■■■■■■■〔註228〕 溫飛卿詩：「四座無喧梧竹靜。」〔註229〕柳誠懸詩：「殿閣生微涼。」〔註230〕回頭望雞籠，廟貌諸侯王。左李右鄧沐，中坐徐與常。霜髯見鋒骨，老將束甌湯。配食十六侯，劍佩森成行。得之為將相，寧復憂封疆。北風江上急，萬馬朝騰驤。重來訪遺跡，落日唯牛羊。吁嗟中山孫，志氣胡勿昂。生世苟如此，不如死道傍。惜哉裸體辱，仍在功臣坊。此以下因南廂而歷敘故基，先思量功臣廟也。「回頭」二字從南廂蟬聯而下，令人不覺。前十句是廟貌之盛，後十句是功臣之衰。蓋功臣以中山為首，中山之後不可問，則其他可知矣。 《鑿帨卮談》：「遇南廂園叟，中敘中山公子徐青君。」杜詩：「三步回頭五

〔註216〕《彭衙行》。

〔註217〕卷六十九。

〔註218〕《衛風‧竹竿》。

〔註219〕《題岳州僧舍》。

〔註220〕卷九十八。

〔註221〕《周頌‧執競》。

〔註222〕沈佺期《興慶池侍宴應制》。

〔註223〕蕭繹《折楊柳》。

〔註224〕王微《雜詩二首》其二，「常」作「長」。

〔註225〕韓愈《重雲李觀疾贈之》。

〔註226〕《暮春題瀼西新賃草屋五首》其三。

〔註227〕王十朋《詠柳》。

〔註228〕自「杜詩」至此，稿本、天圖本、讀秀本作「按：馮開之《重刻南雍三國志序跋》曰：『祭酒馮夢禎序於衙齋之南池亭。』凱即所謂其南有一亭者也」。

〔註229〕《謝公墅歌》。

〔註230〕柳公權《夏日聯句》。

步坐。」〔註231〕《寰宇記》：「雞籠山在上元縣西北九里。」　《精華錄訓纂》：「洪武二年，立功臣廟於雞鳴山，論功列祀二十一人，命死者塑其像，生者虛其位。」《史記・高祖紀》：「願從諸侯王。」〔註232〕　《明史》：「李文忠，字思本，小字保兒，盱眙人，太祖姊子也。追封岐陽王。」「鄧愈，虹人。初名友德，賜名愈。追封寧河王。」「沐英，字文英，定遠人。少失父母，太祖撫為子，從朱姓。復姓。追封黔寧王。」〔註233〕「徐達，字天德，濠人。追封中山王。」「常遇春，字伯仁，懷遠人。追封開平王。」〔註234〕　許仲晦詩：「雪頂霜髯虎豹茵。」〔註235〕杜詩：「鋒稜瘦骨成。」〔註236〕《漢書・高帝紀》：「懷王諸老將。」〔註237〕《明史・湯和傳》：「字鼎臣，濠人。卒年七十，追封東甌王。」〔註238〕　按：《明史・禮志》：「功臣廟。正殿：中山武寧王徐達、開平忠武王常遇春、岐陽武靖王李文忠、寧河武順王鄧愈、東甌襄武王湯和、黔寧昭靖王沐英。西序：越國武莊公胡大海、梁國公趙德勝、巢國武壯公華高、虢國忠烈公俞通海、江國襄烈公吳良、安國忠烈公曹良臣、黔國威毅公吳復、燕山忠愍侯孫興祖。東序：郢國公馮國用、西海武壯公耿再成、濟國公丁德興、蔡國忠毅公張德勝、海國襄毅公吳楨、蘄國武義公康茂才、東海郡公茆成。」〔註239〕按：六王之外，西序八人，東序七人，正與論次功臣二十有一人之數合。而《訓纂》所引亦與史合。今云「配食十六侯」，是二十二人矣。「六」字疑誤。　韓詩：「諸侯劍珮鳴相磨。」〔註240〕　《史記・馮唐傳》：「上既聞廉頗、李牧為人良，曰：『嗟乎！吾獨不得廉頗、李牧時為吾將，吾豈憂匈奴哉！』」〔註241〕《禮》：「君子聽磬聲則思死封疆之臣。」〔註242〕《晉書・孔坦傳》：「必須東北風急。」〔註243〕　子瞻《三馬圖贊》：「振鬣長鳴，萬馬皆瘖。」杜詩：「此豈有意仍騰驤。」〔註244〕　王仲宣詩：「先民

---

〔註231〕《憶昔行》。
〔註232〕卷八。
〔註233〕以上見《明史》卷一百二十六。
〔註234〕以上見《明史》卷一百二十五。
〔註235〕許渾《題四老廟二首》其一。
〔註236〕《房兵曹胡馬詩》。
〔註237〕卷一上。按：早見《史記》卷八《高祖本紀》。
〔註238〕卷一百二十六。
〔註239〕卷五十《禮志四》。
〔註240〕《石鼓歌》。
〔註241〕卷一百零二。
〔註242〕《禮記・樂記》。
〔註243〕卷七十八。
〔註244〕《瘦馬行》。

遺跡。」〔註245〕 《詩》:「日之夕矣,牛羊下來。」〔註246〕 余澹心《板橋雜記》:
「中山公子徐青君,魏國介弟也,家貲鉅萬,造園大功坊側。弘光時,加中府都督。乙
酉鼎革,籍沒田產,一身孑然,與傭丐為伍,乃至為人代杖。其居第易為兵備道衙門。
一日,與當刑人約定杖數計償若干,受杖時其數過倍,青君大呼曰:『我徐青君也。』
兵憲林公駭問,有哀王孫者對曰:『此魏國公之公子。此堂乃其家廳也。』林公憐而釋
之。青君跪謝曰:『花園是某自造,非欽產也。』林公唯唯,厚贈遣之,查還其園,賣
花石貨柱礎以自活。」 《後漢書・周澤傳》:「生世不諧。」〔註247〕 《詩》:「不如死
之久矣。」〔註248〕杜詩:「不如棄路傍。」〔註249〕 《後漢書・禰衡傳》:「裸身而立。
曹操笑曰:『本欲辱衡。』」〔註250〕 《明史・徐達傳》:「帝嘗從容言徐兄功大,未有
寧居。乃命有司即舊邸前治甲第,表其坊曰大功。」〔註251〕**蕭條同泰寺,南枕山
之陽。當時寶誌公,妙塔天花香。改葬施金棺,手詔追褒揚。袈裟寄靈
谷,制度由蕭梁。**此一段是思量同泰寺之故基也。○蕭條,見《避亂》。《一統志》:
「同泰寺在上元縣東北。」《綱目質寔》:「即梁武帝捨身處。」《詩》:「在南山之陽。」
〔註252〕 《神僧傳》:「釋寶誌,本姓朱氏,金城人。天監十三年冬,無疾而終。梁武
帝因厚加殯送,葬於鍾山獨龍之阜。」《明史・禮志》:「道林真覺普濟禪師寶誌以三月
十八日南京太常寺官祭。」〔註253〕 梁簡文帝《唱導文》:「菩提妙塔,多寶踴現。」
天花,見《贈蒼雪》。 梁元帝《阿育王像碑》:「示表金棺。」《寄園寄所寄》:「明太祖
建壽陵,將遷寶誌冢,視之不報。曰:『假地之半,遷瘞微偏,當〔註254〕一日享爾一
供。』乃得卜發其坎,金棺銀槨,因函其骨,移瘞,建靈谷寺衛之,立浮圖於函上,覆
以無梁磚殿,工費鉅萬。仍賜莊田三百六十所,日食其一,歲而周焉,御製文樹碑。」
《華嚴經》:「著袈裟者捨離三毒也。」《陀羅尼經》:「袈裟者,秦言染衣也。」王貽上
《遊靈谷寺記》:「寺舊有誌公法衣革履。」《前明寺觀記》:「靈谷寺在應天府鍾山東南。
晉建。宋改太平興國寺。洪武中徙建於此。」 《梁書・武帝紀》:「高祖武皇帝,諱衍,

---

〔註245〕《贈文叔良》。
〔註246〕《王風・君子于役》。
〔註247〕卷七十九下《儒林列傳下》。
〔註248〕《小雅・蓼莪》。
〔註249〕《新婚別》。
〔註250〕卷一百十上《文苑列傳上》。
〔註251〕卷一百二十五。
〔註252〕《召南・殷其靁》。
〔註253〕卷五十《禮志四》。
〔註254〕「當」,《寄園寄所寄・滅燭寄・墳》作「堂」。

漢相國何之後也。」〔註255〕**千尺觀象臺，太史書禎祥。北望占旄頭，夜夜愁光鋩。**「鋩」應作「芒」。　此一段是思量觀象臺之故基也。○《明史・天文志》：「洪武十八年，設象臺於雞鳴山。」〔註256〕又，《職官志》：「欽天監。觀象臺四面，面四天文生，輪司測候。」〔註257〕《後漢書・百官志》：「靈臺掌候守日月星氣，皆屬太史。」〔註258〕《左傳・僖五年》：「凡分至啟閉，必書雲物。」　《史記・天官書》：「昴曰髦頭。」〔註259〕　衛象詩：「猶向旄頭夜夜看。」〔註260〕《史記・天官書》：「填星其色黃，光芒者曰黃鍾宮。」**高帝遺衣冠，月出修蒸嘗。圖書盈玉几，弓劍堆金床。承乏忝兼官，再拜陳衣裳。南內因灑掃，銅龍啟未央。幽花生御榻，苔澀青蒼琅。離宮須望幸，執戟衛中郎。萬事今盡非，東逝如長江。**此一段是思量明高廟與故宮之故基也。「承乏忝兼官」數語更與「平生遊宦地」為親切。○《史記・叔孫通傳》：「高寢衣冠，月出遊高廟。」〔註261〕《詩》：「禴祠烝嘗。」〔註262〕　圖書，見《松鼠》。《列仙傳》：「岱宗石室中上下懸絕，其中有金床玉几。」李詩：「軒轅去時有弓劍。」〔註263〕　《左傳・成二年》：「攝官承乏。」《漢書・杜鄴傳》：「兼官奉使，顯寵過故。」〔註264〕《明史・職官志》：「南京國子監祭酒一人，司業一人。太常寺卿一人，少卿一人。」〔註265〕按：詩意當是梅村官司業時曾兼太常之事也。　杜詩：「南內開元曲。」〔註266〕　《〈漢書・成帝紀〉注》：「門樓上有銅龍若白鶴，飛廉之為名也。」〔註267〕《史記・高祖紀》：「八年，蕭丞相營作未央宮。」〔註268〕■■■〔註269〕　杜詩：「幽花欹滿樹。」〔註270〕元詩：「依然御榻臨階斜。」〔註271〕

〔註255〕卷一。

〔註256〕卷二十五。

〔註257〕卷七十四。

〔註258〕卷三十五。

〔註259〕卷二十七。

〔註260〕《古詞》。

〔註261〕卷九十九。

〔註262〕《小雅・天保》。

〔註263〕《飛龍引二首》其二。

〔註264〕卷八十五。

〔註265〕卷七十三。

〔註266〕《秋日夔府詠懷奉寄鄭監審李賓客之芳一百韻》。

〔註267〕卷十。「上」，乙本誤作「土」。

〔註268〕卷八。

〔註269〕「■■■」，稿本、天圖本、讀秀本作「詳蕭何」。

〔註270〕《過南鄰朱山人水亭》。

〔註271〕《連昌宮詞》。

溫飛卿詩：「苔澀淬昆吾。」〔註272〕《漢書・五行志》：「木門倉琅根。」注：「門之鋪首及銅鍰也。銅色青，故曰倉琅。鋪首銜環，故謂之根。」〔註273〕《漢書・枚乘傳》：「修治上林，雜以離宮。」〔註274〕顏延年詩：「望幸傾五州。」〔註275〕《史記・淮陰侯傳》：「官不過郎中，位不過執戟。」注：「郎中，宿衛執戟之人也。」〔註276〕　杜詩：「歎息人間萬事非。」〔註277〕　又：「不見堂前東逝波。」〔註278〕古韻江通陽。

**鍾陵十萬松，大者參天長。根節猶青銅，屈曲蒼皮僵。不知何代物，同日遭斧創。**此一段是思量鍾陵之故基也，但言松而他可見矣。○鍾陵，詳《鍾山》。　王詩：「萬壑樹參天。」〔註279〕　杜詩：「柯如青銅根如石。」〔註280〕　《吳志・孫皎傳》：「不能隨俗屈曲。」〔註281〕杜詩：「蒼皮成委積。」〔註282〕　蘇詩：「不惜斤斧創。」〔註283〕**前此千百年，豈獨無興亡。況自百姓伐，孰者非畊桑。**此四句言自古有興必有亡。伐松與畊桑皆百姓之自為生計也，故為慰解之詞而其悲更深。○《漢書・昭帝紀》：「畊桑者益眾。」〔註284〕**群生與草木，長養皆吾皇。人理已漸滅，講舍宜其荒。**此四句言人與物皆君之所發育。群生已失其養，何有於講舍中之草木乎！「草木」字若因松而及之，「講舍」字仍點入南廂，亦令人不覺。○《漢書・宣帝紀》：「養育群生也。」〔註285〕　長養，見《松鼠》。《晉書・樂志》：「亹亹我皇。」〔註286〕　《漢書・許皇后傳》：「恐失人理。」〔註287〕　梅村《穆苑先墓誌銘》：「余叨貳陪雍君，來訪雞籠講舍。」**獨念四庫書，卷軸誇縹緗。孔廟銅犧尊，斑剝填青黃。棄擲草莽間，零落誰收藏。**〔註288〕此思量現在之南

---

〔註272〕《病中書懷呈友人》。
〔註273〕卷二十七上。
〔註274〕卷五十一。「上」，乙本誤作「土」。
〔註275〕顏延之《車駕幸京口三月三日侍遊曲阿後湖作詩》。
〔註276〕卷九十二。
〔註277〕《送韓十四江東覲省》。
〔註278〕《少年行二首》其二。
〔註279〕《王維送梓州李使君》。
〔註280〕《古柏行》。
〔註281〕《課伐木》。
〔註282〕卷五十一《吳書六・宗室傳》。
〔註283〕蘇軾《戲作種松》：「會開龜蛇窟，不惜斤斧瘡。」
〔註284〕卷七。
〔註285〕卷八。
〔註286〕卷二十二。
〔註287〕卷九十七上《外戚列傳上》。
〔註288〕此六句，四庫本《梅村集》卷二作「縹緗紛卷軸，零落誰收藏」。

廂也。書卷祭器棄擲草間，悲可知矣。「獨念」二字近則從「宜其荒」轉出，遠則與「回頭望」相映也。「面水」一段敘南廂之盛，「四庫」一段敘南廂之衰，而將功臣廟、同泰寺等夾敘於中間，遂合成一段，極煙雲變化之妙。又於鍾陵下、講舍上作兩小段以演迤之，是又變化中之變化也。○《冊府元龜》：「開元七年，詔曰：『今麗正殿寫四庫書，各於本庫每部別為目錄。』」〔註289〕　卷軸，見《壽王鑑明》。《隋書·經籍志》：「荀勗分為〔註290〕四部，總括群書。盛以縹囊，書用緗素。」〔註291〕　按：《明史·禮志》：「至聖先師孔子廟祀。籩用竹、其簠簋登鉶及豆初用木者，悉易以瓷。」〔註292〕不云用銅也。《詩》：「犧尊將將。」〔註293〕　周湞詩：「嶱霞上斑剹。」〔註294〕《莊子》：「百年之木，破為犧尊，青黃而文之。」〔註295〕《淮南子》：「百圍之木，斬而為犧尊，鏤之以剞劂，雜之以青黃。」〔註296〕按：諸書犧尊皆用木。銅字俟考。　王仲宣詩：「抱子棄草間。」〔註297〕　零落，見《避亂》其六。收藏，見《讀西臺記》。**老翁見話久，婦子私相商。人倦馬亦疲，剪韭炊黃粱。慎莫笑貧家，一一羅酒漿。從頭訴兵火，眼見尤悲愴。**原注：「叶。」　此段是通篇樞紐。上半篇是自己目中意語，下半篇是老翁口中語。「從頭訴兵火」二句開出下文。○沈初明詩：「道邊一老翁。」〔註298〕《詩》：「嗟我婦子。」〔註299〕《吳子》：「馬疲人倦而不解舍。」〔註300〕　杜詩：「夜雨剪春韭，新炊間黃粱。」〔註301〕《南史·朱修之傳》：「此是貧家好食，進之致飽。」〔註302〕　杜詩：「兒女羅酒漿。」〔註303〕《五代史·高季興傳》：「兵火之後，井邑凋零。」〔註304〕　元詩：「耳聞眼見為君說。」〔註305〕按：

---

〔註289〕卷六百八。
〔註290〕「為」，讀秀本作墨丁。
〔註291〕卷三十二。
〔註292〕卷五十。
〔註293〕《魯頌·閟宮》。
〔註294〕《池口舟中見九華山》。
〔註295〕《天地》。
〔註296〕《俶真訓》。
〔註297〕《七哀詩三首》其一。
〔註298〕沈炯《長安少年行》。
〔註299〕《豳風·七月》。
〔註300〕《治兵》。
〔註301〕《贈衛八處士》。
〔註302〕卷十六。
〔註303〕《贈衛八處士》。
〔註304〕《新五代史》卷六十九《南平世家第九》。
〔註305〕《連昌宮詞》。

悄，初亮切，叶初良切，音昌。王逸《九思》：「蚍蜉兮噍噍，蛬蛆兮穰穰。歲忽忽兮惟暮，余感時兮悽愴。」大軍從北來，百姓聞驚惶。下令將入城，傳箭需民房。里正持府帖，僉在御賜廊。插旗大道邊，驅遣誰能當。但求骨肉完，其敢攜筐箱。扶持雜幼稚，失散呼耶娘。此一段是訴兵火之寔也。○《一統志》：「大清兵以五月己丑渡江。丙申，大兵至南京城北。」《晉書‧杜預傳》：「北來諸軍乃飛渡江也。」〔註306〕《古木蘭詩》：「火伴始驚惶。」《史記‧管晏傳》：「下令如流水之原。」〔註307〕杜詩：「青海無傳箭。」〔註308〕《漢書‧韓延年傳》：「又置正五長。」〔註309〕師古曰：「若今之鄉正、里正也。」杜詩：「府帖昨夜下。」〔註310〕《宋史‧河渠志》：「往往泊御廊及僧舍。」〔註311〕歐陽永叔詩：「擊鼓插旗催解船。」〔註312〕《古焦仲卿妻詩》：「仍更被驅遣。」骨肉，見《閩州行》。《新書》：「刀筆之吏，務在筐箱。」〔註313〕《漢書‧許后傳》：「加以幼穉。」〔註314〕《古木蘭詩》：「朝辭耶娘去。」江南昔未亂，閭左稱阜康。馬阮作相公，行事偏猖狂。高鎮爭揚州，左兵來武昌。積漸成亂離，記憶應難詳。此一段是訴兵火之由也。姦臣驕弁，所以速明之亡。於眼見中又作追憶之語。○《史記‧淮南傳》：「發閭左之戍。」〔註315〕《宋史‧樂志》：「何以格之，永爾康阜。」〔註316〕《明史‧姦臣傳》：「馬士英，貴陽人。與懷寧阮大鋮同中會試。士英督師廬、鳳，擁兵迎福王。於是進士英東閣大學士。中旨，起大鋮兵部添注右侍郎。士英以南渡之壞〔註317〕，半由大鋮，而己居惡名，頗以為恨。」〔註318〕元詩：「姚崇宋璟作相公。」〔註319〕《莊子》：「猖狂不知所往。」〔註320〕《明史‧

---

〔註306〕卷三十四。
〔註307〕卷六十二。
〔註308〕《投贈哥舒開府翰二十韻》。
〔註309〕按：出《漢書》卷七十六《韓延壽傳》。吳翌鳳《吳梅村詩集箋注》已更正。
〔註310〕《新安吏》。
〔註311〕卷九十三。
〔註312〕歐陽修《送宋次道學士赴太平州》。
〔註313〕《俗激》。
〔註314〕卷九十七上《外戚列傳上》。
〔註315〕卷一百一十八。「戍」，乙本誤作「戊」。
〔註316〕卷一百三十三。
〔註317〕「壞」，乙本誤作「環」。
〔註318〕卷三百八。
〔註319〕《連昌宮詞》。
〔註320〕《在宥》。

高傑傳》：「米脂人。福王封傑興平伯，列於四鎮，領揚州，駐城外。傑固欲入城，揚州人畏傑，不納。傑攻城急，日掠廂村婦女。閣〔註321〕部史可法議以瓜州予傑，乃止。」〔註322〕　又，《福王傳》：「寧南侯左良玉舉兵武昌，以救太子誅士英為名。」〔註323〕《綏寇紀略》：「左以乙酉三月廿六日傳檄討馬士英，自漢口達蘄州，火光接天者二百餘里。」〔註324〕武昌，見《閬州行》。　退之《祭十二郎文》：「當不復記憶。」

**下路初定來，官吏踰貪狼。按籍縛富人，坐索千金裝。以此為才智，豈曰惟私囊。今日解馬草，明日脩官塘。誅求卻到骨，皮肉俱生瘡。** 此一段是訴兵火之後尚有餘殃也。不專指園叟，而園叟自在其中。○《南史·謝靈運傳》：「下路聚語，疑非常人。」〔註325〕按：金陵即元之建康路、集慶路也。「來」，語助詞，出《莊子》。　《史記·項羽紀》：「貪如狼。」〔註326〕　《後漢書·馮異傳》：「披圖按籍。」〔註327〕　《漢書·陸賈傳》：「橐中裝直千金。」〔註328〕　《後漢書·第五倫傳》：「躬自斬芻養馬。」〔註329〕陸佐公《為豫章王教》：「第五倫之臨會稽，躬斬馬草。」　《唐書·地理志》：杭州餘杭郡縣新城有官塘堰水溉田。按：此詩不專指杭州。　《左傳·襄三十一年》：「誅求無時。」　《漢書·西域傳》：「障候長史使卒獵獸，以皮肉為利。」〔註330〕《晉書·王恭傳》：「久不騎乘，髀生瘡，不能去。」〔註331〕

**野老讀詔書，新政求循良。瓜畦亦有畔，溝水亦有防。始信立國家，不可無紀綱。春來雨水足，四野欣農忙。父子力耕耘，得粟輸官倉。遭遇重太平，窮老其何妨。** 此一段是訴兵火既息，得見太平也。「農忙」、「輸倉」若與「佃種輸租糧」相映合。○《後漢書·第五倫傳》：「每讀詔書，常歎息曰：『此聖主也。』」〔註332〕　杜牧之詩：「南面富循良。」〔註333〕　韓詩：「瓜畦爛文貝。」〔註334〕《詩》：

〔註321〕「閣」，乙本誤作「問」。

〔註322〕卷二百七十三。

〔註323〕卷一百二十。

〔註324〕卷十一。

〔註325〕卷十九。按：早見《宋書》卷六十七《謝靈運傳》，「聚」作「亂」。

〔註326〕卷七。

〔註327〕卷四十七。

〔註328〕卷四十三。按：早見《史記》卷九十七《陸賈列傳》。

〔註329〕卷七十一。

〔註330〕卷九十六上。

〔註331〕卷八十四。

〔註332〕卷七十一。

〔註333〕《華清宮三十韻》。

〔註334〕《秋雨聯句》。

「隰則有泮。」〔註335〕《箋》:「泮讀為畔。畔,涯也。」 《周禮·地官·遂人》:「十夫有溝。」又,《冬官》:「凡溝必因水埶,防必因地埶。」杜詩:「本亦有堤防。」〔註336〕 《詩》:「之綱之紀。」〔註337〕 《禮》:「仲春之月始雨水。」〔註338〕 《隋書·食貨志》:「於諸州緣河津濟皆官倉積貯。」〔註339〕 《唐書·姜謩傳》:「人喜曰:『不意復見太平官府。』」〔註340〕 鮑詩:「窮老還入門。」〔註341〕**薄暮難再留,瞑色猶青蒼。策馬自此去,悽惻摧中腸。顧羨此老翁,負耒歌滄浪。牢落悲風塵,天地徒茫茫。**此一段近與「婦子相商」一段相應,遠與「道遇園叟」相應,將「彼黍離離」之感收入野老閒話之中,更覺煙波無盡。○《漢書·尹賞傳》:「城中薄暮塵起。」〔註342〕李少卿詩:「行人難久留。」〔註343〕 謝靈運詩:「林壑斂瞑色。」〔註344〕 王仲宣詩:「驅馬棄之去。」〔註345〕 悽惻,見《臨江參軍》。魏文帝詩:「斷絕我中腸。」〔註346〕 陸務觀詩:「稻隴可負耒。」〔註347〕按:「歌滄浪」用《楚辭·漁父》事。 陸士衡《文賦》:「心牢落而無偶。」杜詩:「支離東北風塵際,漂泊西南天地間。」〔註348〕 《左傳·襄四年》:「茫茫禹跡。」

此等詩可作古文讀之,可作名畫翫之,可作雅樂聽之,可作佳山水遊之。斯能於五言中另開生面,不至為古人所限。

**下相懷古**《大清一統志》:「下相故城在徐州府宿遷縣西。項羽里在舊縣治北一里。」《綱目質寔》:「應劭云:『相水出沛國相縣,於水下流置縣,故名下相也。』」懷古,見《讀鄭世子傳》。

驅車馬陵山,落日見下相。憶昔楚項王,拔山氣何壯。太息取祖龍,

〔註335〕 《衛風·氓》。
〔註336〕 《四松》。
〔註337〕 《大雅·假樂》。
〔註338〕 《禮記·月令》。
〔註339〕 卷二十四。
〔註340〕 《新唐書》卷九十一。按:《舊唐書》卷五十九《姜謩傳》:「州人相謂曰:『吾輩復見太平官府矣。』」
〔註341〕 《代東武吟》。
〔註342〕 卷九十《酷吏傳》。
〔註343〕 《李陵錄別詩二十一首》其二(攜手上河梁)。
〔註344〕 《石壁精舍還湖中作詩》。
〔註345〕 《七哀詩三首》其一。
〔註346〕 雜曹丕《詩二首》其一。
〔註347〕 《幽居即事二首》其一。
〔註348〕 《詠懷古蹟五首》其一。

大言竟非妄。破釜救邯鄲，功居入關上。殺降復父讎，不比諸侯將。杯酒釋沛公，殊有君人量。此段懷項羽之盛。○《古詩》：「驅車策駑馬。」〔註349〕《明史·地理志》：「沂州郯城東有馬陵山。」《一統志》：「馬陵山在宿遷縣，城枕其上。」《史記·項羽紀》：「羽自為詩曰：『力拔山兮氣蓋世。』」〔註350〕《漢書·賈誼傳》：「可為長太息者六。」〔註351〕《羽紀》：「秦始皇帝遊會稽，渡浙江，籍曰：『彼可取而代也。』」《史記·秦始皇紀》：「祖龍者，人之先也。」〔註352〕《〈文選·西〔註353〕徵賦〉注》：「祖，始也。龍，人君之象，謂始皇也。」〔註354〕《莊子》：「大言炎炎。」〔註355〕《羽紀》：「梁掩其口，曰：『毋妄言，族矣！』」又：「救鉅鹿。渡河，皆沉船，破釜甑，燒廬舍，持三日糧，以示士卒必死，無一還心。」《一統志》：「邯鄲故城在廣平府邯鄲縣西南。」《高祖紀》：「吾與諸侯約，先入關者王之。吾當王關中。」〔註356〕《史記·李將軍傳》：「禍莫大於殺已降。」〔註357〕《羽紀》：「其季父項梁。章邯擊楚軍，大破之定陶，項梁死。」又：「楚軍夜擊，阬秦軍二十餘萬人新安城南。」又：「項羽召見諸侯將，入轅門，無不膝行而前，莫敢仰視。」又：「項王曰：『旦日饗士卒，為擊破沛公軍！』沛公旦日從百餘騎來見項王，至鴻門，謝項王。因留沛公與飲。沛公起如廁，於是遂出。令張良留謝，曰：『沛公不勝桮杓，不能辭。脫身獨去，已至軍矣。』」子瞻《留侯論》：「增之欲殺沛公，人臣之分也。羽之不殺，猶有君人之度也。」〔註358〕胡為去咸陽，遭人扼其吭。亞父無諍言，奇計非所望。重瞳顧柔仁，隆準至暴抗。脫之掌握中，骨肉俱無恙。所以哭魯兄，仍具威儀葬。此段懷項羽之衰。○《羽紀》：「羽引兵西屠咸陽，收其貨寶婦女而東。曰：『富貴不歸故鄉，如衣繡夜行，誰知之者！』」《史記·劉敬傳》：「今陛下入關而都，案秦之故地，此亦搤天下之肮而拊其背也。」〔註359〕《羽紀》：「亞父者，范增也。」《唐書·崔元亮傳》：「率

〔註349〕《古詩十九首》其三（青青陵上柏）。

〔註350〕卷七。

〔註351〕卷四十八。按：《離騷》：「長太息以掩涕兮。」

〔註352〕卷六。

〔註353〕「西」，乙本誤作「酉」。

〔註354〕卷十。

〔註355〕《齊物論》。

〔註356〕卷八。

〔註357〕卷一百九。

〔註358〕按：非出《留侯論》，出《志林十三條·論古》。

〔註359〕卷九十九。

諫官叩延英苦諍，反覆數百言。」〔註360〕《羽紀》：「范增年七十，素居家，好奇計。」
《贊》：「又聞項羽亦重瞳子。」《高祖紀》：「項羽仁而愛人。」《漢書·元帝紀》：「壯
大柔仁好儒。」〔註361〕　隆準，見《讀史雜詩》。《史記·佞幸傳》：「高祖至暴抗也。」
〔註362〕　又，《淮陰侯傳》：「漢王不可必，身居項王掌握中數矣。」《戰國策》：「王
亦無恙耶？」《羽紀》：「太公、呂后間行，求漢王，反遇楚軍。楚軍遂與歸，報項王，
項王常置軍中。」又：「漢王使侯公說項羽，乃與漢王約，中分天下。歸漢王父母妻
子。」　又：「漢王曰：『吾與項羽俱北面受命懷王，曰約為兄弟。』」又：「以魯公禮
葬項王穀城。漢王為發哀，泣之而去。」《綱目質寔》：「穀城縣東一十二里有項羽墓在
焉。」**古來名與色，英雄不能忘。力戰兼悲歌，西風起酸愴。廢廟枕荒
岡，虞兮侍帷帳。烏騅伏坐傍，踏地哀鳴狀。**此段為羽作慰藉。〇英雄，見
《又詠古》。　《羽紀》：「願為諸君決戰，必三勝之，潰圍，斬將，刈旗，令諸君知天
亡我，非戰之罪也。」又：「項王乃悲歌慷慨。歌數闋，美人和之。項王泣數行下。」
《後漢書·列女傳》：「辭甚酸愴。」〔註363〕　梅村《項王廟》詩自注：「在宿遷。」
《羽紀》：「項王則夜起，飲帳中。有美人名虞，常幸從；駿馬名騅，常騎之。羽自為
詩曰：『騅不逝兮可奈何，虞兮虞兮奈若何！』」　《吳志·孫堅傳》注：「堅所乘馬馳
還營，踏地呼鳴。」〔註364〕**我來訪遺跡，登高見芒碭。長陵竟坏土，**「坏」
應作「抔」。**萬事同惘悵。**此段為羽作對照，亦是為羽作慰藉也。〇《高祖紀》：「亡
匿，隱於芒、碭山澤巖石之間。」《綱目質寔》：「芒山在歸德府城東一百八十里。碭山
在徐州府碭山縣東南七十里。」　《高祖紀》：「葬長陵。」《綱目集覽》：「長陵在渭水
北，去長安三十五里。」《史記·張釋之傳》：「假令愚民取長陵一抔土。」〔註365〕
《書》：「萬事墮哉！」〔註366〕惘悵，見《西田詩》。

　　　　櫽括《羽傳》，詞意明淨。以長陵作對照，筆力更為遒逸。

**夜宿阜昌**《一統志》：「阜城故城在今河間府阜城縣東。」《名勝志》：「劉豫嘗兼取
阜城、昌城之名，改縣曰阜昌郡。」按：阜城雖自蘇州入京之路，而與樂毅無涉。

---

〔註360〕《新唐書》卷一百六十四。
〔註361〕卷九。
〔註362〕卷一百二十五。
〔註363〕卷八十四《列女傳·皇甫規妻》。
〔註364〕卷四十六《吳書一》。
〔註365〕卷一百二。
〔註366〕《益稷》。

淄川不當孔道，而距新泰、蒙陰不遠。梅村由齊入燕，或曾遊其地，故云「我來古〔註367〕昌國」也。然又與阜昌不合。程迓亭曰：「淄川為齊之故都，燕烏能以封毅？」河間屬燕境，似為近之。

　　我來古昌國，望古思樂生。總將六諸侯，撫劍東專征。下齊功不細，奔趙事無成。草沒黃金臺，猶憶昭王迎。涕泣辭伐燕，氣誼良非輕。此真天下事，豈獨因知兵。忠心激舊將，誓死存聊城。惜哉魯仲連，排難徒高名。勸使東遊齊，毋乃傷縱橫。此過昌國君故城而作。前數十句序樂生之功伐氣誼，後段八句特深贊之，而以魯仲連為對照也。「此真天下士」，筆勢與昌黎《南山詩》「大哉立天地」同一警拔。而「天下士」已引入魯連，令人不覺。○《一統志》：「昌國故城在濟南府淄川縣東北三十五里。燕昭王封樂毅於昌國，號曰昌國君。」又：「武城縣有昌國城，蓋縣嘗徙治也。」　顏延年《陶徵士誄》：「嗟乎若士，望古遙集。」夏侯太初《樂毅論》：「樂生之志，千載一遇也。」《綱目質實》：「樂毅，靈壽人，樂羊之後。」《戰國策》：「樂毅為燕昭王合五國之兵而攻齊。」《竹書紀年》：「王命西伯得專征伐。」《戰國策》：「下齊七十餘城，三城未下。」《新序》：「楚共王曰：『其功不細，必厚爵之。』」〔註368〕《戰國策》：「燕昭王死，惠王即位，用齊人反間，疑樂毅而使騎劫代之將，樂毅奔趙。」　吳叔庠詩：「遂為草所沒。」〔註369〕《上谷郡圖經》：「黃金臺在易水東南十八里，燕昭王置千金於臺上，以延天下之士。」　《通鑑綱目》：「趙王欲與樂毅謀伐燕，樂毅泣曰：『臣疇昔之事昭王，猶今日之事大王也。若復得罪在他國，終身不敢謀趙之奴隸，況子孫乎！』趙王乃止，而封毅於觀津。」　《史記·魯連傳》：「所貴於天下之士者，為人排患釋難解紛亂而無所取也。」〔註370〕　又，《項羽紀》：「此可謂知兵矣。」〔註371〕　《魯連傳》：「齊田單攻聊城。歲餘，士卒多死，而聊城不下。」《一統志》：「聊城故城在東昌府聊城縣西北十五里。」　《後漢書·嚴光傳》：「少有高名。」〔註372〕　《魯連傳》：「魯連乃為書，射城中，遺燕將曰：『亦捐燕棄世，東遊於齊乎？世世稱孤，與齊久存，又一計也。』」　劉子政《戰國策序》：「蘇秦為縱，張儀為橫。」

　　　論樂毅者多黜其前立功而後免禍，不過功名之士耳。「忠心激舊將」，發前人所未發。而以仲連對照，更覺醒豁。

〔註367〕「古」，乙本誤作「占」。
〔註368〕《雜事第一》。
〔註369〕吳均《贈王桂陽詩》。
〔註370〕卷八十三。
〔註371〕卷七。
〔註372〕卷八十三《逸民列傳》。

**贈家侍御雪航**按：《後漢書》：「孔融謂李膺：『先君孔子與君先人李老君同德比義』」〔註373〕，傳為佳話。而楊脩有「修家子雲，老不曉事」之語，遂為濫觴。近世凡同姓者多用家字。潘皆山曰：「李穆堂《書曝書亭集後》云：『近世人詩文標目，於同姓人輒稱家某人。考宋、元以前文字，皆無此稱。凡宗族近者，依輩行稱伯、叔、父、兄弟、從兄弟。其餘雖同姓，直稱其姓而已。若杜詩於位，韓文於重華，皆其子姪，猶直稱姓，其於疏遠可知。稱家之失，殆始於明之中葉。成、弘以前，猶不失唐宋人家法。至嘉靖，諸人乃率意杜撰』」云云。據此，則稱家某人云者尚沿中明氣習與？《書》：「正於群僕侍御之臣。」〔註374〕《漢書·百官志》：「御史中丞外督部刺史，內領侍御史十五人，受公卿奏事舉劾。」《甘肅通志》：「巡茶御史吳達，江南無錫人。順治七年任。」《常州府志》：「吳達，崇禎三年庚午舉人。本朝累官通政。」

士生搶攘中，非氣莫能濟。勁節行胸懷，高談豁心智。吾家侍御公，平生蘊風義。起四句作引，五句點出雪航，六句補敘雪航生平，又總括全篇意。○《漢書·賈誼傳》：「國制搶攘。」〔註375〕注：「攘，女唐〔註376〕反。師古讀『搶攘』為『傖獰。』」江詩：「凌風知勁節。」〔註377〕《三國志·法正傳》：「如何禁止法正使不得行其意耶！」〔註378〕高談，見《哭志衍》。《南史·顏延之傳》：「心智薄劣。」〔註379〕《後漢書·黨錮傳·論》：「蘊義生風。」〔註380〕李義山詩：「平生風義兼師友。」〔註381〕世難初橫流，事定猶草昧。召見邯鄲宮，軍中獲能吏。移牒拜諫官，創業更新制。長刀夾殿門，令下誰敢議。扣馬忽上陳，挺身艱難際。文夫持國是，僵仆無所避。封事即留中，天語加褒異。此序雪航初官侍御時風裁之峻。○《晉書·王尼傳》：「滄海橫流，處處不安也。」〔註382〕《史記·項羽紀》：「天下事大定矣。」〔註383〕《易》：「天造草昧。」〔註384〕《一統志》：「邯鄲宮在邯鄲縣西北里許。『光武破王郎，居邯鄲宮』即此。」能吏，出《漢書·刑法志》。《唐書·百官志》：「凡京師諸司，有符、移、關、牒下諸州者，必由

---

〔註373〕卷七十。
〔註374〕《冏命》。
〔註375〕卷四十八。按：原出《新書》卷一《數寧》。
〔註376〕「唐」，《漢書注》作「庚」。
〔註377〕按：出范雲《詠寒松詩》。
〔註378〕卷三十七《蜀書七》。
〔註379〕卷三十四。按：早見《宋書》卷七十三。
〔註380〕卷九十七。
〔註381〕《哭劉蕡》。
〔註382〕卷四十九。按：《宋書》卷六十四《鄭鮮之傳》「若滄海橫流，家國同其淪溺。」
〔註383〕卷七。
〔註384〕《屯·象》。

於都省以遣之。」〔註385〕杜詩：「諫官非不達。」〔註386〕　《隋書‧禮儀志》：「梁武受禪，侍衛兼有御仗、鋋矟、赤氅、角抵、勇士、青氅、衛仗、長刀、刀劍、細仗、羽林等，分直諸門。齊有持鋭隊、鋋㮶隊、長刀隊。後周左右宮伯各執龍環金飾長刀，行則夾路車。」〔註387〕《後漢書‧百官志》：「光祿勳卿一人，掌宿衛宮殿門戶。」〔註388〕　《史記‧李斯傳》：「令下，即各以其私學議之。」〔註389〕杜詩：「邊人不敢議。」〔註390〕　《史記‧伯夷傳》：「叩馬而諫。」〔註391〕　杜詩：「挺身艱難際。」〔註392〕　《新序》：「君臣不合，國是無適定矣。」〔註393〕　王介甫詩：「瘦妻僵前子僕後。」〔註394〕《漢書‧息夫躬傳》：「論議無所避。」　又，《霍光傳》：「上令吏民得奏封事。」〔註395〕《文心雕龍》：「或上書，或奏狀，慮有宣洩，則囊封以進，謂之封事。」〔註396〕《史記‧三王世家》：「奏未央宮，留中不下。」〔註397〕　天語，見《遇劉雪舫》。《南史‧周舍傳》：「量加褒異。」〔註398〕**受命巡山東，恩威恤凋弊。會討泰山賊，無辜輒連治。破械使之歸，父老皆流涕。**此序雪航按山東之事。○《會典》：「順治元年，直隸各省差巡按御史各一員。」蓋雪航曾以御史巡按山東也。　《後漢書‧李恂傳》：「威恩並行。」〔註399〕《漢書‧尹齊傳》：「尉吏民益彫敝。」〔註400〕　《後漢書‧桓帝紀》：「泰山賊公孫舉等寇青、兗、徐三州，遣中郎將段熲討破斬之。」〔註401〕　《書》：「與其殺不辜。」〔註402〕　《三國志‧田豫傳》：

---

〔註385〕《舊唐書》卷四十三。

〔註386〕《敬贈鄭諫議十韻》。

〔註387〕卷十二。

〔註388〕卷三十五。

〔註389〕卷八十七。

〔註390〕《後出塞五首》其四。

〔註391〕卷六十一。

〔註392〕《送韋十六評事充同谷郡防禦判官》。

〔註393〕《雜事第二》。

〔註394〕《杜甫畫像》。

〔註395〕卷六十八。按：「上」，乙本誤作「土」。

〔註396〕《御定佩文韻府》卷四百七十八。按：《御定佩文韻府》有誤，實出吳訥《文章辨體‧奏疏》。

〔註397〕卷六十。

〔註398〕卷三十四。按：《後漢書》卷十上《後紀上》：「既無褒異，又不錄勤勞，無乃過乎！」卷九十下《蔡邕傳》：「特蒙褒異。」

〔註399〕卷五十一。

〔註400〕卷九十《酷吏傳》。

〔註401〕卷七。

〔註402〕《大禹謨》。

「一時破械遣之。」〔註403〕　《史記・高祖紀》:「與父老約法三章。」〔註404〕**征南甘侯軍，豪奪武昌地。可憐黃陵廟，鈔略空村閉。君來仗威名，一言釋猜忌。塢壁招殘民，郊原戢遊騎。從此巴丘兵，始識長沙尉。**此序雪航按湖廣之事。○《晉書・甘卓傳》:「遷安南將軍。王敦稱兵，遣使告卓。卓使參軍孫雙詣武昌諫止敦。敦驚曰:『甘侯前與吾語云何，而更有異！』樂道融因說卓襲之。武昌大〔註405〕驚，傳卓軍至，人皆奔散。詔書遷卓為鎮南大將軍。」〔註406〕按:此蓋以比當時征南者耳。　武昌，見《閩州行》。　《一統志》:「黃陵廟在長沙府湘陰縣北四十里。」《水經注》:「大舜之陟方也，二妃從征，溺於湘江，民為立祠於水側焉。」　《後漢書・袁術傳》:「鈔略為資，百姓患之。」〔註407〕杜詩:「故里但空村。」〔註408〕　《漢書・陳湯傳》:「威名遠聞。」〔註409〕　《三國志・呂布傳》:「布雖驍猛，然無謀而多猜忌。」〔註410〕　《後漢書・樊準傳》:「修理塢壁。」〔註411〕■■■■殘民，詳《高郵道中》〔註412〕。　蕭子範詩:「郊原共超遠。」〔註413〕《唐書・李密傳》:「率驍勇二十人為遊騎，伏於丘莽間。」〔註414〕　子山《大將軍司馬裔碑》:「氣振巴丘之兵。」《一統志》:「巴丘故城即今岳州府治。」　又:「長沙府，湖南布政司治，至京師四千五百五十里。」《漢書・高帝紀》注:「守者，郡守。尉者，郡尉也。」〔註415〕按:二句言兵知有吏，不敢橫肆也。**西望浚稽山，黃河繞其背。青羌十七種，驊騮飾文罽。自古於金城，互市有深意。蜀賈蒙山茶，兵火苦莫致。將吏使之然，憂將玉關廢。奉詔清河湟，俾復商人利。千車**〔註416〕**摘岷峨，五花散涇渭。至今青海頭，共刻黃龍誓。**此序雪航清河湟之事。　《會典》:「順治二年，題准

---

〔註403〕　卷二十六。
〔註404〕　卷八。
〔註405〕　「大」，乙本誤作「太」。
〔註406〕　卷七十。
〔註407〕　卷一百五。按:《三國志》卷一《武帝紀》:「唯以鈔略為資。」卷十四《劉曄傳》:「素以鈔略為利。」
〔註408〕　《後出塞五首》其五。
〔註409〕　卷七十。
〔註410〕　卷七。
〔註411〕　卷六十二。
〔註412〕　「■■■■殘民詳高郵道中」，稿本、天圖本、讀秀本作「王介甫詩:『殘民滅國遞爭奪』」。
〔註413〕　《東亭極望詩》。
〔註414〕　《新唐書》卷八十四。
〔註415〕　卷一上。
〔註416〕　「車」，四庫本《梅村集》作「里」。

陝西、甘肅、洮、寧等處差御史一員，督理茶馬事物。至康熙七年停差。」按：詩意是雪航晚為茶馬御史也。「千車摘岷峨」是摘岷峨之茶。「五花散涇渭」言涇渭馬多。○《漢書‧李陵傳》：「出居延，北行三十日，至濬稽山。」〔註417〕《一統志》：「喀爾喀濬稽山直受降城漠北，其山當在今土喇河及鄂爾渾河之間。」　又：「黃河出今西蕃巴顏喀喇山東，名阿爾坦河。東北流三百餘里，合鄂敦、他拉諸泉源，匯為查靈、鄂靈二海子。折而北經蒙古託羅海山之南，轉東南流千餘里，北受數十小水，經烏藍莽乃山下，有多母打禿昆多倫河、多拉昆多倫河自東南來入之。自此折而西北流三百餘里，前後小水奔注，不可勝計。繞阿木你馬勒產母孫山之東，流百五十餘里，有齊普河、呼呼烏蘇河自西來入之，又迤邐東北流三百餘里，會跲克圖袞、俄爾濟諸水，歷歸德堡，經積石山至陝西臨洮府河州入中國界。」〔註418〕《華陽國志》：「諸葛亮南征，平四郡，移南中勁卒青羌萬餘家於蜀，為五郡。」《後漢書‧西羌傳》：「忍生九子為九種，舞生十七子為十七種，羌之興盛，從此起矣。」〔註419〕　騄驪，出《史記‧趙世家》。桓譚《新論》：「朱〔註420〕旃文罽，充於內府。」　《後漢書‧地理志》：「金城郡，昭帝置。」《一統志》：「金城故城在臨洮府蘭州西南。」　《後漢書‧應劭傳》：「鮮卑隔在漠北。唯至互市，乃來靡服。」〔註421〕《宋史‧田錫傳》：「無尚小功，許通互市。」〔註422〕又，《程俱傳》：「蓋有深意也。」〔註423〕　《史記‧貨殖傳》：「隴蜀之貨物而多賈。」〔註424〕《一統志》：「蒙山在雅州府雅安、名山、蘆山三縣界。」《寰宇記》：「蒙山在名山縣西七十里，北連羅繩山，南接嚴道縣，山頂受全陽氣，其茶芳香。」　兵火，見《遇南廂園叟》。《詩》：「遠莫致之。」〔註425〕　《史記‧灌嬰傳》：「盡得其軍將吏。」〔註426〕《左傳‧桓六年》：「我則使然。」　《一統志》：「玉門關在沙州衛西北，故龍勒縣西北一百十八里。」　《漢書‧周昌傳》：「臣期期不奉詔。」〔註427〕《一統志》：「湟水在蘭州西，入黃河。」　白詩：「商人重利卿別離。」〔註428〕　岷峨，見《哭志衍》。

---

〔註417〕卷五十四。

〔註418〕《大清一統志》卷一百九十七。

〔註419〕卷一百十七。

〔註420〕按：「朱」，桓譚《新論》原作「采」。

〔註421〕卷七十八。

〔註422〕卷二百九十三。

〔註423〕卷四百四十五《文苑列傳七》。

〔註424〕卷一百二十九。

〔註425〕《衛風‧竹竿》。

〔註426〕卷九十五。

〔註427〕卷九十六。

〔註428〕《琵琶行》。

李詩：「五花馬。」〔註429〕《一統志》：「涇水自平涼府涇州至高陵縣西南入渭。渭水自秦州清水縣又東入河。」《北史・吐谷渾傳》：「青海周回千餘里。」〔註430〕《一統志》：「青海古曰西海，番名呼呼腦兒，在陝西甘涼西寧河洮岷及四川松潘等處徼外。」《後漢書・南蠻傳》：「板楯蠻夷者，秦昭襄王嘉之。盟曰：『秦犯夷，輸黃龍一雙；夷犯秦，輸清酒一鍾。』」〔註431〕**揭節還歸來，公私積勞勣。安臥無多談，循資躡高位。卻拜極言疏，手板指朝貴。恩深因薄譴，材大終難棄。**此序雪航差滿回京而建言被譴也。「恩深」二句是通篇歸重處。○《後漢書・馮衍傳》：「懷金垂紫，揭節奉使。」〔註432〕　危太僕《別友賦》：「傷馳驅之勞勣。」〔註433〕　《梁書・賀琛傳》：「欲求安臥，其可得乎？」〔註434〕楊子幼《報孫會宗書》：「無多談。」　歐陽行周《上鄭相公書》：「自茲循資歷級。」左太沖詩：「世冑躡高位。」〔註435〕　拜極言疏，見《臨江參軍》。　《晉書・溫嶠傳》：「嶠因偽醉，以手板擊鳳幘墜。」〔註436〕朝貴，見《讀史雜詩》。　《漢書・杜鄴傳》：「人情恩深者其養謹。」〔註437〕薄譴，見《臨江參軍》。杜詩：「古來材大難為用。」〔註438〕**古之賢豪人，深沉在晚歲。斂盡萬里心，日共殘編對。學以閱世深，官從讀書退。以之輕軒冕，蕭條自標置。**此序雪航譴官後，意思深長，是勉之之詞。○《史記・游俠傳》：「豈非人之所謂賢豪間者耶？」〔註439〕　又，《刺客傳》：「智深而勇沉。」〔註440〕《古詩》：「良田無晚歲。」〔註441〕杜詩：「老鶴萬里心。」〔註442〕　成原常詩：「白首殘編萬古心。」〔註443〕　閱世，見《讀史雜詩》。　《宋書・王敬弘傳》：「既到宜退，旋復解官。」〔註444〕　《莊子》：

---

〔註429〕《將進酒》。
〔註430〕卷九十六。
〔註431〕卷八十六。
〔註432〕卷五十八上。
〔註433〕按：陳子昂《為張著作謝父官表》：「雖業藝無紀，勞勣不聞，小心恭勤，實免愆過。」
〔註434〕卷三十八。
〔註435〕《詠史詩八首》其二。
〔註436〕卷六十七。
〔註437〕卷八十五。
〔註438〕《古柏行》。
〔註439〕卷一百二十四。
〔註440〕卷八十六。
〔註441〕曹植《贈徐幹詩》。
〔註442〕《遣興五首》其一。
〔註443〕成廷圭《夜思》。「白」，乙本誤作「自」。
〔註444〕卷六十六。

「軒冕在身，物之儻來，寄也。」〔註445〕　蕭條，見《避亂》其六。《晉書·劉惔傳》：「其高自標置如此。」〔註446〕**我來客京師，一身似匏繫。老大慚知交，淒涼託兄弟。臨風或長歌，邀月非沉醉。論世追黃虞，刪詩及曹魏。恐君故鄉思，失我窮途慰。**此段以自己伴說，見與雪航知契之深，而惟恐其去也。「故鄉」句暗引下文「五湖」、「歸田」等語。○《公羊傳》：「京師者何？眾大也。」〔註447〕《古詩》：「老大徒傷悲。」〔註448〕劉勰《新論》：「知交之於朋友，亦有切磋琢磨相成之義。」按：二句言見知交而慚，惟兄弟是託也。　臨風，見《避亂》。張平子《西京賦》：「女娥坐而長歌。」　李詩：「舉杯邀明月。」〔註449〕《三國志·蔣琬傳》：「時又沉醉。」〔註450〕　《史記·伯夷傳》：「黃農虞夏。」〔註451〕　按：「刪詩」借用《孔子世家》字。曹乃魏姓，指孟德父子及建安諸人。　按：「恐君故鄉思」二句恐雪航懷歸而己無慰藉也。《晉書·阮籍傳》：「轍途所窮，痛哭而返。」〔註452〕**家在五湖西，扁舟入夢寐。欲取石上泉，洗濯塵中累。群公方見推，雅志安得遂。朝罷看西山，千峰落濃翠。良友供盤桓，清秋足遊憩。待予同拂衣，徐理歸田計。**此段訂其他年偕隱，正是於現在作挽留也。○《周禮》：「揚州藪曰震澤，浸曰五湖。」　謝靈運詩：「夢寐佇歸舟。」〔註453〕　《楚辭》：「飲石泉兮蔭松柏。」〔註454〕　蘇詩：「但令凡心一洗濯。」〔註455〕《南史·阮孝緒傳》：「庶保生全，以免塵累。」〔註456〕　群公，見《臨江參軍》。《晉書·何充傳》：「今日何故見推。」〔註457〕　雅志，見《又詠古》其五。■〔註458〕陸士衡有《遂志賦》。　西山，見《遇劉雪舫》。《晉書·王徽之傳》：「徽之直高視，以手版柱頰云：『西山朝來，

---

〔註445〕《繕性》。
〔註446〕卷七十五。
〔註447〕按：《公羊傳·桓公九年》：「京師者何？天子之居也。京者何？大也。師者何？眾也。天子之居，必以眾大之辭言之。」
〔註448〕《長歌行》。
〔註449〕《月下獨酌四首》其一。
〔註450〕卷四十四《蜀書十四》。
〔註451〕卷六十一。
〔註452〕卷四十九。
〔註453〕《酬從弟惠連詩》其五。
〔註454〕《九歌·山鬼》。
〔註455〕《次韻正輔同遊白水山》。
〔註456〕《御定駢字類編》卷一百九十六。按：「生全」，《梁書》卷五十一《處士列傳·阮孝緒傳》、《南史》卷七十六《隱逸列傳下·阮孝緒傳》作「促生」。
〔註457〕《晉書》卷七十七《何充傳》無此語。原出《世說新語·排調》。
〔註458〕「其五■」，稿本、天圖本、讀秀本作「第五首」。

致有爽氣耳。』」〔註459〕　千峰，見《西田詩》。李義山詩：「濃翠遙相倚。」〔註460〕
《易》：「盤桓，利居貞。」〔註461〕　殷仲文詩：「獨有清秋日。」〔註462〕《洛陽伽
藍記》：「惟冠軍將軍郭文遠遊憩其中。」《後漢書·楊彪傳》：「明日便當拂衣而去。」
〔註463〕　張平子有《歸田賦》。白詩：「心中久有歸田計。」〔註464〕

　　此首因雪航謫官而贈詩慰藉，故前五段於其授官之榮與在官之績言之綦詳。
「恩深因薄謫」收束上半篇，「材大終難棄」開出下半篇，用意周到，是投贈詩
中之佳者。　龔孝升《雪航侍御還朝》詩：「青霜一夕起駕班，有客乘驄萬里還。
苜蓿夜肥西極馬，葡萄秋入玉門關。盛名博望槎同遠，往事朱遊檻獨攀。長為膺
滂生意氣，盈廷卿相已摧顏。」〔註465〕

〔註459〕卷八十。按：早見《世說新語·簡傲》。
〔註460〕《和鄭愚贈汝陽王孫家箏妓二十韻》。
〔註461〕《屯》初九。
〔註462〕《南州桓公九井作詩》。
〔註463〕卷八十四。
〔註464〕《百日假滿》。
〔註465〕詩有五首，此為其一。其二曰：「幾年風采憶簪裾，江海應寬禮法疏。問樂敢
　　　　忘吳季札，回車終望藺相如。都亭好攬清流轡，公府恒愁痛哭書。蕡策進前
　　　　防側目，當門蘭已不禁鋤。」其三曰：「寒宵對酒月如霜，秉燭重看鬢欲蒼。
　　　　薦墨尚煩存北海，奉囊人盡傲東方。百年計白雲霄拙，九折心驚道路長。實
　　　　戲客嘲君莫問，故山松桂未全荒。」其四曰：「天門蹀躞縱金羈，老驥窮塗總
　　　　莫悲。楚客已聞歌鳳德，漢宮無計改蛾眉。夔龍大業群公奮，猿鶴心期舊侶
　　　　知。憑仗綈袍風義在，容吾蹤跡老鷗彝。」其五曰：「與客談詩太華峰，〔謂
　　　　王覺斯尚書。〕姓名猶自記疏慵。一時詞苑推神駿，天下文心忌似龍。對酒
　　　　遠懷嵩少月，放歌同聽未央鐘。知君不淺過逢興，三徑蓬蒿懶更封。」